高等院校通识教育“十二五”规划教材

高职学生的职业发展与就业、创业指导

Gaozhi Xuesheng De Zhiye Fazhan Yu Jiuye Chuangye Zhidao

陈强 刘明耀 李炎 ◎ 主编
孟德娜 许卉 杨春晖 ◎ 副主编
王丽丽 蒋丽 陈兴 朱永 李成华 ◎ 参编

人民邮电出版社
北京

图书在版编目（CIP）数据

高职学生的职业发展与就业、创业指导 / 陈强，刘明耀，李炎主编. -- 北京 : 人民邮电出版社，2015.2
高等院校通识教育“十二五”规划教材
ISBN 978-7-115-38304-4

Ⅰ. ①高… Ⅱ. ①陈… ②刘… ③李… Ⅲ. ①大学生－职业选择－高等职业教育－教材 Ⅳ. ①G647.38

中国版本图书馆CIP数据核字(2015)第011159号

内 容 提 要

本书结合高职学生的就业现状，概要介绍职业生涯发展规划、自我认知、就业形势与政策、求职准备、应聘实务、求职心理调适、职场情商的培养、就业权益保护、创业基本知识与创业实践、创业计划。书中既有理论方面的深入阐述，又有切合就业实际的能力训练、操作方法，有利于引导高职学生正确对待就业难题，从容应对就业竞争。

本书既可作为高职学生就业指导方面的通识教育教材，也可作为高职学校相关教职人员的参考书。

◆ 主　　编　陈　强　刘明耀　李　炎
　副 主 编　孟德娜　许　卉　杨春晖
　参　　编　王丽丽　蒋　丽　陈　兴　朱　永　李成华
　责任编辑　吴宏伟
　执行编辑　王志广
　责任印制　张佳莹　焦志炜

◆ 人民邮电出版社出版发行　　北京市丰台区成寿寺路 11 号
　邮编　100164　　电子邮件　315@ptpress.com.cn
　网址　http://www.ptpress.com.cn
　大厂聚鑫印刷有限责任公司印刷

◆ 开本：787×1092　1/16
　印张：13.25　　　2015 年 2 月第 1 版
　字数：279 千字　　2015 年 2 月河北第 1 次印刷

定价：30.00 元

读者服务热线：(010)81055256　印装质量热线：(010)81055316
反盗版热线：(010)81055315

前　　言

高校毕业生就业形势日益严峻，高职学生就业工作已成为我国政府、社会和高校关注的热点。党和政府高度重视高校毕业生就业工作，把高职学生就业放在当前就业工作的首位，采取积极有效的措施促进高校毕业生充分就业。

本书结合当前高职学生的就业形势，以培养高职学生的就业竞争意识，提高高职学生就业能力为目的，按照教育部 2007 年颁发的《大学生职业发展与就业指导课程要求》（教高厅〔2007〕7 号）的内容和要求，结合我国高职院校开展就业指导教学的实际情况，由一线专职教师与相关专家编写而成，可作为我国高职院校开设就业指导课的教材。

本书结合高职学生的就业现状，概要介绍职业生涯发展规划、自我认知、就业形势与政策、求职准备、应聘实务、求职心理调适、职场情商的培养、就业权益保护、创业基本知识与创业实践、创业计划。书中既有理论方面的深入阐述，又有切合就业实际的能力训练、操作方法，有利于引导高职学生正确对待就业难题，从容应对就业竞争。

全书题材新颖，内容丰富，具有很强的体系性、针对性、趣味性和指导性，既有理论方面的深入阐述，又有切合高职学生就业实际的案例导读、素质拓展；既立足实用性，具备指导功能，又注重方向性，富有教育意义，有利于引导高职学生正确对待就业难题，从容应对就业竞争。

本书由陈强（辽宁现代服务职业技术学院）、刘明耀（辽宁林业职业技术学院）、李炎（沈阳市信息工程学校）任主编，孟德娜（辽宁现代服务职业技术学院）、许卉（辽宁省交通高等专科学校）、杨春晖（辽宁现代服务职业技术学院）任副主编。在本书的编写过程中，参考和使用了有关资料，在此谨向这些资料的作者致以诚挚的谢意。

本书第 1 章由陈强、李炎编写，第 2 章由刘明耀、李炎、蒋丽编写，第 3～6 章由陈强编写，第 7～8 章由许卉编写，第 9 章由孟德娜、杨春晖编写，第 10 章由孟德娜、陈兴、朱永编写，附录一由杨春晖、刘明耀编写，附录二由李炎、王丽丽编写。

由于时间仓促和编者水平有限，不足之处在所难免，恳请广大读者给予批评指正。

编　者

2014 年 11 月

目　录

第 1 章　职业生涯发展规划

对于大学生来说，都期望着踏入社会将来能事业成功。俗话说："水往低处流，人往高处走。"拥有上进心是每个人天生的本性。可现实里事业的成功，又并非人人都能做到。对于失败者来说，问题究竟出在哪里呢？如何才能做到事业有成呢？职业生涯规划为我们提供了一条走向成功的路径。

1.1　职业生涯发展的基本理论

1．定义

职业生涯发展是指为达到职业生涯计划的各种职业目标进行的知识、能力和技术的发展性培训、教育等活动，也是个体逐步实现其职业生涯目标，并不断制定和实施新目标的过程。

2．影响职业生涯发展的 5 个方面

（1）社会环境因素

社会环境因素是指因为社会发展和环境变化，所带来的社会产业结构的调整、用人政策和管理体制的变化、社会劳动力市场人才需求的变化等，对人的职业岗位认同、选择和调整职业生涯发展规划的影响。经济发达的地区，企业相对集中，好的企业多，择业范围广，可选择余地大；反之，经济欠发达或者不发达地区，择业的范围就相对小。这都影响着职业生涯的发展。

【案例】

付凯是学英语专业的，原本他想找同声翻译一类的工作来做。可是，他的老家在贵州山区，以他的专业，在老家也就做个英语教师，没有什么其他需要高英语水平的工作，可是他并不喜欢教师这个职业。但是，如果不回老家工作，势必不能照顾日渐年迈的父母。为了能回父母身边工作，他最终选择了考大学生村干部，这样能够照顾辛辛苦苦供他上学的父母。

因为贵州山区经济欠发达，所以，付凯的就业选择面比较狭窄，他的职业生涯规划就受了社会环境因素的影响，迫使他不得不做出这样的选择。

（2）家庭影响

家庭是人们生活的重要场所，人的一生都与家庭相伴，在一定程度上会受到家庭成员想法的影响，使人产生一定的价值观念和行为模式。而这种价值观和行为模式，必然影响一个人对职业的评价和对未来职业的选择倾向。此外，职业生涯的每一个阶段都与家庭因素息息相关。如经济因素、家庭关系等。

【案例】

陈莉从小在医院的大院里长大，经常和小伙伴们玩“医生和伤员”的游戏。她的爷爷是老中医，父亲子承父业，继承了爷爷的针灸技艺，成了一方名医。妈妈是内科医生。在这个家庭里，闲聊中聊得最多的就是病人和病情。陈莉耳濡目染，看着病人们对爷爷和父母打心眼里的尊重，她从小也立志做一名良医，为病人解除疾苦。爷爷看她喜欢医学，在闲暇时间便教她记一些穴位图，背“汤头歌决”。她高中毕业考上了南方一家著名的中医学院，爷爷把自己最喜欢的一套针具送给了她。

家庭对一个人职业生涯的影响应该是较大的。因为家庭成员从事的职业给了孩子最初的影响，在他的脑海里，这个职业比其他职业更有亲切感。而且，因为能接触到职业的核心内涵，所以他会比其他人更热爱这个职业。在我们周围不乏家庭中几代警察、军人或医生、教师的例子。

（3）教育背景

每个人受教育程度的不同，决定其选择职业时表现出的职业能力、职业行为也不同，这关系到职业生涯初期的适应性是否良好。不可否认，受过高等教育的人，大多会有较好的发展空间。受过良好的、多样教育的人，其流动性、机动能力、竞争能力相对较强。所学的专业，对职业生涯的发展起决定性的作用，即使是想换职业或流动到高层次的职业岗位，人们也首先考虑自己的专长。当然不同的教育水平、教育程度，不同的学科门类，同样会影响人的思维模式和解决问题的方法。

【案例】

秋明和李伟是发小，两个人好得不分你我。李伟15岁的时候，父母外出进货遭遇车祸，致使父亲残疾母亲身亡，从此，李伟便辍学打工，维持家里的生计。秋明大学毕业后应聘到某酒店做客房部经理。在这期间，李伟从事了多份职业，但都不稳定。秋明工作稳定后，他支持李伟学了厨师，最终在他任职的酒店里给李伟安排了一份工作。为此，李伟相当感激秋明。有一天，李伟从同事闲聊中得知新来的财务总监张某对秋明有看法，处处为难秋明，李伟决定教训教训张某。好在有同事及时和秋明提及了这件事，秋明才得以及时制止了李伟愚蠢的行动。秋明告诉李伟，工作上的事情自然有工作上的解决方法，不能私下里解决，更不能做违法的事，等李伟冷静下来，才发现自己有多危险，他向秋明保证以后肯定不会做傻事了。秋明怕李伟再生出什么事端来，每天空闲时间就开始教李伟学习法律常识。

因为受教育程度不同，每个人的职业生涯发展和处理事情的方法也不一样。李伟在没有秋明为他规划之前，换了无数的工作，因为他根本就没有规划。后来，如果不是秋明及时制止，李伟就为了哥们义气做了傻事。这一切都说明，知识能决定命运。

（4）个人需求与心理动机

真正能引发职业需求的心理动机有：生存动机、地位、责任、权利以及实现自我价值等。每个人都对自己的生活有定位，而且都在往好的方面去努力，追求生活得更好，生活得比别人好，为儿女创造良好的生活空间和条件等。许多成功人士之所以能够成功，除了因为他们的个人目标明确之外，还因为他们能把握住合宜时机，有较强的应变能力，并且能够把握住自己的命运，从而获得了职业生涯的成功。

【案例】

邵强是某国营企业的业务科长，因为是老国营企业，“大锅饭”思想还严重存在于企业内部。干多干少一个样，干好干坏一个样。这一点，虽然邵强一直努力改变，但是没有人响应。后来一次偶然的机会，一个朋友介绍了一个私营企业的老总和他认识，该私营老总非常赏识邵强的工作能力和进取心，力邀他加盟私企。邵强纠结了一个星期，终于下决心放弃国企这份铁饭碗，去私企开始新的工作。虽然许多人都不理解邵强的决定，但是好在家里人都比较支持，没有给他太多的压力。为了证明给不看好他的人看，也为了家人有更好的生活，邵强夜以继日的工作，终于在年终的时候，老总给他包了一个大大的红包。他把红包拿回家，家里人都为他庆祝，他却欣慰地流下眼泪。

只有目标明确的人，才会在选择时果断，在工作时努力，在事业上得到成功。邵强就是这样的人。他知道自己需要什么，知道应该怎么去做。最后他收获了应有的幸福。

1.2 职业生涯发展规划的概念、原则和方法

1. 概念

职业生涯发展规划是指结合自身条件和现实环境，确立自己的职业目标，选择职业路线，制订相应的培训、教育和工作计划，并按照职业生涯发展的阶段实施具体行动，以达到职业目标的过程。

2. 原则

① 清晰性原则：考虑自己的职业生涯规划的目标、措施是否清晰、明确。

② 挑战性原则：职业生涯规划要有挑战性，挑战性是人们生活、工作的动力。

③ 变动性原则：职业生涯规划要有弹性或缓冲性。

④ 激励性原则：职业生涯规划的目标要有激励性。

⑤ 合作性原则：职业生涯规划的制定要有合作性与协调性。

⑥ 全程原则：拟定生涯设计时必须考虑到生涯发展的整个过程，作全面长远的考虑。

⑦ 具体原则：生涯设计各阶段的路径与安排，必须具体可行。

⑧ 实际原则：实现生涯目标的途径很多，在做设计时必须要考虑到自己的物质条件、社会环境、组织环境以及其他相关的因素，选择切实可行的途径。

⑨ 可评量原则：设计应有明确的时间限制或标准，以便评估、检查，使自己随时掌握执行情况，并为设计的修正提供参考依据。

3. 方法

职业生涯发展规划的方法有许多种，下面是几种常用的方法。

（1）SWOT 分析法

SWOT 分析是一种功能强大的分析工具，是检查个人技能、能力、职业、喜好和职业机会的有用工具。主要是分析组织和个人内部的优势与劣势，以及外部环境的机会与威胁，制定未来发展策略。所谓的 SWOT 的真正含义是“S——Strength，指强项，优势；W——Weakness，指弱项，劣势；O——Opportunity，指机会，机遇；T——Threat，指威胁，危机。”

运用这种方法有四个基本步骤，即：正确评估自己的长处和短处；找出职业机会和威胁；列出自己未来 5 年内的工作目标；列出今后 5 年的职业工作计划。

（2）“5W”法

许多职业咨询机构在提供咨询时都是从“5W”开始询问的。“5W”是指：我是谁（Who）？我想做什么（What）？我能做什么（What）？环境允许我做什么（What）？我的最终目标是什么（What）？通过一切归零的思路，重新了解认识自己。

（3）平衡单分析法

这个方法主要是对比自己的各种生涯规划，对比优缺点，制定自己的生涯发展规划。

1.3 大学生进行职业生涯发展规划的意义

1. 职业规划能尽早对行业发展做出准确而有效的判断

时代在前进，世界的联系也越来越紧密，行业发展充满了各种各样的变数。有些人能够迅速崛起，这与他对行业发展所做出的积极响应是分不开的。没有计划，就无法应对变化。

【案例】

林祥一直以来都是家人眼中的好孩子，老师眼里的乖学生，兄弟姐妹们的榜样。一路走来都很顺利，并且以优异的成绩考上了非常不错的高职院校，学习计算机专业。到了大学，他便完全松懈下来。既然考了好大学，学的也是非常热门的专业，那今后的就业也好，发展也好，他认为都不是什么大问题，完全可以高枕无忧。但接下来发生的事让林祥跌破眼镜。

首先，由于计算机行业在国内经过很长一段时间的热门期，市场人才渐渐饱和。其次，随着互联网产业，移动产业的风靡，传统的计算机行业受到重创，一些老牌的IT大企业不得不进行大规模裁员，而小型互联网公司、移动产品公司小而快、微创新的模式，是在学校里学惯了死知识的林祥根本无法适应的。

当别的同学都在校外积极参与实习，参加各种互联网产品、移动产品培训的同时，林祥错过了给自己充电、积累经验、开阔眼界的大好机会，慢慢跟这个行业发展脱了节。等他开始懊悔的时候，别的同学已经进入一些新兴的小产品互联网公司，有的甚至开始负责独立的项目开发。而林祥不得不“补上这一课”，继续依靠父母在经济上的支持，花了将近一年时间参加一些针对性强的培训班，来面对移动互联网行业里残酷的竞争。

过分依赖好学校、好专业带来的优势，没有积极做准备，不去了解行业的动态，很容易在这个瞬息万变的时代里，茫然失措。既浪费了宝贵的时间和资源，也失去了在第一时间做出反应，在新兴行业里大展拳脚的好机会。

2. 职业规划能帮助个人在发展中进行定位

眼高手低，是大多数无法准确定位自己的常见表现。不对个人能力进行权衡，总是着眼于大挑战高目标，而操作的时候也没有做透彻的分析，很容易导致定位不准。

【案例】

在淘宝行业和快递行业一开始兴起时，李琳就敏锐地发现互联网购物在未来将会大有可为。很多同学都在淘宝上贪图便宜，购买廉价高仿货，而同宿舍的陈慧却从来不这样做，陈慧宁可少买精买，也希望自己所穿所用都货真价实。因为穿假货用假货，如果被识破，会很伤自尊，还不如选择一些自己能消费起的普通品牌。

李琳也渐渐发觉，那些原本购买了仿货的同学最后都会把钱省下来，再去商场选一件正品货。这不正是机遇吗？李琳便大手大脚做起了海外代购。陈慧劝李琳不要这么着急冲动，创业是好事，是很不错的选择。但首先应该思考一下，在职业规划里，创业是作为一项历练，还是今后确实要去从事的工作。如果已经打算好从事这一行，那之前一定要细致地分析行业状况，结合自身的特点做出判断。没有进行大量的准备工作，觉得自己一定行，盲目冲动，很有可能在之后遇到自己预想不到的麻烦，而这些麻烦又不是自己有把握去应对的。

但李琳认为自己有敏锐的观察力，也有魄力和胆识，如果好好做，一定能做出一点成绩。最后，由于她缺乏经验，再加上没有精打细算，甚至怀着侥幸的心理，委托朋友在过海关时，隐瞒不报关，因此货物也被相关部门扣留。

不管目标是什么，规划都是必不可少的。创业也好，就业也好，深造也好，可行不可行，这也要视个人情况而定。但如果不去规划，不去判断自己合适与否，也就无法得到对自己能力的真实定位。

3. 职业规划能帮助个人在竞争中获得主动优势

不是所有人都能够站在同一条起跑线上，而在起跑线上占得先机的人也不一定就能最快到达终点。要扬长避短，更需精心策划。没有哪一场仗是在毫无准备的情况下得胜的，即便能够侥幸获胜，那或许也只是因为对手比自己更疏于准备。

【案例】

周红是个不起眼的女生，没有很好的条件，个头偏矮，家庭经济状况也不好，但她不卑不亢。从一进大学开始，她便着手对职业对未来进行规划。她认为，人只有在激烈的竞争中得到磨炼，自我才能得到提升。周红也清楚地知道，自身条件并不好。但知己知彼，总是没有错的。不仅要了解竞争者的水平，也要了解自己将来要从事行业的具体情况。

在完成学分任务的同时，周红积极争取各种校外实习的机会，也对自己的专业和行业动态做了详尽的分析，还进行个人品位修为的培养。在别人都在忙着复习英语书面考试的时候，她努力练习口语，纠正发音。

在毕业之后进行面试的过程中，周红对专业和行业动态的详尽分析和独特见解，让考官们刮目相看。周红这时候也展示了同学们平时看不到的优雅一面，非常棒的口语能力也在面试中加分不少。

劣势并不是永远不可改变的，而要在劣势中迎头赶上，得益于周密和详尽的规划。无论是否占到先机，都应该沉着面对，综合自己的特点，有选择地做出应对。

4. 职业规划能对个人起到鞭策和激励作用

我们都知道，“要成功”这一类空泛的口号，并不具备可执行性。因为它并不是一个具体的策略。如果要实现某一个目标，必须要把它具象化。而职业规划就是一个可执行性非常强的具体策略。

有了目标，有了具体的操作步骤，也能时刻提醒自己，自己正进行到哪一步了，还应该做何种方向的探索，何种努力。通过一些硬性的指标，对自己起到约束作用。

而每实现一个目标，也都会离自己渴望的成功更进了一步，小阶段的成功喜悦也能带给自己进行下一步任务的动力。

5. 职业规划能尽早对阶段性发展做出调整和完善

人生不可能一帆风顺，顺风时，乘风破浪，逆风时，不应该过早就失去信心，更应该去做好准备，为下一个阶段计划好安排好，不至于错失前面更好的机会。一个好的计划也有可能会失败，但早做计划比晚做要强。

【案例】

郭诚对自己的专业一点也不感兴趣。除了要必修一些枯燥乏味的课程让他很烦躁之外，郭诚同室友和其他同学的关系，也比较冷漠。而他的室友和同学，基本上也和他情况相同，只想快快混张毕业证给父母一个交代。

后来郭诚因为滑板这一兴趣爱好，结识了学机械设计专业的张腾。张腾生性乐观，慢慢地他们变成了好朋友。既然两个人都不喜欢自己的专业，为何不能做一些自己感兴趣的和有意义的事呢？于是他们俩决定一起创业，选择他们热爱的滑板项目。

在一般人眼里，滑板运动代表着前卫和时尚，但这项运动在学校里不会有相关课程，相关的器材也不容易购买，再加上滑板耗损很严重，修理也成问题。他们便在大学园区周围人流密集的地方开了一家滑板店，在人多的时候做一些滑板表演，激起了大家的好奇心。这虽然吸引了广大同学的眼球，但并不能吸引广大同学进行消费。于是，张腾和郭诚组织起了轮滑俱乐部，举办了相关比赛，利用互联网社交工具微博、人人网等进行推广。在得到了大家的信任，赢得口口相传的好口碑后，很多同学都加入其中，收益情况也越来越好了。

与此相反，郭诚的室友们只是每天教室、食堂、宿舍三点一线的重复生活，到了毕业，盲目地一窝蜂去参加各种人才交流会，不考虑薪资，也不求发展。看着郭诚，他们只有羡慕的份。

很多同学都会碰到类似情况，选择了不喜欢的专业，选择了不喜欢的学校。但在失意的时候更不应该自暴自弃，应该尽早做好规划，对近期和远期前景有所展望，及时做出调整，在调整中不断完善，才不会导致一错再错，损失更大。

这就是大学生进行职业生涯规划的意义所在。通过不断的规划，不断地完善，不断地了解自己，从而对日益严酷不断变化的竞争环境做出积极反应，在与对手的竞争中脱颖而出，得到社会和单位的认同。这都是实现理想实现抱负非常必要的手段，对迈向成功有着极其重要的价值。

1.4 毕业去向的分析与选择

自20世纪90年代末高校扩招以来，我国大学毕业生人数迅速递增。每年几百万的大学毕业生他们究竟流向何处了？

1. 毕业去向的主要形式

（1）就业

据中国社科文献出版社每年发布的《就业蓝皮书》统计，自2010年以来，大学毕业生就业率达85%以上，已经走出了金融危机的阴影。由此，我们不难看出，就业是大学毕业生的一个主要毕业去向。

【案例】

品学兼优的苗露是某传媒高职院校毕业的，在校学习期间，她一直踌躇满志，想着毕业后非省级媒体不去。谁也没想到临近毕业时刚好赶上金融危机，铺天盖地的裁员与公司倒闭，令她感觉就业形势很不乐观。虽然等她毕业的时候，金融危机已经过去，可是仍然感觉到经济的不景气。大学校园里招聘会明显少了，别说省级媒体了，就是市级媒体也少有招人的。就在她漫天投简历投得快要不抱希望的时候，她收到广东某市级日报社的录用通知。她压根没想到自己会去一家市级媒体，可看着周围的同学工作还没有着落，她要是不去，似乎对机会是一种浪费。于是她抱着试试的想法，去了广东，自己安慰自己全当是积累工作经验了，但她仍然没有放弃投递简历。在报社见习了几个月后，她收到中原某省级媒体的录用通知，那一天，她抱着通知书流下了欣喜的泪水。

机会总是留给一直准备着的人。先就业后择业几乎已经是多数大学毕业生的共识。毕竟寒窗苦读数载，大学生很想走上理想的工作岗位去施展抱负。苗露是幸运的，在她把第一次就业当成对自己的锻炼时，她就已经成熟了。

（2）继续深造

有一部分同学毕业后发现自己的知识水平不足以寻求一份理想的工作，或者由于家庭需要，他们选择了继续深造，这也是为将来就业打基础。

许多大学生都表示，如果可以就业，毕业时首先选择就业。一般来说，之所以选择继续深造，除了因为自己早有理想之外，和就业竞争太激烈有关系。随着学历的提升，就业相对会容易一些，待遇也会更好一些。为了更好的就业，于是，不得不继续深造。

（3）出国

有的大学生感觉对于自己的专业国内的高等教育没有国外的先进，于是计划在毕业后出国进行深造，再回国就业。也有一部分学生因为家境比较优裕，希望出国“镀金”后回来，求得更好的发展。无论是哪一种情况，我们不可否认，大学毕业生出国也占了一定的比例。当然，也不乏一些出国寻找发展的，但是道路比较难走。

【案例】

刘杰然是北京某高职院校材料工程专业的毕业生。早在大一的时候，他就想着这个专业需要出国深造。经得家长的同意，一直在做准备，在毕业前终于把雅思考过。他的一个表哥目前在英国某大学读本科，他希望能和表哥去同一个国家，相互照应。看着同学们都在忙着就业，刘杰然信心倍增。虽然他要比同学们晚几年就业，但他相信，有过留学深造经验的他，虽然就业起步会晚，但由于起点高，一定会超过他们的。

我们不难看出，如果不想移民，大学生毕业后选择出国，最后还会回到国内来发展。毕竟这是自己的根，是母语文化，即便走得再远，最终还是想回来。

（4）考公务员

“你考公务员了吗？”这句话几乎成了大学校园里的问候语。考公务员已经成了即将毕业的大学生的就业手段之一了。因为就业竞争愈演愈烈，压力也越来越大，一些大学生把眼光投向了公务员考试，谋取一份国家饭碗，既可以解决户口问题，还有较高的社会地位，何乐而不为？

【案例】

陆虎的父母早就下了岗，靠打零工供他读书。因此，家里人都希望他能够及早就业。但是就业单位一直都不理想。为此，他暗下决心要出人头地，于是参加了公务员考试，终于在一次重庆公务员考试中被录取，成了一名警务人员。陆虎的父母很高兴，只可惜单位离家有些远。陆虎告诉父母一定努力工作，以后就把家安在重庆了。

现今的公务员考试可以比得上高考没有扩招前的高招了，千军万马过独木桥。成绩一公布，有开心的，有流泪的；有放弃的，有再接再厉的。为此，国家还进行了一些公务员考试的改革，要求有一定年限的工作经验。这样看来，这条路以后刚毕业的大学生很难再走下去了。

（5）参军

近年来，国家对应届大学毕业生参军的政策越来越优惠，不但放宽了年龄限制，还对参军回来的毕业生优先选拔录用，补偿学费和代偿国家助学贷款，考学升学还有一定的优惠，并且对于事业单位公开招聘的工作岗位还优先。这样的优惠政策令许多就业不理想的应届毕业生有所心动，于是，参军也成了大学毕业生的一个新去向。

【案例】

小张毕业后和一家用人单位签订了意向书，可发现好多同学都打算参军。他了解了一下国家对应届毕业生参军的优惠政策，也动了心。于是，他也报名参军了，因为他各项条件都符合，光荣应征入伍。接到入伍通知，他担心用人单位诉他违约。结果一咨询律师，了解到“依法服兵役是公民应尽的义务和权利，受国家法律和政策的保护”。无论是在校大学生、已毕业的没有就业和已经就业大学生，只要符合兵役法规定的年龄等条件，就可以报名参军，应征入伍。如果已经与有关单位签订了就业协议，签订了劳动合同又去报名参军，都不构成违约。因此，小张在家安心等候通知。

有人说人一生至少要经历过“扛过枪、下过乡、同过窗”中的一件事才不至于遗憾。说实话，既能读完大学又能参军的人确实令人羡慕。部队的大熔炉会锻造出一个崭新的自我，如果有可能，选择参军将是大学毕业生一个不错的去向。

（6）创业

近年来，我国政府各部门意识到大学生自主创业的重要性。为此，不仅在政策上有相关政策法规作支持，而且在经济上各省市每年都会拿出一定的资金无偿资助高校毕业生自主创业，政府主张有能力、有资金、有出路的大学生自主创业，希望高校毕业生能够创立一些科技型的中小企业，发挥他们的聪明才智。而且创业对于就业而言是倍增的效应。

【案例】

取得应用电子专业高职文凭的小刘想乘着国家政策的东风自主创业。可是令他没有想到的是由于孵化基地不好找，配套政策难落实，加之社会经验不足、市场开拓乏力，在广州创业面临不少难题，他几欲退出。最令他头疼的是找不到办公场所，一百多平米的办公场地他租不起，可小一点的，产业园区又不愿意提供。他打电话联系多家产业园区，结果有的明确表示不接受，有的连电话都打不通。经过几天的电话沟通，仅有一家创业中心表示可以接受，不过场地面积在150平方米以上，至于如何向政府申请政策优惠，该园区表示一概不管。这样的境遇，令小刘和同学一筹莫展。

大学生自主创业值得提倡，但是，不可否认还有这样那样的因素制约着大学生创业的发展。而且，一部分大学生自身还存在社会经验不足、承受压力能力差等问题。因此，不可盲目创业，创业要做好一切准备。

2. 影响毕业去向选择的因素

影响大学毕业生毕业去向选择的因素有许多，诸如收入预期、家庭背景、社会地位、专业特点、发展空间、性格特点以及生活稳定等，都能起到一定的作用。而这些因素又分为家庭社会因素和个人因素两个方面。

（1）家庭社会因素

从家庭、社会因素来看，是否为独生子女对毕业选择造成一定影响，独生子女的出国概率显然要高于非独生子女。家庭经济情况的影响最为直接，毕业出国是需要一定的经济基础的。学生在毕业去向的选择上，经济因素的影响显然是最为直接的，而所学专业的就业方向也颇为重要。此外，还有很多可能影响到毕业选择的家庭、社会因素，诸如父母和亲友期望、周围同学等生活环境、社会舆论与评价、国家政策、学校老师的就业指导、学校的教育培养。

【案例】

陈爱军的父母都是军旅出身，虽然他上的是普通高校，但是参军一直是他的梦想，他喜欢父母英姿飒爽的照片，喜欢他们谈论一些军旅话题。当他毕业后，首先想到的是参军，而在这一点上，作为军人的父母都颇为支持。他们认为经过部队锻炼的孩子会更加坚强、有责任感和正义感。再加上他作为军人子女，参军回来在就业上还有一定的政策优惠。而陈爱军的打算是在部队考军校，和父母一样，以军人为职业。这一打算他还在悄悄准备中，打算给父母一个惊喜。

他的同班同学李跃却和他不一样，李跃有一名生意做得极为出色的母亲，李跃也喜欢商界的生活。他迫不及待地等待毕业，因为妈妈答应给他一笔创业资金，让他做自己的事业。相比于同班同学急于找工作，他早已物色了几个人作合作伙伴。目前，这几个小伙伴已经正式在他租下的 80 平米的办公室里开始了创业生涯。对于成功，李跃和伙伴们有信心。

不同的社会和家庭背景下成长的孩子，理想可能也会受其影响。这就是为什么会出现一个家庭世代从事相同行业的现象了。孩子的价值观、世界观、事业观都受到家庭的影响，并且社会家庭背景会成为影响毕业去向选择的重要因素。

（2）个人因素

一项调查结果显示，先天因素中的性别和性格对毕业选择不会造成太大影响，后天因素对毕业选择有很大影响。毕业生的学历不同、思维角度不同，作出的选择必然会不同。比如研究生更倾向于进行进一步学习研究，而专科生和本科生的就业意向更为强烈。个人成绩和综合能力均对就业去向选择造成很大影响，这是显而易见的。

【案例】

廖晓华高中时英语成绩突出，到大学后，更是勤练口语，取得了一定的成绩。在大三的时候他争取到了对外交换生的机会。一个月的美国当地生活，使他的口语突飞猛进。因此，毕业后他便打算找一份和自己英语特长有关的职业。虽然他是学习电子商务的，但是这并不妨碍他找一份自己喜欢的职业。他良好的英语书写能力和口头表达能力得到某外资企业的青睐，让他负责亚洲地区的人力资源管理。这份工作，不仅待遇好，而且还能经常出国，令许多同学艳羡，多少有些后悔上大学时没有好好练习口语。

机会总是留给有准备的人的。廖晓华在他的大学生活中，努力锻炼自己的英语，使之成为强项，这给了他后来成功就业的保障。

3. 毕业去向选择的原则与方法

（1）毕业去向选择的原则

① 正确定位。

因为是初次择业，一些大学生会抱着走一步算一步，骑驴找马的态度，并没有明确的职业认识，也没有完整的职业生涯规划。因此，正确进行自我定位非常重要，只有不过高或者过低估计自己，才会对自己的毕业去向有正确的选择。

【案例】

赵明大学毕业后，雄心勃勃，对未来的事业充满期待和美好憧憬。但是面对错综复杂的社会环境和竞争激烈的就业市场，他开始重新定位自己的就业目标。毕业前，他给自己的定位是做国企或者事业单位的人力资源部经理，而且最好能在3~5年内分配住房。但经过几次求职，并且了解到周围同学的就业情况，他明白像他这样虽然学历较高，但没有太多实际工作经验的毕业生，是不太可能直接走上人力资源部经理的岗位的。因此，他适时调整自己的就业方向，把目标定为国企和事业单位的人力资源部的工作人员，从基层做起，逐步晋升。当他重新定位后，他很快找到了适合自己的工作岗位，并且准备放开拳脚，大干一番。

② 兼顾大环境原则。

在市场经济的大环境下，毕业生要考虑当前的各项政策与法规，让自己的毕业去向利益最大化。比如近年来国家对参军的优惠政策相当多，在条件允许的情况下，应届毕业生不妨报名参军，这既是一种体验也是一种积累。

【案例】

茅运来研究了今年的就业形势，感觉自己的专业和个人特长都不占优势，而自己唯一的优势是上学比较早，本科毕业才刚22岁。如果服两年兵役，退役时才24岁，那时候再就业也不晚，而且还比别人多了优先的条件。如果能在部队里考上军校，读三年书出来也不算晚。于是，他开始着手报名参军的事。

大学生就业不能光顾埋头找工作，还要看清什么样的就业轨迹更适合自己。茅运来利用自己的年龄优势，选择参军这条路无疑是正确的。

③ 勇于竞争。

大学生要牢固树立自信、自主、自立的意识，认识到市场经济对人才素质的要求更高，充分发挥自身优势，努力提高自身素质，勇于参与竞争。

【案例】

劳拉，女，应届毕业生，在校期间品学兼优，综合素质高，获得了多种奖学金。在参加招聘会前，她很好地总结了自己，明确了自己的长处，并给自己确立了合适的择业目标。同时，她认真预备自荐材料，充分翔实地了解用人单位的情况，为应聘做好了充分准备。她还有一个最大特点就是不怯场。虽然是女生，但她敢于竞争，在用人单位招聘人员面前能充分展示自己的才华，最后被深圳某技术有限公司录用。

大学生就业时，应该明确目标，敢于竞争。机会只给有准备的人，当大学生准备充分，勇于竞争，一定会有好的回报。

④ 先就业后择业。

大学生如果对自己的职业目标不明确，也没有明确的职业规划，那么，不妨先就业后择业，第一份工作不一定不能做长久。

【案例】

孙小光在大学里连续三年被评为“三好学生”，品学兼优，还是学生会干部。按道理他的求职道路应该是比较顺利的。可是却屡屡受挫。后来他自己认真分析了一下，认为受挫原因在于自己的外表。因为他身高仅165厘米，而且外表也很一般，不能给用人单位留下较好的第一印象，同时期望值过高超过自己的实际情况。为此，他改变自己的求职思路，充分发挥自己专业成绩好的优势，最终选择了一家和专业有关的单位开始就业。虽然并未从事专业工作，可是他的工作表现较为突出。一年后，由于表现突出，被公司提拔，终于坐到了自己理想的工作岗位上。

当孙小光满心无奈选择先就业时，他心里还有一些不甘，但是，他并没有因此而消极对待，而是认真、努力做好眼前的本职工作，反而为自己赢得了理想的职业。

（2）毕业去向选择的方法

① 客观评价。

每个人最难认清的就是自己。因此，一直以来，人们客观、公正地评价自己比评价别人还要困难。要做好毕业去向的正确选择，客观、公正地评价自己显得尤为重要。寸有所长，尺有所短。只有客观评价自己的能力，才会在就业中树立良好的心态，获得理想的职业。

【案例】

任力伟是某高职院校毕业生，大二时曾因病休学一年。复学后，他学习更加刻苦认真，专业课成绩非常优秀。就业招聘前夕，在系里老师的指导下，他认真分析自身情况和所学专业特长，积极与用人单位自荐洽商，最终与一家研究所签订就业协议。他到单位工作后，由于专业对口、专业基础扎实，工作非常积极主动，一年后，就担任组长工作，并被作为专业技术骨干进行培养。

扎实的专业基础对就业及以后的发展会有很大帮助。而正确认识到自己的优势，并将其发扬光大，才是真正的成功者。

② 认清形势。

刚毕业的大学生，最好别太注重眼前利益，要认清当前形势。有些人对起薪要求甚高，往往导致错失良机，最终找不到合适的工作。就业时要看自己当前从事的工作是否有利于自己的长远发展。如果有利于自己未来的发展，即使收入暂时低些，也要踏踏实实地工作。

【案例】

周康，在校时综合素质较好，被系老师推荐进入北京一家公司就职。原本他想和女友一起去女友郑州老家就业，但因为这份工作虽然要在分公司锻炼一段时间，但最后可以在北京工作，面对长远的发展，他选择了这家公司。虽然刚开始去分公司的时候比较辛苦，经常出差，但他兢兢业业、任劳任怨，短短三年时间便成了这家分公司的业务经理，并且随后不久便被调回总公司任职。同时，公司还安排他的女友也到了北京总部，他终于赢来了爱情和事业的双丰收。

做什么选择都不能盲目。大学生毕业去向选择不能只看眼前，还要看到自己以后的发展。如同下象棋，每走一步要看到以后多步的，才是智者。只有在正确的选择中不断努力，才能取得最后的胜利。

③ 抓住机遇。

机遇是不等人的。大学生在毕业时要抓紧身边的机遇，勇于竞争，不要让机遇从身边溜走。当今社会机遇与挑战并存，只有在求职中树立信心，敢于竞争，抓住机遇，才能在众多的应聘者中脱颖而出。

【案例】

和姜颖一起应聘总经理助理职位的有近二十名女生，他们来自不同的院校和专业，在面试时，主考官考察她们的记忆力，让她们恢复办公室的原貌。尽管明明是蓝色文件夹在黄色文件夹的上面，但主考官一口咬定蓝色文件夹在黄色文件夹下面，而且如果有谁反驳，便对其厉声呵斥。后来渐渐没有人有异议。但是，唯有姜颖在最后还是坚持蓝色文件夹在黄色文件夹的上面。并且拿出她的手机，把她悄悄拍摄的图片打开来证明。结果，她成了不二的人选。主考官评价这就叫有勇有谋，考试中并没有禁止用辅助工具，姜颖这样的做法并不违反规定。而且她能坚持自己的观点。对于总经理助理这一职位而言，这一点非常重要。如果是人云亦云，不知道提醒正误的助理，不如不要。

④ 及时调整。

不是每个人最初的职业生涯规划都是准确的。在实现规划目标的过程中，当发现自己的定位或目标不准确时，要及时修正，注意调整自己的规划方向，才能更好地为自己规划未来。大学生不可回避自己的缺点和不足，要实事求是地看待自我，才能追求到真正适合自己的职业。

【案例】

水成勋的同学们都找到合适的工作了，只有自己每天跟无头的苍蝇一样乱碰运气。为此，同班好友王晶蒙为他着了急。终于有一天忍不住在他求职归来后叫住他，和他谈心，最终找到了症结所在。原来，水成勋给自己定位过高，总希望能进入大公司成大事，却忽略了许多大公司都不愿意培养生手，而愿意接纳有经验的熟手。为此，王晶蒙提醒他重新制定职业生涯规划，先选择一个将要发展的方向，进入一家中小型公司开始做起，三至五年内跳槽至大公司。水成勋按照好友和自己的分析路线，及时调整方向，终于在自己的工作岗位上露出了笑脸。

案例点评

【案例】

王先生，财经学院工商管理专业毕业，本科学历。毕业之后曾在一家外资企业从事过两年的财务工作。可是王先生的理想职业并非是做财务，于是后来王先生又转行做起了销售工作。可工作一段时间后，王先生发现销售工作也并非看上去那么容易，自己越来越力不从心。

后来在朋友的介绍下，王先生到一家网站做起了编辑，可编辑没当几天，王先生觉得编辑工作其实也不适合自己。

几次失败的就业经历，深深地打击了王先生的自信心。他想当一名软件开发人员，但理想如何能实现？王先生不知究竟该如何正确地规划自己的职业生涯。于是王先生找到了一名职业顾问，希望专家能告诉他究竟该怎样为自己设计职业生涯规划。

【点评】

王先生的案例非常典型。即便是一些有几年工作经验的大学生，往往还是稀里糊涂，不清楚自己的未来发展方向究竟在哪里。原因就在于他们无法为自己确定职业规划。这使得他们常常感到无所适从，盲目地去择业，频繁地跳槽，到头来还是一无所获。

要避免这种苦恼，需要对以下三个基本问题进行认真思考，得出最终的结论。

① 你的专业是什么？

对于大学毕业生来说，在选择第一份工作时，尽量还是要选择与自己专业有关的工作最保险。案例里的王先生是工商管理专业毕业，无疑从事财务类的工作是他当下较好的选择。与专业有关的工作不一定是利益最大的工作，可最起码是最保险的选择。

② 你希望从事什么工作？

受现实情况所迫，许多人从事过的，或者正在从事的工作，并非自己的兴趣所在。从职业角度分析，你能胜任自己的工作，不代表这份工作就适合你。例如，王先生对财务工作应该说还是比较胜任的，但是他对于自己的工作感到了厌倦，不想继续下去，而是希望转行尝试一些自己喜欢的工作。可是职业者的转行需要考虑个人情况、家庭情况，以及社会环境情况。而对于一个刚刚走进社会的毕业生来说，没有一定的阅历和经验，是很难将以上这些问题考虑周全的。所以建议在改变职业时，最好请专业人士为你做指导。

③ 你的理想工作你能胜任吗？

王先生的理想是成为一名软件开发人员，可是根据他的专业知识能力，这种理想是不太现实的。起码在短时间内这种理想难以达到。假如你的理想工作超出了自己的能力范围，不妨将自己的兴趣转移至自己的专业上。王先生对于财务工作感到枯燥。专家建议他将职业方向锁定在既包括财务管理，又可以经常外出与客户沟通的工作。王先生采纳了专家的建议。不久，王先生就成为了一家大型会计事务所的审计师。

素质拓展

① 请根据本章所学内容，为自己设定职业生涯发展规划，并依照本章所介绍的职业生涯规划案例，为自己制定职业规划书。

② 运用本章所讲到的SWOT分析法、5W法、平衡单分析法，做自己的职业生涯规划。

第2章 自我认知

正确的自我认知对大学生职业生涯规划有着极其重要的作用。“知己知彼，百战不殆”中的“知己”正是自我认知的意思。自我认知包括兴趣的自我认知、人格的自我认知、能力的自我认知以及价值观的自我认知。

如果对自己没有很好的认知，无论是找工作，还是未来发展，都会碰到很大问题。为了提升大学生自我认知效果，本章将介绍几种职业测评工具，正确运用这些职业测评工具，对大学生职业生涯规划会起到很好的作用。

2.1 兴趣的自我认知

1. 兴趣的基本概念

心理学家叶弈乾说过：“兴趣是个体力求认识某种事物或从事某项活动的心理倾向，它表现为个体对某种事物或从事某种活动的选择性态度和积极的情绪反应。”对于大学生而言，兴趣决定着未来职业的取向。

2. 如何认知自己的兴趣

美国约翰·霍普金斯大学心理学教授约翰·霍兰德（John Holland），是美国著名的职业指导专家。他曾经提出具有广泛社会影响的职业兴趣理论。在他的理论中，将人格分成了六种类型，即现实型、研究型、艺术型、社会型、企业型和常规型。

霍兰德认为，对职业的兴趣将较大程度上决定对职业的投入程度。因此而兴起的职业兴趣测试越来越被大家所认可。许多人认为，职业测试会帮助自己了解自己的职业兴趣，更准确地选择自己喜欢的职业就业，避免就业的盲从性，更好地激发自我能力，以及对所从事职业的探索精神。对于这一切，兴趣占很大一部分因素。

【案例】

现在，许多大学生创业都从开网店开始，因为原始资金投入少，不需要太专业的技术。王琪在大四的时候便投入到开网店的大军中去。女孩子都喜欢漂亮衣服。王琪的身材本就不错，是个衣裳架子，她自己当模特，进货，拍照，上架。没有做过网店的王琪这会儿才发现，原来网店也很累人，没有想象中得那么简单。一个月后，冷清的网销业绩令她非常沮丧，她原本是个外向的女孩子，没事喜欢到处走走。自从做了这个网店，她几乎没怎么出过门。听到电脑上传来敲门的消息立刻跑去看，即便这样，新开的网店依然门可罗雀。又坚持了两个月，王琪把自己的网店给关了。她说自己实在不擅长做这样的生意，天天守着电脑不出门，还不如直接把自己闷死算了。所以说，创业一定要是自己感兴趣的。有了兴趣，挫折才不再是挫折，痛苦也不再成为痛苦，而会成为一种享受。兴趣创业是顺应自己爱好而去实现理想的过程，工作也是一种享受，也就本无所谓失败。而创业的成功，只不过是对你坚持自己兴趣的一个奖励而已。

3. 如何发掘自己的兴趣

现在流行一种兴趣转移理论，常言道："兴趣是最好的老师。"有了兴趣，学习会事半功倍，工作会更上一层楼。可是，如果仅是从内心想学好或做好某一件事，但实际上却并不入门，就需要进行兴趣转移。

遇到这种情况，要有战胜困难的勇气和克服困难的必胜信念，化繁为简，从最基础的着手，将复杂的内容分解，慢慢夯实基础成为行家里手。这样一来，由简入繁，逐渐就会成为优秀者。

就如同学习英语，许多大学生都知道掌握一门外语对就业来说肯定有益无弊。

可是仅仅有兴趣是不够的，怎么样才能学好英语呢？就跟农民劳作一样，从翻地播种开始下工夫。每天背一定数量的单词，读英语原文故事，练习英语口语，哪怕一天练熟一句，365天就是365句，几年大学生涯下来，就会一千多句英语口语，难道还不会成为佼佼者？只要勤勤恳恳、踏踏实实地下工夫，汗水和努力一定不会白费，当你脱口成文时，你还怕对英语缺乏兴趣吗？

工作也是同理，有的时候，一下子达不到最高峰，但可以从平地做起，慢慢攀上高峰，将兴趣一点点转移，然后逐渐放大，直至最后成功。

【案例】

吉贝克信息有限公司的总裁刘世平告诉大家："创业一定要按兴趣去做事。"这一点他深有体会。他于1988年随着出国热潮去了美国。在国内，他原本学的是土木工程，如果不出国，估计就会分配到一个单位，一辈子做一名土木工程师了。到了美国，他有幸进入了全球最好的土木系——康奈尔大学土木系。学习一年之后，硕士论文都快完成了，他突然发现，土木不是他的兴趣爱好。他重新审视自身的优势及自己的爱好，转学了经济，并且一鼓作气拿下了硕士和博士学位。毕业后在研究所工作了几年，银行也工作过，还曾做过IBM全球银行数据挖掘咨询组组长及全球服务部商业智能首席顾问，是"数据挖掘"方面的顶尖专家。此时，他在别人眼里应该算是成功了。可是此刻，他又发现这依然不是他所喜欢的工作。于是，他选择了辞职，回国创业。

他曾感慨地说："创业是件辛苦且沉重的事，如果不是自己感兴趣的事，那就惨了。所以创业一定要有理想，只赚点小钱容易，但要成就一番事业就困难了，就要付出艰苦的努力了。一旦决定做一件事，就要破釜沉舟，不能抱侥幸心理。"

他所创立的吉贝克信息有限公司从成立的第一天起，就立志做中国数据挖掘的第一品牌。这样一来，有兴趣，有目标，有努力的动力与方向，便走出了第一步。公司的所有员工都是从网上招聘的，没有一名是和他有关系的朋友或亲戚。他认为，一群志同道合的人诚信地走在一起，就是成功之道。当然了，与时俱进的学习是不能舍弃的，互联网时代，知识更新迅速，如果不学习，必将处于落后。只有不断学习，才能根据当时环境调整工作方向，不被时代所淘汰。

刘世平一次次因兴趣改变自己的就业思路，从为别人打工，到为自己打工。他努力创业，因为是兴趣使然，他注定要成就一番与众不同的事业。当然，做事业仅凭兴趣是不够的，还需要其他的辅助条件。

但是，没有兴趣是万万不行的。如果没有兴趣，一件事情做得再好，也仅仅是重复劳动，没有任何自我价值的认可。人只有在实现自我价值的时候才有被认同感，才会有更大的热情来投入这项工作中去。如果大学生还不了解自己的职业兴趣，不妨试一试职业兴趣测试，也许可以帮助你确定自己的职业兴趣究竟在哪里。

2.2　人格的自我认知

1. 人格的基本理论

美国人格心理学家、实验社会心理学之父奥尔波特首先提出了人格特质理论，他把特质分为共同特质和个人特质。共同特质是在某一社会文化形态下，大多数人或一个群体所共有的相同的特质；个人特质指的是个体身上所独具的特质。个人特质还分为首要特质、中心特质、次要特质。

另一位美国心理学家雷蒙德·卡特尔最早应用因素分析法研究人格。他编制的“16种人格因素测验”应用十分广泛。他认为人格的基本单元是特质，有必要对人格特质做分类，就像化学元素周期表那样。他于1973年发表卡特尔16种人格因素测试（简称16PF），作为经典人格测试被使用至今。

人格魅力包含很多种，其中诚实、守信、认真、勤奋、正直、乐于助人等都是为人们所喜爱的人格魅力。一般来说，人格是一个人道德品质的集中反映，是理想和追求的外部表现，是一个人灵魂的折射。什么样的人格也就决定了什么样的人生追求与价值目标。

在每年央视的“感动中国”年度人物身上，最能说明这一点了。我们大家所熟知的谢延信，只因为对妻子临终前的一个承诺，照顾前妻的父母兄弟三十余载。他让我们感受到的就是诚信、重孝义的人格魅力。

【案例】

张军是名大四在校学生，他平时酷爱运动，喜欢出游，身体也特别棒。他平时进行负重锻炼，腿上都绑两个沙包行走，同学们都叫他“飞毛腿”。有一天，他去市郊一个景点登山游玩。在半山腰，他遇到一对情侣求救。原来女孩子可能突发盲肠炎，可是该景点没有便捷通道下山，也没有缆车上下。这个女孩子因为疼痛已经走不了路了，男友背了一小段也没了力气，救护车等在山下也上不来，真是急死人。张军见此情景，二话没说解下腿上的沙包，背起女孩子直往山下跑去。女孩的男友在后面都有点跟不上他的脚步。

因为手术及时，张军救了那个女孩子一命。女孩子的家长特别感激，亲自去学校感谢。张军只收下了锦旗，不肯收一分钱，令女孩子的家人非常感动。

张军毕业时应聘了一家证券公司，谁也没有料到，他没有经过面试就直接被录取了。张军感到很诧异。后来才知道，该证券公司的领导就是被救女孩子的父亲，他在众多应聘者中看到张军的简历和照片，一下子想起这个古道热肠的小伙子，直接录取了他。他断定那样一个侠肝义胆的小伙子，有超强的体力必有超强的意志力，在工作中遇到困难也不会退缩，一定会胜任眼前的工作。

种瓜得瓜，种豆得豆。张军的机遇缘自于他乐于助人的人格魅力。看似很平常的小事，却有因果循环在其中。因为张军的努力锻炼，他拥有了强健的体魄，否则，遇上这样的事，只能心有余而力不足，想救人也不一定能救得了。张军乐于助人，救了女孩子一命。而在当今社会，见死不救者不在少数。如果他没有救人之心，即使有再强健的体魄也等于零。

2. 人格认知的重要性

大学学习生活中不乏这样的同学，他们总是能够一呼百应，在各种场合应对自如。能演讲、会唱歌，参加各项活动都非常优秀，他们似乎总有一种亲和力，也就是人格魅力，令其他人为之所吸引，担当主角。

也有这样一些同学，在班级中极为普通，老师和同学甚至叫不出他们的名字来，他们把自己藏在角落里，拒绝与同学交往或者亲密接触。

【案例】

创业者和团队的相处中，创业者的人格魅力尤其重要。刚大学毕业的阿成是大家公认比较有才华的电脑高手，他和几个电脑爱好者一起成立了一家电脑维修公司。阿成投资最多，算是老板。要说公司的业绩，还算不错。打着校友的亲情牌，他们首先接了一些个人电脑维修的小单。但是电脑维修公司要长期经营，服务机关、企事业单位才是长久之计。为此，阿成让伙伴们上门去联络客户。平时大家都认为阿成是电脑高手，处处捧着他，他也不自觉地把自己放在了老板的位置上。伙伴们回来他不记得问候一声辛苦，反而对没谈成客户的伙伴大发牢骚。

随着客户的增多，公司生意越来越好，阿成开始摆起了老板的架子。总觉得自己应该处理大事情，不应该处理日常小事情。日子久了，合作的伙伴心里有了芥蒂，他们都找各种借口离职了，有的还成立了公司，阿成却不明白为什么公司明明开始赚钱了，大家反而分道扬镳了。

一个有才华的人不一定是个好的领导者，大学生创业往往凭着想当然，而且多数容易共患难，却不容易共富贵。在学校生活中，大家往往只看到彼此优秀的一面，却看不到其人格的缺点。走上社会与之共事才发现，原来并非如彼此心目中所想象。这样一来，就容易树倒猢狲散，原本轰轰烈烈的创业寂静地偃旗息鼓。

3. 如何认知自己的人格

我国有句古话叫“人贵有自知之明”，希腊也有一句名言叫“认识自己”。了解自己属于哪种人格，是取得成功的重要前提之一。不同人格适合于不同的职业。假如不能将自己的人格与职业相匹配发展，就称不上所谓的自我和谐发展。

你可以通过表 2-1 确定自己属于哪种人格：

表 2-1　　人格类型分析

类型	性格特征	行为特征	人格解析	适宜职业
完美型	追求完美到极致，高标准要求自己，有着强烈的道德优越感，十分厌恶不守规矩的人	穿着整齐端正，工作不苟言笑。表情有时甚至显得麻木。做事对事不对人，说话直接，毫不留情	内心恐惧于他人对自己的批评。表面强大，其实内心经常将自己处于自我保护的状态	医生、安检员、质检员等
助人型	主动乐观，且慷慨大方，极其善于发现别人的需求，并乐意对需要帮助者提供帮助	常常面带微笑，做事喜欢婉转，很容易博得他人的好感。喜欢群体社交活动，害怕孤独	助人为乐是自己的世界观，被人关爱是内心渴望，意志力是自己的内心需要，丰富的感情生活是理想状态	销售员、客服人员等
成就型	工作精力非常旺盛，喜欢处于有竞争的环境中，实现自己设定的目标	穿着讲究，喜欢在人前显摆。沟通艺术高超，尤其是在成功人士面前，很善于表现自己。喜欢听别人对自己的赞美，忌讳别人谈论自己过去的糗事	世界观：这个世界就是“优胜劣汰”的竞争社会。内心渴望：经常得到别人的赞美和认同。价值观：实现自己的人生目标。以身份高低交朋友	推销员、保险员、演讲师等
自我型/艺术型	多愁善感，经常活在自己的想象中。无时无刻不在追求生命的真正意义。因此造成内心经常处于矛盾的状态	穿着富有个性，经常会做出一些让人意想不到的举动。眼神给人感觉似乎总在思考人生，感性而迷人	世界观：世人皆醉我独醒。常常担心某人会看透自己的心思。渴望完全看透人生的价值和意义。嫉妒心强、比较任性	文学工作者、服装设计师、建筑师、音乐人等
思考型	经常以理性的眼光看待这个世界。追求身心的完全统一	外表给人以冷静、木讷的感觉。与人意见不合时喜欢争辩。最大特征是将工作和生活完全区分对待。不善交际，保持特有的独立性	人生目标：我所熟悉的事务的权威专家。内心恐惧：无法驾驭身份的变化。渴望洞察天下。通过和别人比拼智商，来满足自己的虚荣心	科学研究者、咨询师、律师等
忠诚型	世界对它们来说威胁无处不在，对任何事都做好了最坏的打算。喜欢参与草根组织，惧怕权威	有着高度警惕性的眼神，喜欢提出各种问题，时而出现焦躁不安的情绪。勤奋，尽忠职守，一切行动听指挥	“世界之大，人心叵测”是他们的人生格言。渴望有个志同道合的人作自己的人生指路人。处于缺乏安全感的环境会感到恐惧。越危险的环境越容易表现得镇定自若	警察、保卫人员、情报人员、策划人员等

续表

类型	性格特征	行为特征	人格解析	适宜职业
活跃型	思维活跃，让人难以揣测。追求自由的生活，不喜欢被条条框框束缚自己。容易接受和学习新生事物，喜欢有创意的工作	活力充沛，神采飞扬，外表光鲜。喜欢闲谈式的沟通方式，常常能即兴发挥。喜欢交际和表现自己	世界观：世界是一个充满玄幻色彩的游乐场。渴望自由。讨厌束缚。为了追求自己的快乐，可以放弃很多其他人认为重要的东西	公关人员、计算机设计人员等
领导型	性格强硬、具有很强的攻击性。对于自认为有价值的东西，“一不做二不休”地勇敢追求	给人以强大的气场，有大将风范。沟通中直截了当，甚至有点独断专行的意思。喜欢接受各种严峻的挑战，任何时候都喜欢将自己置于领导者的位置	世界观：天下之大，为我独尊。渴望万事自己做主，讨厌被人指挥。绝对不能接受别人对自己有所质疑	企业公司领导、创业团队负责人等
和平型	追求和谐的心理，自己甘愿接受别人的指挥领导，也不希望与他人起什么冲突	看见弱者被强者欺负，会比自己受欺负更愤怒。调解他人之间的矛盾那是他们的特长	世界观：万事都应该顺其自然；忍一时风平浪静，退一步海阔天空。恐惧独处，热衷于被身边的人真诚接纳。追求“无为”的和谐状态	教师、护士、治疗师、服务人员等

2.3 能力的自我认知

1. 能力的基本概念

能力是人们顺利完成某种活动所必备的个性心理特征。任何一种活动都要求参与者具备一定的能力，而且能力直接影响着活动的效率。每个人所拥有的能力是不一样的，即使接受同样的教育，生活在同样的环境里，个人所拥有的能力也不尽相同。有的人有超强的记忆力，记忆能力特别好；有的人擅言辞，外交能力特别棒；有的人会组织活动，他的领导才能特别强；等等。诸如此类。

（1）一般能力和特殊能力

人的能力分为一般能力和特殊能力两种。一般能力包括记忆力、观察力、想象力、注意力等；特殊能力包括计算能力、跳跃能力、节奏感受能力等只表现在某些专业方面的能力，适用于狭窄范围内。

（2）基本能力和综合能力

另外一种分类方法把能力分为基本能力和综合能力。基本能力是指某些单因素能力，即主要通过大脑某一种功能完成的心理活动中表现出来的能力。比如记忆力、思维能力、感知能力等。而综合能力是由许多基本能力分工合作下完成的活动中表现出来的能力，比如音乐能力、管理能力和组织能力等。

2. 能力认知的重要性

人的能力是有类型差异的，大学生在创业组建团队时要考虑到这种差异。考虑成员间能力上的搭配与协调，使之在工作过程中能够配合默契，相互补充。要正确认识自己的能力，看到自己的不足之处，用己之长避己之短，或用他人之长补己之短，保证工作的顺利完成。在组建团队时还应考虑到层次差异，比如管理与被管理、领导与被领导的差异，尽可能使成员的能力有高低层次之分，按梯次结构搭配。这样，虽然单个人的能力可能并不很强，但团队内耗小，因而团队的整体力量却可以很大，即 1+1>2。

【案例】

小赵大学毕业的时候创办了一家广告公司。说实在话，在大家眼里，小赵真的没什么特长，是很普通的一个人。就说这个广告公司吧，创办的时候也是因为他在几个合伙人里面不擅长什么，于是就让他当个法人，应付公司的各项杂事。后来公司越做越大，小赵似乎还是没什么贡献，其他合伙人都是跑广告的跑广告，做策划的做策划。而他呢，只知道几个合伙的哥们谁家没煤气了，他打电话给联系联系；谁家有病人要看护脱不开身，他怕哥们影响工作去帮忙看护几天；谁晚上值班了，他去给买晚饭。碰上伙伴们中有闹脾气闹意见的，他就是想办法让哥俩和好。细想想，他做的都算不上是个事儿，可是，大家都非常服他。究其原因，就是因为他有管理能力，就好比唐僧一样，猪八戒要哄着干活，孙猴子要用紧箍咒吓着干活，沙僧只需要吩咐就可以。唯一一次见小赵发火，还是为一单生意。连续加几天班之后，那个客户为了压价而故意吹毛求疵，小赵心疼哥们几个通宵达旦加班，生气地说："不做这单生意了，虽说顾客是上帝，可也要看值不值得被当成上帝。"那个客户竟然被他体恤伙伴的话镇住了。不打不相识，从此成了生意上的好伙伴。

可能在业务上，小赵不是一个好的策划者，也不是一个好的营销员。但他是一个好领导，一个好管理者。他可以最大限度地调动员工的积极性，解决员工的后顾之忧，让员工有劲往一处使。这样的企业怎么会不成功，跟着这样的领导怎么会不努力？至于这个领导个人是不是非常优秀并不重要，重要的是他善用己之长。

3. 如何正确认知自己的能力

对于我们每个人来说，自己究竟有几斤几两，心里都会有个大概的估计。所谓"胜不骄败不馁"，就是给不能客观全面理性认识自己能力的人的一剂处事良方。对有的人来说，当他取得一定成绩，因此受到别人的夸奖时，他会认为这次的成功只是偶然。当他遭遇失败，遭到别人的嘲讽时，他会去怀疑自己的能力。久而久之，在这种思想的支配下，很难对自身能力有理性、客观的认识。

若想正确认知自己的能力，可采用以下两种方法。

（1）用事实证明自身价值

【案例】

高考是绝大多数学生实现梦想和自身价值的途径。可偏偏有人要主动放弃高考。风靡全国的超级女声节目，让亿万人从电视屏幕中认识了黄雅莉这个爱唱歌的中学生姑娘。超级女声舞台上的成功，让黄雅莉做出了一个足以让家人震惊的决定——她要放弃高考，专心唱歌。据黄雅莉的家人和老师同学说，黄雅莉的学习成绩还是非常优秀的，报考中央音乐学院不说是十拿九稳，最起码有着较大的希望。但是黄雅莉认为鱼和熊掌是不可兼得的。现在自己的唱歌事业一帆风顺，无需非得通过高考之路成就自己的梦想。

如今黄雅莉的歌唱事业开展得很顺利，结果证明自己当初的决定并没有什么错。

黄雅莉的情况只是一个个案，绝大多数学生还是要通过高考的考验，来达到自身价值的实现。黄雅莉应该归为特殊性人才的范围，高考适用于普通人，但并不一定适用于特殊人才。

当时有许多人都对黄雅莉放弃高考的做法产生过质疑，即便她的父母也不支持她放弃高考。但是后来她用事实证明，自己完全有能力不必通过高考，实现自身的最大价值。

（2）遇事要常常自省

晚清第一重臣曾国藩的为人为官之道就是两个字——自省。对于他人的赞美要自省，思考自己所取得的成绩，是否如那些人说的那么了不得。对于他人的建议和批评也要自省，思考自己的问题究竟出在哪。只有在曲折经历中不断自省，才能深刻地了解自己有哪方面的能力，适合做哪方面的工作。

2.4 价值观的自我认知

1. 价值观的基本概念

（1）价值观

价值观是个人对事物的一种理性认识，它是个体在对社会进行了解、把握之后所选择的一种人生态度。职业价值观则揭示了个体看待工作或职业回报、薪酬或其他相关问题的不同方式。

（2）职业价值观

职业价值观，又可称为择业观，是个体对待职业的一种信念。职业价值观往往决定了人们的职业期望，影响着人们对职业方向或职业目标的选择。

当下大学生在即将踏入社会的洪流之前，总是会面临着艰难的选择：是要舒适轻松但却会平淡一生的工作，如教师、公务员或一些事业单位的编制岗位，还是要高风险但却高薪资的工作岗位，如销售、中介等能够使人获得暴利的岗位，或者是先选择在某一公司的基层做起，或努力付出以图跨入公司的管理阶层，或积累经验以图自己创业。

大学生在即将步入社会之前必须要树立自己的职业价值观，做出理性的选择。

2. 如何正确树立价值观

（1）重视自己

大学生首先应当重视自己。因为重视自己，是一种爱护自己的表现，它能够使自己建立起充分的自信，帮助大学生形成不卑不亢的人格，从而在工作过程、学习过程中指引自己拥有正确的理想，走正确的道路。如果自己都不重视自己，都不爱护自己，那么也不可能有正确的价值观。

【案例】

鲍威尔，25岁，美国友邦保险的一位高级经理。他21岁大学毕业时，跨入保险这个行业。虽然保险在美国是一个热门行业，但是鲍威尔入行最初的目的是为自己的未来发展找一个缓冲的地方，毕竟学的专业是行政管理。开始的时候，鲍威尔并没有认认真真地去完成自己的工作，去向客户推销公司的保险产品。他带着一种游戏的心态来对待自己的同事、自己的工作。慢慢地他发现，身边的同事越来越疏远他，有的甚至经常嘲讽他。鲍威尔是一个要强的小伙子，他心中想，就算我将来离开这个岗位，我也要在你们的敬意下离开。于是他开始认真对待自己的事业，认真推销保险产品。但是，现实却残酷地打击了他。他虽然付出了努力，但收效却甚微，甚至还不如以前。正当鲍威尔感到痛苦的时候，他的经理找到了鲍威尔。经理带着鲍威尔，会见了一个客户。鲍威尔发现了一个怪异的现象，那就是他的经理平时是一位非常低调、个性内敛的人，但在和客户交谈时却如一座正在喷发的火山一般，激情四射。会面之后，鲍威尔把自己的疑问告诉了经理。经理笑着对他说："我把这份职业看成我的妻子，我在爱她的同时学会了爱自己、重视自己。"鲍威尔听后，回想起自己推销保险产品时不自信、无主见的样子，终于明白了自己没有取得成绩的原因。之后，鲍威尔开始正视自己的工作，慢慢地他感受到了自己的价值。在这过程中，他也获得了同事的尊重。24岁时，鲍威尔成为友邦保险德克萨斯州分公司的高级经理。

正是因为鲍威尔改变了以往的态度，开始重视以及珍爱自己，才重新建立起了自信，才慢慢感受到自己在工作当中的价值，获得同事的尊重，后来才有了获得晋升的机会。

（2）正确理解成功

大学生想要形成正确的价值观，就先要正确定义成功。有些人认为发大财是成功，有些人认为当大官是成功，这些都是由于没有正确理解成功所导致的价值观认知错误。大学生应当始终保持积极心态，拥有强烈进取心和正确理想是获得成功的前提条件。

【案例】

小李，25岁，某外国语职业学院毕业，现从事职位——北京希尔顿酒店业务经理。小李是一位积极乐观的男孩。他出生于一个普通的家庭，父母都是农民。小李自小成绩优秀，因此养成了乐观积极的心态。他深刻地明白自己的价值，也认真对待自己。2010年大学毕业，他以流利的口语成功应聘北京希尔顿酒店的储备经理职位。在开始的几个月中，他在不同的岗位上轮岗，做着普通服务员、保洁员的工作。在这几个月中，凭着乐观、积极的心态，在同时进入酒店的几位应聘者中脱颖而出，被酒店总经理选为助理。2011年，小李以出色的工作表现竞聘上酒店业务经理这一职位。成功的定位，积极乐观的心态，以及强烈的进取心使得小李深深认识并实现了自己的价值。

借鉴同事的长处，实现自己的成长，是大学生职业生涯中爱自己的重要表现。

积极地学习，不懈地学习，会不断给你的职业生涯带来新鲜感和智慧的火花。身边的同事身上的优点，正是能够弥补你自身不足的养分。在学习他们长处的过程中，不断地完善自己，你会由衷地爱上你自己。

马斯洛的需要层次学说指出："人有一系列复杂的需要，按其优先次序可以排成梯式的层次。一般来说，只有在较低层次的需求得到满足之后，较高层次的需求才会有足够的活力驱动行为。"这就告诉当代大学生一个简单的常识：你的人生、你的职业实现在你的某种需求中，实现在你的具体选择中。作为新时代的大学生，选择一种符合自己兴趣、爱好的价值观，并认真去实践它，坚守它，你的职业生涯才会多姿多彩。

2.5 职业测评工具的应用及注意事项

1. 职业测评工具的重要性

职业测评是心理学上的一个分支，兴起于20世纪的美国。当时美国的飞行学校为了测试飞行员们的综合素质，设计出一套科学、全面的测试系统，对飞行员的综合素质做出客观的判定。后来随着"二战"的结束，这一职业测评被广泛应用于社会各个行业。有了职业测评系统，大大减少了培训资源的浪费，也为许多就业者指明了职业发展的方向。

【案例】

小董是一名计算机专业毕业的大学生。当初报考大学时，小董因为计算机专业是热门就报考了。但大学四年下来，小董发现自己对计算机专业实在是提不起兴趣来。每次考试的时候，他都是草草应付而已。

大学毕业的时候，小董也是非常地纠结。放弃自己的专业吧，他有点舍不得。毕竟自己学了四年了。换个其他专业的工作试试吧，他又担心自己是一个门外汉，不能和那些专业出身的竞争。思来想去，小董还是想着先找个月薪1500～2000元的工作做着，走一步算一步吧。可是在四处找工作的过程中，小董没少投简历，最后都是石沉大海，没有一点进展。眼看着自己的同学都找着了工作安定下来，他的心里更是烦闷起来。

后来小董找到了一家大学生职业测试机构，希望这里能为自己找到努力的方向。专家给小董分别做了气质类型、成功动机等方面的测试，结果表明，小董的人格气质适合从事一些与人打交道的工作。小董自己也说，在学校期间他就喜欢帮助同学解决各种难题，而且做过一些信息咨询的兼职工作。因此专家建议小董，比较合理的职业发展方向是客服专员之类的工作岗位。小董担心自己不熟悉这样的行业，恐怕难以胜任。专家建议他参加一些这方面的专业培训班。在专家的一步步指引下，小董最后终于找到了一份比较满意的工作。

在现实生活中，有许多像小董一样的大学毕业生在择业的时候，无法正确地评估自己，只是根据社会热点职业给自己定位，一味地追求高收入、体面的工作。可最后的结果是什么呢？在一次次的盲目求职中迷失自我。职业测评工具可以帮助大学生做出相对客观的评估，它会依据一个人的兴趣爱好、专业知识、性格类型、思维方式和教育背景等进行多方面综合分析，从而做出比较客观的评价。

2. 职业测评工具的应用

职业测评工具分为兴趣、人格、能力、价值观四个方面。目前国内运用比较广泛的大学生职业测评工具主要有以下四种：霍兰德测评、职业锚测评、职业能力倾向测评和职业价值观测评。

（1）兴趣测评

霍兰德测评是一种兴趣测评工具。它的全称叫“霍兰德职业兴趣测评”，是由美国约翰·霍普金斯大学心理学教授霍兰德提出的。霍兰德认为人的人格特质、兴趣与职业有着密不可分的关系。因此他所提出的霍兰德测评将人格分为现实型、研究型、艺术型、企业型、社会型和常规型六个类型（见表 2-2）。霍兰德测评强调，清楚兴趣一定要与所选职业相匹配。大学生就业者在择业之前，要先明确自己的兴趣与爱好，以及兴趣爱好与自己的职业究竟有何种联系。所选职业不仅要满足个人的兴趣，还关乎个人将来的经济独立、家庭安康等多个方面。因此兴趣与职业匹配的程度是应用职业测评的一个重要方向。

表 2-2　兴趣与职业匹配

类型	特征	适合职业
现实型	动手能力强，实践出真知的拥护者。通常善于独自完成具体任务。但不善于言辞交际，做事小心谨慎	机械、工具开发人员，计算机硬件维修人员，厨师，农民等
研究型	肯动脑，善于思考，具有较强的抽象思维。求知欲强，爱好具有创造性的事情，但不愿动手，不善于领导他人	科学研究人员、工程师、数据分析员、医生等
艺术型	个性强，喜欢与众不同。典型的浪漫主义者，做事理想化，完美主义者，不注重实际。具有一定的艺术天赋，善于表达，心理时常处于复杂的状态	诗人、作家、歌手、建筑师、广告策划员等
企业型	有较强的权力欲望，喜欢领导别人，不安于现状。做任何事都有明确的目的性，喜欢以金钱、地位来衡量付出的价值	律师、法官、销售人员、企业经理、政府领导等
社会型	善于言谈，爱交朋友，愿意主动帮助别人，渴望在人前展现自我价值和社会作用	公关、咨询人员、教务工作者等
常规型	遵纪守法，甘于接受别人的领导。做事注重细节，但缺乏创造性，富有自我牺牲精神	投资分析师、秘书、打字员、出纳、会计等

（2）MBTI 性格测评

目前国际上最流行的性格测试就是 MBTI 测试，由美国心理学家卡尔容格发明。卡尔容格将人的性格大致分为外向型 E 和内向型 I 两种：外向型的人，更倾向于在自我以外的世界里，去发现并学习意义。而内向型的人，以自我的心理指导自己的全部言行。卡尔容格又将心理功能划分为四种，包括两种理性功能（思考 S 和情感 F）以及两种感知功能（实感 S 和直觉 N）。通常每个人都会有一种处于主导地位的性格类型，而当四种心理齐头并进时，则被认定为最佳状态。

这种性格测试多适用于成年学生，它能为学生有效地测试性格类型，从而为学生认识自己的性格服务。

（3）职业能力测评

相较于以上两种测评，职业能力测评具有一定的倾向性。它是通过一组经过科学编排的测试题，对一个人的数学、语言组织、空间判断、书写、运动、社交等多个方面进行综合的评价。这种测评尤其适用于大二、大三的学生。大二大三是大学生自我定位的关键时期。当对自己的定位无法做到准确判断时，职业能力测评则可以帮助明确自身能力的特点。

【案例】

一年前，李浩是众多忙碌的就业大学生中的一员，整天为了找工作而东奔西跑。大学里的李浩，学的是机械专业，他的专业课学得非常好，而且自己也对机械方面感兴趣。但是毕业的时候，他听很多同学说，做营销工作收入很高，是热门职业。所以李浩一直在应聘营销方面的工作。

李浩在几家公司参加了营销工作的面试，但是最后全都落聘了。后来他还去一家保险公司面试过，结果还是被人家婉言谢绝。眼见着周围的同学都上岗就业了，找不到工作的李浩觉得自己非常地没用。

后来李浩的班主任知道了他的情况，建议他到学校的心理辅导室咨询一下。辅导老师为李浩做了职业素质测评，结果显示，李浩的性格是属于现实、传统型的。也就是说李浩并不适合从事经常与人沟通的营销职业。辅导老师建议他还是要从本专业入手，去找一些技术类的工作。收入并不是当前最重要的，关键是要先找一份自己有兴趣的、能养活自己的工作。

李浩听取了辅导老师的建议，没几天他就找到了一份网络维护的工作。经过一年的努力，现在的李浩已经做到了网络主管的位置，工资自然也是大大提高了。收入多了，做起事来自然也就开心。

（4）职业价值观测评

职业价值观测评，也称工作价值观测评。它是对一个人的职业认知态度的测评，它为个人选择的职业类型和个人职业生涯的发展方向提供建议和参考，对企业招聘、人才选拔和培养具有非常重要的参考价值。

它的测评方法是通过各种关于价值标准的问题，对大学生进行考察。答案分五个档次：好、较强、一般、较弱、弱。越是大学生认为重要的职业标准，对选择职业的影响就越大。

【案例】

小张毕业之后，找了一份销售的工作，但不久就失业了，他觉得自己干不好这份工作。他根本就不懂得什么是销售，每天都过得很痛苦。在朋友的介绍下，他做了职业价值观测评。这一系列测评主要是让被测评者对一些生活上的问题作出判断，而这些判断都跟职业价值观有一定联系，答案分为五个档次：好、较强、一般、较弱、弱。测评老师要求他如实填写，小张也就红着脸把所有程序都进行完了。他记得他选了很多较弱、一般之类的，他以为自己完了，可能什么工作都不适合。最后测评老师告诉他，结果很理想。虽然他很不适合做销售，因为他在交际方面的价值观存在一定问题，但小张具有顽强的毅力和好胜心，只要是他认为正确的事情，他都会认真完成。测评老师建议他做一些凭借个人能力完成的工作，而不是过多地跟人打交道，这样会更好。他按照测评老师的建议换了一份工作，果然，他整个人都轻松了。

像小张这样，在人际交际价值观上存在问题的同学，确实有一部分。但是不能因为这些因素，就否定自己的价值观。应该积极利用好测评工具，它们是大学生找到理想工作的好帮手。

案例点评

【案例】

陆某，女，24 岁，中共党员，大学生村干部。两年前毕业于南京某职业院校工商管理专业。

在学校的时候，陆某就是学校里的焦点人物。身为学生会主席的她，不仅长相美丽，而且从骨子里透露出一种不凡的气质。做事雷厉风行，井井有条。而且能照顾到同学的利益，曾经为学生的利益，和校长争辩得面红耳赤。因此，要是提起陆某，同学们没有不挑大拇指的。

像陆某这样的条件，毕业后找份高收入又体面的工作，那真可以说是易如反掌。可毕业时的陆某，为了响应国家的号召，毅然到了无锡某山村做了一名大学生村干部。这样的决定在其他同学看来几乎是不可思议的。但陆某对于自己的决定，从来都没有后悔过。

陆某所在的山村并不是什么经济发达地区，但这里却世世代代种有大量的水蜜桃。因为交通不便和信息的滞后，这里的水蜜桃很难找到销路，所以村民们的生活条件也并不是多么富裕。

陆某来到这里，大刀阔斧地搞起了乡村改革。她首先立足于本村实际情况，提出了“先修路，后营销”的改革策略。经过自己的多方奔走，她终于向上级政府讨来了修路的文件和资金。运输平台有了，陆某又自己出资 2 万元，建立了水蜜桃的网络销售平台——“桃宝网”，用于联络开发水蜜桃的销售渠道。短短半年时间，向本村收购水蜜桃的订单，犹如雪片一样飞来。陆某开发了本省水蜜桃销售的新模式。在陆某的领导下，该村的村民如今都已致富，平均月收入达 3 万元。因此，陆某的事迹被多家媒体争相报道。

【点评】

陆某在获得成功的同时，又是什么让她得到人们的赞誉呢？归纳起来有这么几点：

（1）人格魅力

陆某的人格魅力不单表现在自己的领导艺术上。有人格魅力的人，必定也是受人尊敬，让人佩服的人。怎样才能让人佩服呢？多为他人着想，不计较个人一时的得失，只有这样才能得到广泛的认可。陆某无论是在校期间，还是在做大学生村干部期间，都能将身边人的利益放在重要的位置，这样的领导自然也会得到人们的称颂。

（2）有能力、有魄力

从事领导工作，考验的正是一个人的综合能力。比如管理能力、组织能力、分析能力，这些都是领导必不可少的素质。只有像陆某一样，综合能力达到一定的高度，才能做到把握大局。

（3）对自我价值的正确定位

相较于大城市里的企业高层领导、中层经理这些工作，对于大学生来说，村干部算不上是最舒适的工作岗位。但陆某却有着自己的人生定位。有句话说“是金子在哪都会发光的”。只要对自己有坚定的信心和毅力，无论身处何种环境，早晚都是可能成功的。

素质拓展

回顾本章的学习内容，认真填写下面的表格，以便更全面正确地认识自己。

	测试结果	自我评价
兴趣类型		
人格类型		
能力类型		
价值观类型		

第3章　就业形势与政策

要做好职业生涯发展规划，大学生需要了解当前就业形势和政策，这些信息能够给大学生就业提供必要的帮助。主动去把握这些信息也能够锻炼大学生对环境的分析能力。

3.1　高职院校毕业生就业环境分析

随着中国高等教育的跨越式发展，高等院校大规模扩招，大学生就业从“卖方”市场步入了“买方”市场。这导致了大学毕业生求职的成本和时间增加、难度增大，在这种形势下，更有必要了解就业环境，在就业时做到有的放矢。

1. 学历供求情况分析

近年来，高职学生的数量急剧上升，除了与本科生相同的扩招原因外，不少中专、中师学校获得批准升级为高职学校也是专科生数量猛增的原因之一。随着高职学生的增加，高职学生就业也越来越困难，好工作难求，就业前景黯淡无光。

【案例】

马涛是某高职院校市场营销专业的学生。毕业时，一所大型国企来学校招聘，闻听这个消息后，整个市场营销专业的学生倾巢出动，除了几个已经找到不错工作的学生外，几乎所有人都参加了这场招聘会。最后，这家企业只在他们班上挑中了5个人，剩下的人都是失望而返。

后来，相继有一些企业来学校招聘，但招聘人数少得可怜。每次对市场营销专业只招聘两三个人，甚至有时还不要高职学生，只要本科生。在临近毕业时，马涛总结了一下，来学校招聘市场营销专业专科生的单位的用人总数只有二十几个人，是他们班级总人数的二分之一。

后来，他逐渐放弃了对于企业性质的要求，终于找到一份工作，恰好有一位和他同专业的师兄也在这家单位工作。他们二人聊起了就业的情况，这位师兄不禁慨叹：就业形势一年不如一年，专科生的总量更是一年多于一年，远远超出了市场需要。

高职学生要客观分析个人的条件，不要好高骛远。任何一项工作都要有人去做，任何一项工作都可以做得非常出色。不要太在意企业性质、福利，其实这都无关紧要。最重要的是找到一个适合自己发展的平台。

2. 大学生就业市场化给大学生就业带来的挑战

（1）数量急剧增加，竞争白热化

高校招生规模连续扩大，使大学毕业生数量逐年增长，但社会的人才需求却没有相应地增长。形象地说，就是僧多粥少。越来越多的大学生竞争数量有限的工作岗位，造成了就业竞争日趋激烈。

【案例】

即将大学毕业的张亚楠加入了找工作的大军。2012 年农历新年过后，她准备参加在省会石家庄的招聘会。石家庄的春季招聘会人气很旺，她曾经听她的一位学长说，如果在招聘会上挤上三圈，保证你的骨头都得散架。当时她听了之后，觉得很好笑，因为她觉得人再多，还能把骨头挤得散架吗？

的确，她的学长在向她描述时用了夸张的手法。但当她身临其境时，她觉得学长的说法真的很贴切。人多得数不清，而且密度极高。她挤入人群投了 8 份简历，然后再挤出来足足花了 4 个小时。后来，她再也没有勇气进入这个庞大人群了。

大约一个半月后，她看到了一则新闻报道：2011 年全国普通高校毕业生人数 660 万人，而 2012 年预计达到 680 万人。看到这则新闻，她不禁想："怪不得招聘会上这么多人，看来人才市场上的竞争越来越激烈了。"

像张亚楠这样有过招聘会现场经历的大学生，有很多，作为毕业生的她们通过这样的招聘会最真切地感受到了竞争的激烈。

（2）能力亟待提高

大学生的学习主要集中在校园内，虽然不少学校都在倡导学生增加社会实践，提高实践能力，但受到参与社会实践的机会和时间的限制，不少学生还是没能得到充分的能力锻炼。这在就业时就表现为理论知识丰富，实际工作能力偏低，往往需要工作经验丰富的人指导，才能融入实际工作。

【案例】

接到一家国有企业的面试通知，侯斌异常兴奋，因为与他一同参加笔试的人有 50 个，而招聘人数只有 5 个，能通过笔试的恐怕最多只有十分之一，这样算来自己也是应聘人员之中的佼佼者了。

由于笔试的顺利能过，侯斌对于面试信心大增。可是真正到了面试现场，面试官开始发问，他才意识到面试不像他预想的那么顺利，很多问题他都不知道如何回答，尤其是涉及实践操作的问题。面试官轮流问了几个问题，侯斌的汗就下来了。这时他最后悔的是自己的实践能力太差，如果他可以再选一次，他一定会多参加社会实践，多锻炼实际工作能力。

面试结果出来，侯斌名落孙山。不过他没有气馁，他决定再接再厉，他作了一个重要决定，在没有面试的时候，他还要寻找机会锻炼实践能力。他深信自己专业出身，肯定有自己的优势，只要自己精心准备，加强实践能力，下一次的胜利应该属于自己。

很多大学生都有这样的体会，工作以后要用的知识和在校学习的简直就是两回事。很多东西都要重新学，这固然与大学教材知识更新速度慢有着密切关系，但学生的实践机会少、实践时间短，没能通过实践补上知识缺口、提高能力，这也是重要原因之一。不过大学生也没有必要失去信心，只要加强自己的实践经验，让自己获得更多优势，成功还是很有希望的。

（3）转变就业观念

从目前就业市场来看，大学生就业存在扎堆现象，在大城市应届毕业生数量偏多，而一些中小城市却少有人问津。大学生普遍倾向于在大城市就业，而不愿到中小城市，这种就业观念的存在严重影响着大学里的就业。

【案例】

毕业于上海某高校的鲍军，毕业后一直在上海寻找就业机会，但上海的人才竞争太激烈了。有过两个月的找工作经历后，他惊奇地发现每次和他竞争同一岗位的有许多名牌大学的本科生，这让他备感压力。

后来，慢慢地，他清醒地认识到在大城市就业很困难。同时，他也明白在这种千军万马同过独木桥的竞争中，获得机会更不容易。经过一段时间的思考，鲍军产生了到中小城市去就业的想法。而且，据他的同学说，中小城市的就业环境比较好。于是，他回家和父母商量，父母也支持他的想法。接下来，他开始寻找中小城市的招聘信息，后来在南方一个小城市，他找到了自己的工作。由于工作努力，他很快就成为了业务骨干。

一年之后，单位有一个在职进修的机会，领导们考虑到他工作干劲大，就把这个机会给了他。现在的鲍军已经晋升为单位的中层管理干部，未来发展也是前途光明。

就业观念是大学生目前面临的主要挑战之一，虽然在大城市就业机会多、发展空间大，但是大城市同样存在着竞争激烈的问题。如果想要在大城市就业，不得不面对鲍军所遇到的窘境。而到中小城市更容易发挥自己的专长，获得好的发展机会，因此，在就业时，大学生不妨转变自己的观念，舍弃大城市的繁华，得到小城市的就业机会。

（4）适应市场化就业机制

大学毕业生的人数每年以数十万甚至百万的速度急剧增加，不再像以前一样以“精英”形象出现，而是更为大众化。从以前的供不应求，到如今的供过于求，一些大学生自嘲毕业即失业开始。所以，在这样的情况下，如果我们再坐等机会来到我们身边是不可能的。现在大学生必须清醒地认识到就业机制已经转向市场化，再不能像以前那样等待机会，或者消极被动地等待机会的到来，而是要主动出击，通过报纸、电视和网络获取招聘信息，寻找就业机会。

【案例】

史铁山面对着就业的严峻形势，有些无奈。他从现在的就业环境中，根本看不到小时候表哥向他描述的那么美好的前景：只要考上大学，你的人生就会彻底改变，工作不用担心，房子会给你分配，还会有一个美满的家庭。

到现在，他已经参加过五次招聘会了，仍然没有为自己寻找到合适的工作。每次招聘会往上看全是人头，往下看全是屁股，不到招聘会现场，你不会知道究竟有多少毕业生在找工作。看着身边的同学一个个签下了就业协议书，他急得跟热锅上的蚂蚁似的团团转。光电子简历他就发出去了500多封，可是除了自动回信，基本杳无音信。

后来，他的师兄问起他找工作的情况，才知道他是一门心思盯上招聘会了，不注意在电视、报纸、网络上获取招聘信息。“信息就是资源，你只跑招聘会还不行，网上要投简历，报纸也要盯着，这些渠道一齐抓才能成功。”师兄的一番指导让史铁山开了窍。

一个半月后，他终于在网上投递简历后，成功拿到一家外企的录用通知书。

史铁山的问题是思路没有跟着形势变化，以前就业是国家分配，可是现在是市场化就业了。不仅不能坐等机会，还要主动出击创造机会，切忌只用一种方式，不及其余，否则很难成功就业。

（5）拓展就业思路

一些大学生在学校时，都有自己的专业，因此，在毕业就业时，都寻找与自己的专业相关的就业机会。当然，这样成功的概率比较大，但同时也限制了就业的思路，无形中错过了一些可能适合自己的工作。

【案例】

宋美玉是个活泼开朗的姑娘，当初考上汉语言文学专业的时候，她着实风光了一把，因为这个专业的录取分数线比较高。谁知道，毕业的时候她发现，她这个专业的毕业生，处境很尴尬，记者的岗位有专门的新闻专业毕业生，出版社的编辑岗位又有编辑出版学专业的毕业生，但无论如何自己还是要硬着头皮和他们竞争。经过几次面试，她慢慢发现，和这两个专业的人竞争自己好像占不到便宜。

找不到工作的宋美玉，陷入了痛苦和无奈之中，但这于事无补。“难道真的要这样灰溜溜地回家吗？”宋美玉不只一次问过自己这个问题。

后来，她在一次招聘会上看到一家单位在招聘市场营销人员，可是专业要求里面分明写着市场营销及相关专业。她不是市场营销专业，她自己很清楚，也许是多次碰壁的原因让她对专业产生了反感。“我就不相信不是市场营销专业就做不了市场营销的工作。”于是，她鼓足勇气投了简历。

就这样误打误撞，宋美玉还真应聘成功了，而且工作后的她，表现还不错，每个月的业绩都是遥遥领先。

像宋美玉这样纠结于专业的大学生不在少数，其实就业的路很宽广，不做与专业相关的工作未必不能成才，真正适合自己的工作是什么，有时候需要尝试了之后才知道。所以，在就业时，大学生不妨拓宽自己的就业思路，有选择性地进行尝试，可能会有像宋美玉一样的意外收获。

（6）专业不对口

我们经常会看到这样的情况，明明学历史专业的，最后找工作时却成了行政助理。明明是学习法律专业的，最后找工作时却入广告这一行。工作和专业的不对口，是很多大学生在就业中面临的一个问题。这样的结果对于一些精于专业知识的大学生而言，确实是一个不理想的结果，但现实不会因为个人的意愿而改变，大学生应当做的是努力克服专业不对口带来的问题，不仅成功就业，还要在自己岗位上做出成绩。

【案例】

梅君平毕业于某大学的汉语言文学专业，他回到原户籍所在地找工作，却发现没有理想的工作。后来勉强去了一所高中，做了政治老师。本来，他到学校做语文老师也是可以接受的，但是他偏偏找了一份政治老师的工作，这让他多少有些郁闷。

有一次他去参加一个教育局的会议，坐在他旁边的其他学校的一名年轻教师和他聊起了天，一聊才知道这位老师是天津某大学经济系毕业的，却在所在的学校当起了语文老师，梅君平不禁感慨自己不能从事自己的专业。这时对方却对他的观点不以为然。“我们处于这一个转型时期，国家每天都在发生着巨大的变化，而作为一个个体，我们是没有办法左右这种变化的，所以应当主动地、努力地适应这种变化。”对方的一席话，让梅君平有点生气，“唱什么高调，我就不相信你没有一点儿怨言。”梅君平心里想。

可是后来，在年终教育系统的评奖通报中，他看到了这位老师的名字。这位获奖老师的简介中写着：“2010 年被评为中级职称，年度优秀教师。”这个通报对于梅君平来说无异于一个炸雷。“别人在用自己的青春改变人生，而我却在用自己的青春抱怨，我也应当这样努力奋斗，改变自己。”下定了决心的梅君平工作努力了，对于教学中遇到的问题，他也主动请教年长的老师。

2011 年年末时，他被评为十佳教师。现在的他正向着更高的目标迈进。

与梅君平一样遭遇的大学生不在少数，但是他们中的大多数人却为着工作与专业不符而悔恨，好像只要工作与专业对口就能创造辉煌的业绩。事实是这样吗？恐怕没有人敢保证做专业对口的工作就可以如鱼得水，短时间内就会事业有成。其实，在当下的环境里，很少有人可以自由地选择工作，因此，如何调整自己适应社会的变化就成为必要的技能。

3. 大学生就业竞争对手分析

大学生就业面临的竞争压力很大，从宏观的角度观察，竞争对手主要来自于在社会实践中成长起来的人才。虽然，他们获取知识的途径不同，但都参加了与高校毕业生同平台的就业竞争，大学生想要在竞争中取胜，就要努力学习专业知识，逐步加强自己的专业技能，增强自己的沟通能力以及人际交往能力。

【案例】

陈宇回到老家县城之后，参加过两次事业单位的招聘考试，都未能过关。虽然没能看到自己的考卷，但他深信被暗箱操作了，因为那些考题于他而言并不算难。回到家里，他很郁闷，把自己一个人关在了房间里。

晚上吃完饭，妈妈去刷碗了，爸爸和他坐在客厅里，陪他聊天。陈宇说：“我就不明白了，为什么一些在部队深造的军人转业后都能通过考试，而我一个正规大学的大学生却没能考过，中间一定有猫腻。”

爸爸说：“或许是你自己准备得还不够好。”

陈宇说：“不可能的，那些我都会。”

爸爸说：“会的不一定能做对，你忘了你小时候有一次考完试回来，我问你考得怎么样，你说100分没问题，结果只考了83分回来，虽然你都会，可是因为你不够细心，好多题目都看错了。”

陈宇想起小时候那件事，感觉特别不好意思，突然明白了什么，对爸爸说：“爸爸，我知道了，不管别人在中间做了什么，只要我有信心，我认真参与，肯定能考好的。”

后来，经过再一次的精心准备，陈宇又参加了一次事业单位的招聘考试，考试的时候细心看题，认真作答。结果也令他满意，放榜后他名列榜首。

像这样，因为看到周围非常多的不正常现象，就认为自己被暗箱操作而没有及时去强化自己的专业知识，增强自己的专业素养，这样就会失去自己作为大学生的优势。

4. 大学生就业去向分析

（1）去基层就业

一些毕业生认为，十几年的寒窗苦读，好不容易到了城市，如果仍然回到县市，感觉很没面子。因此，尽管基层就业前景广阔，而且从现实来看，去基层就业无疑是大学生的一条出路，可大学生还是愿意把就业目标锁定在城市，只有极少数愿意去农村，特别是山区，这样就导致城市就业竞争压力大。虽然有一部分毕业生回到家乡，但因为工作单位不理想，存在一些跨行业就业的情况。

【案例】

崔炎的老家在山东的一个贫困县，家里两个姐姐辍学供他读书，他学习也很认真，最后以高分考入一所国家重点高职院校。眨眼间就到了大学毕业季了。看着一些同学签的单位都不错，他也向往留在省城，可是如果留在省城，他势必要降低自己的职业期望，选择一些民营单位。

就在此时，他的家乡号召在外的学子回乡支持家乡经济建设，同时还开出了一些优惠条件。面对家乡抛出的橄榄枝，他犹豫不决。好不容易从穷山沟里跳出了农门，难道还要回到那个贫困县吗？他找到了老师，倾诉了自己的想法。老师问他留恋这个城市的什么？他想了半天，说：“繁华。”是啊，省城繁华富饶，是许多毕业生向往的工作地方，这里交通便利，经济发达，信息畅通，如果回到老家县城，肯定和这里相差太远了。

辅导员老师说：“省城繁华，是因为建设它的人多。你的家乡是贫困县，如果那里的学子都不再回去建设家乡，只会越来越落后，越来越贫瘠。”崔炎一听怔住了。是啊，都说狗不嫌家贫，自己从那个贫困县出来，为什么不想着改变家乡的面貌呢？如果他们这些学有所成的大学生都飞到了外面的高枝上，家乡只会越来越落后。这时，他想起了家乡的贫困，感到一阵脸红。

辞别辅导员老师，他找到了老乡会的会长，把所有的老乡召集起来开了一个意义深重的老乡会。他把他的经历和大家谈了谈，然后发动大家回到家乡，去建设家乡，一届不行还有下一届，届届都有后来人。他们把“学好知识建设家乡”定为以后老乡会的宗旨。虽然还有一部分同学不舍得放弃大城市的生活，但令他欣喜的是有一部分同学响应了他的号召，决定打起背包回家乡工作去。

所以在就业区域的分析上，大学毕业生应该理性、客观，不能一味想要留在大城市，而不考虑环境因素。崔炎和他一些同学的精神是值得大家学习的。

尽管海阔凭鱼跃，天高任鸟飞，但是如果我们都不建设自己的家乡，就如同崔炎的感受，家乡只会越来越贫穷。相较于中下层工作，扎根基层或许意味着要忍受更艰难的环境条件。但是，从实际锻炼价值来说，扎根基层所带来的收获，或许会让你受益终身，由基层一步步走出来的成功者，往往能练就一身铁打的身板。

（2）去中西部地区就业

我们可以看到，随着我国经济发展的政策调整，中西部地区的经济开始迅速发展，人才需求量急剧增大，这使得大学生的就业机会增加。从国家一些优惠措施的实施也可以看出，中西部地区人才的需求量很大。

作为大学生，应当摒弃那些陈旧的就业观念，不要热衷于条件好、收入高、工作环境舒适的大城市和发达地区，而要把更多的注意力投放到中小城市和中西部地区，在那里同样可以展现风采，实现人生价值，成就自我。

年轻人精力、体力都非常旺盛，在年轻的时候，不要贪图安逸，要迎难而上，祖国哪里需要，就要响应号召去哪里发光发热。近年来，中国西部大开发，年轻人去西部应该可以大展宏图。

（3）去民营企业就业

现在，随着社会的进步、市场经济的发展，民营企业如雨后春笋般成长起来，这也为大学生提供了大量的就业岗位。而且，为了吸引人才，一些民营企业还给出了较好的条件，大学生在选择工作岗位时，不要只关注国家机关、国有企业，进入一家发展前景较好的民营企业未尝不是一种好的选择。

【案例】

张丽毕业后，先是到一家国有企业工作。由于她个性比较突出，虽然工作能力强、业绩突出，但还是招致了单位一些领导的批评和指责，一番深思熟虑之后，她辞掉了自己的铁饭碗，去了一家颇为看重她的民营企业。

当初她也曾有顾虑到底要不要过去，因为过去的话就等于放弃了原来的稳定工作。但因为民营企业的老总非常欣赏她，给她的薪资待遇也很高，所以她心一横，也就去了。

到了民营企业，情况与在国有企业时完全不一样。内部管理机制不健全，许多制度都是空白，不过难能可贵的是他们的产品质量过硬，因此销路一直很好。到民营企业工作一个月后，张丽结合公司情况提出了健全管理制度的建议，并根据自己在国企工作的经验拟定了制度初稿，老总看了之后十分满意。

后来，张丽主动参与营销策划，提出了不少有建设性的建议，也获得了老总的认可。随着公司的发展，张丽的工资也不断上涨，到 2011 年已经是她在国企工作时的 2 倍。

像张丽这样有能力的大学生有很多。行政机关和国有企业相对来说管理比较规范，但却不能让大学生充分地张扬个性，发挥特长。广大大学生在选择就业岗位时，可以选择国企或者行政机关，但也可以选择民营企业，也许在民营企业更能一展所长。

（4）去中小城市就业

随着扩招政策的实施，大学生的数量剧增。而令大学生就业环境日渐恶劣的并不只是毕业生数量的增加，扎堆大城市也是这种供需矛盾日渐激化的原因之一。一方面，大城市工作难求；另一方面，中小城市无人才可用。从这个角度来讲，大学生选择中小城市就业也是条较好的路径。

【案例】

李琦从小英语就非常好，因为他的母亲就是一位英语教师，而他也经常在各种英语演讲比赛中获奖。他的性格非常开朗，好交朋友，他的幽默经常逗得周围的朋友哈哈大笑。马上面临毕业了，他却有点犯愁，因为到目前为止，他还没有找到满意的工作。

究竟什么是好工作难求，经过这几个月的碰壁，他是真真切切地感受到了。

“工作难找，你不要太着急，慢慢来，不行的话就回家来，爸妈帮你。”放下电话的李琦觉得压力更大了。父母的话显然是在安慰他，因为一个小县城怎么会需要外语人才呢？整年都不见得有几个外国人光顾。

“不行你就回家来。”李琦已经记不清爸妈是第多少次这样劝他了。“回家，回家，回家能找到工作吗？”找工作的不如意让他的心情糟透了，他竟然不自觉地向父母发起了火。“怎么会没工作呢？你三叔说棉纺厂现在正在做外贸生意，正缺外语人才。”这几句话让失望之中的李琦一下子找到了希望。

事实上，大城市找工作的失利已经让他陷入了绝望。他曾经考虑过回到家乡，但是想到回家找不到工作，父母会更着急，就放下了这个念头。现在他听说，回家还可以发挥自己的特长，马上喜出望外。

后来，李琦和县棉纺厂联系，并且回家参加了厂里的招聘考试，在二十几个应聘者当中他以出色的口语和笔译能力胜出，正式加入销售科，负责外贸中的翻译工作。

中小城市不一定没有就业机会。市场经济发展到现在，许多中小城市都有了自己的龙头企业，这些企业的发展同样需要大量人才。与其在大城市激烈拼杀，不如选择一个中小城市定下心来工作，创造自己的未来。

5. 大学生就业市场变化分析

（1）本土大学生面临国际联合办学机构竞争

近几年，我国高等教育市场逐步向国外资本开放，外国教育机构进入中国创办了形式多样的人才培养机构，这些机构不但提供了短期人才培训，还与国内大学进行联合办学，这种全新人才培养模式给中国本土高校人才培养模式带来了挑战，也使我国本土高校大学生就业增加了许多竞争对手。

【案例】

2011 年，王辉从北京某高职院校外语系毕业，由于学校的名气大，所以对找工作的事比较自信，他先后投了一些简历，很快便收到了面试通知。但令他不解的是，他每次面试的感觉都挺好，但不知为什么总是应聘不成功。

后来，有一次他去面试，遇上了同校的同学，两人便聊起了找工作的事。一问才知道，这位同学是参加学校的一个中美联合办学项目的毕业生。据这个同学说，他们的学习时间也是四年，在国内培养两年，在国外培养两年，所以他们有一些优势，比如外语流利，了解中美不同文化和谈判技巧等。毕业时，由于专业是英语而且在国外学习期间又涉猎了大量的国际贸易知识，所以许多学生把工作方向定为国际贸易翻译。

听他说起国际贸易翻译职位，王辉马上来了兴趣，因为这也是他近期一直在面试的职位。于是他随口问起，该项目毕业生的就业情况，这位同学如数家珍地说出了自己同学签约的四五个工作单位。王辉惊奇地发现其中有两家是他去面试过但被淘汰的，而且这两家单位只招聘一人。想到这里，王辉开始找工作时的自信心一下子没有了。

在与国际联合办学项目毕业生的竞争中，许多学生都感到有些压力，尤其是竞争一些涉及国际贸易的职位更是如此。这个现象的出现提醒了广大本土大学生，要在就业市场中获胜，不仅要关注国内的形势，而且要具有国际视野，这样才能在就业时不落人后。

（2）人才市场更加偏重“好”专业

所谓的“好”专业或“热”专业，是指当前就业市场较紧缺的专业。近年来，影响大学生就业重要因素之一即大学所学专业是否与社会需求相一致，用人单位对大学生的专业偏好比对大学知名度更高，名牌学校一些不适应市场需求的专业其学生就业不理想。用人单位在看重“专业”的同时，还对大学毕业生的“专长”很重视，有专长的复合型人才是用人单位竞相争聘的对象。

【案例】

柴静雯是个孤儿，父母在一次车祸中不幸双双离世，从小她就跟着爷爷奶奶长大。她读大学期间，爷爷奶奶相继离去，她成了不折不扣的孤儿，靠着贷款才完成学业，毕业后，她的经济压力很大，因为自己要还助学贷款。

开始时，由于社会就业竞争激烈，她对自己能否找到工作，心里一点儿底也没有。在制作简历时，为了突出自己的竞争力，她把自己在校期间完成的经济学第二学位也填写到简历中了。

开始，她向一些都市类的报社、杂志社投了简历，由于没有工作经验，很多报社、杂志社都没有通知她面试，这让她越发对自己的专业——新闻学产生了怀疑，也怀疑自己的能力。

后来，她的一位老师了解到了她的情况，建议她去投一些专业媒体，比如经济类的，因为她有经济学第二学位，是很有竞争力的。她抱着试试看的心态投了一份简历。结果，没多久就通知她面试，最后，在二十几个竞争者中，她竟然胜出了。

在工作了一段时间后，她问起自己的部门领导当时自己胜出的原因。领导告诉她，报社现在面临向专业化转型，作为经济类媒体，非常需要具有经济学背景的人才，所以她才入选。

与专业人才相比，复合型人才更受用人单位的欢迎。广大大学生在学好本专业的基础上应当努力扩大自己的知识面，这样才能在越来越激烈的就业竞争中占得先机。

（3）海外归来学子对国内本土大学生就业冲击加剧

近几年，留学生回国潮一浪高过一浪，直接挤压国内大学生的就业空间。这些海外学子对世界经济运行规则、各国法律制度等比较了解，他们在国外经过多年的锻炼，社会实践能力和驾驭各国社会文化、政治制度差异的能力比较强，竞争力较强。

【案例】

温浩在山东读完大学没有回到河北老家，而是随着同学们一起南下去了深圳。早在读书的时候，他就想着一定要到歌词里“改革开放的春天”的深圳去看一看、闯一闯。

可是到了深圳，他才发现，虽然自己学习的是国际贸易专业，但在深圳这个中国对外贸易的窗口，却并没有多强的竞争力。

深圳的经济发展迅速，但人才的供应量仍然有些过剩，再加上许多国外留学归来的学生都来寻找机会，大学生的就业形势更加严峻。

来深圳之前，温浩找好了几家目标单位，按照他的设想，如果在这些单位应聘成功，那么自己就可以在深圳落地生根了。

可是令他意想不到的是，在这些他所向往的单位的招聘启事中分明都写着“有海外留学背景者优先、外语流利者优先”等条件。虽然看到了这些要求，但温浩还是决定一试。不过，简历投出后就杳无音讯了，他所相中的单位没有一家通知他面试。

后来，他不得已降低了自己的标准，也放弃了原来进入大公司的想法，在一家小的外贸公司找到了一份工作。

面对海外归来学子的增多，一些用人单位也提高了招聘条件，这对于本土大学生来说是一个巨大的冲击。面对这样的现实，大学生要学会自我调适，要么像温浩一样降低自己的标准，要么到一些海外学子较少的地区寻找工作。毕竟，要实现自己的人生理想，首先要找到一份工作，这样才能学有所用。

3.2 国家、地方政府关于毕业生就业的有关政策

随着大学生就业竞争的日益激烈，国家和地方政府为了推动和促进高校毕业生就业，出台了一系列方针政策，为毕业生充分就业提供了制度保障、政策保障和工作保障。在就业服务方面，不仅学校有周到的指导和服务，政府有关部门特别是人才市场、劳动力市场和毕业生就业市场还提供多种公益性服务；在择业期限方面，不仅毕业前可以找，毕业后两年内仍可双向选择；在困难救助方面，毕业后可以登记失业，享受失业人员优惠政策。可以说，现有政策涵盖了毕业生就业的各个方面，基本形成了比较完善的政策框架体系。

1. 国家关于大学毕业生就业的政策

（1）鼓励高校毕业生到基层、到中西部地区就业

对到农村基层和城市社区公益性岗位就业的，给予社会保险补贴和公益性岗位补贴；对到农村基层和城市社区其他社会管理和公共服务岗位就业的，给予薪酬或生活补贴；对到中西部地区和艰苦边远地区县以下农村基层单位就业并履行一定服务期限的，由政府补

偿学费，代偿助学贷款；对有基层工作经历的，在研究生招录和事业单位选聘时优先录取；对参加“选聘高校毕业生到村任职”、“三支一扶”（支教、支农、支医和扶贫）、“大学生志愿服务西部计划”、“农村义务教育阶段学校教师特设岗位计划”等项目的，给予生活补贴，按规定参加社会保险；项目服务期满并考核合格的，报考硕士研究生初试总分加 10 分，高职（高专）学生可免试入读成人本科；今后相应的自然减员空岗全部聘用参加项目服务期满的高校毕业生。

（2）鼓励高校应届毕业生应征入伍服义务兵役

应征入伍服兵役的高校应届毕业生由政府补偿学费，代偿助学贷款；在选取士官、考军校、安排到技术岗位等方面优先；退役后参加政法院校为基层公检法定向岗位招生考试时，优先录取；具有高职（高专）学历的，退役后免试入读成人本科；或经过一定考核，入读普通本科；退役后报考硕士研究生初试总分加 10 分；荣立二等功及以上的，退役后免试推荐入读硕士研究生。

（3）积极聘用优秀高校毕业生参与国家和地方重大科研项目

高校毕业生在参与项目研究期间，享受劳务性费用和有关社会保险补助，户口、档案可存放在项目单位所在地或入学前家庭所在地人才交流中心。聘用期满，根据需要可以续聘或到其他岗位就业，就业后工龄与参与项目研究期间的工作时间合并计算，社会保险缴费年限连续计算。

（4）鼓励和支持高校毕业生到中小企业就业和自主创业

对企业招用非本地户籍的普通高校专科以上毕业生，各地城市应取消落户限制（直辖市按有关规定执行）；为到中小企业就业的高校毕业生提供档案管理、人事代理、社会保险办理和接续等方面的服务；从事个体经营符合条件的，免收行政事业性收费并享受国家相关扶持政策；登记失业并自主创业的，如自筹资金不足，可申请 5 万元小额担保贷款；对合伙经营和组织起来就业的，可按规定适当提高贷款额度；参加创业培训的，按规定给予职业培训补贴；灵活就业并符合规定的，可享受社会保险补贴政策。

（5）强化对困难家庭高校毕业生的就业援助

就业困难和零就业家庭的高校毕业生，享受公益性岗位安置、社会保险补贴、公益性岗位补贴等就业援助政策；机关、事业单位免收招聘报名费和体检费；高校可根据实际情况给予适当的求职补贴；对离校后未就业回到原籍的高校毕业生，由各地公共就业服务机构免费提供就业服务并组织就业见习和职业技能培训。

2. 地方关于大学毕业生就业的政策

全国各地根据中央和教育部关于做好鼓励和引导毕业生到基层和中西部地区就业的指示，出台了多项优惠政策，采取了一系列鼓励措施，积极引导毕业生树立正确的择业观念，旨在提高毕业生就业率，实现毕业生最大限度就业。

（1）河北：给予一定数额的稳定岗位奖励；对领取失业保险金期满后 6 个月仍未就业的困难失业人员，可以将职业培训、职业介绍补贴一次性发给本人。

（2）江苏：全面落实鼓励企业吸纳就业的政策。吸纳困难人员就业的企业，企业缴费部分可享受全额社会保险补贴。对连续5年足额缴纳失业保险费，在经济困难时期不裁员，集中开展技能培训的企业，给予职业培训补贴。

（3）黑龙江：充分发挥县以上政府投资和确定重大项目带动就业的作用，主动了解投资额度、用工数量，主动提供就业服务。

（4）山西：全省在安排扩大内需6个领域、33个方面的投资和重大项目建设时，把增加就业岗位和人力资源配置作为重要内容，在项目实施方案中明确增加就业的人数，并提出招用工计划。

（5）湖北：在安排政府投资和确定重大项目时，要把增加就业岗位作为重要内容统筹考虑，优先重点发展劳动密集型行业和企业。

（6）北京：对参加失业保险的企业和职工，确因生产经营困难停产、半停产，但短期内能恢复生产的，由失业保险基金给予工资性补贴。

（7）云南：实行转岗培训补贴。对采取转岗等方式安置富余人员的用人单位，可按照培训项目实际付费的50%，人均不超过400元的标准，从统筹失业保险基金中给予用人单位一次性培训补助。

（8）宁夏：充分发挥失业保险的作用，将职业培训补贴和职业介绍补贴的比例提高到25%，对在宁夏央企不因经营变化批量向社会推出失业人员的，两项补贴可提高到35%。

（9）重庆：放宽再就业重点企业条件并提高贴息标准。将享受贷款贴息的再就业重点企业安置下岗失业人员人数由100人以上，调整为80人以上，给予贴息贷款额由人均两万元提高到三万元。

（10）河南：高校毕业生当年自主创业的，从当地就业专项资金中给予每人不超过3000元的一次性创业补助。从省本级再就业财政专户结余资金中拿出1亿元用于各地小额贷款担保基金和贷款贴息补助，扩大小额担保贷款的发放规模。

（11）江西：对从事个体经营且符合条件的高校毕业生，可享受不超过5万元的小额贷款，贷款期限最长不超过2年。对符合条件合伙经营的，可以根据人数和经营规模扩大贷款规模；对从事属于国家支持发展的服务业、餐饮业和商贸业项目，可享受财政贴息50%。

（12）湖南：从事个体经营的高校毕业生，可享受三年内免交登记类、管理类和证照类的各项行政事业性收费的优惠政策。对自愿到湘西地区及县级（含县级）以下基层自主创业的，可申请小额担保贷款。对从事微利项目的，贷款利息由财政承担50%，展期不贴息。

（13）浙江：高校毕业生毕业后6个月内未就业的，可申请失业登记。经失业登记后，就业服务机构将为其提供免费的职业介绍、职业指导、创业指导等就业服务。在校大学生创办民营科技企业的，学校将为其保留1～3年的学籍。

（14）辽宁：从2006年起，设立“高校毕业生创业资金”，它通过财政和社会两条渠道筹集，专项用于为高校毕业生自主创业、兴办企业申请小额贷款提供担保。

（15）重庆：在重庆毕业或在南京上大学的重庆学生，不需任何抵押、担保，即可获得不高于5万元的创业贷款。为降低贷款风险，此类创业贷款的年基准利率一般在现有利率基础上上浮 15%～20%左右。

（16）西藏：自治区各类企业和自收自支事业单位每接受 1 名国家计划内招收的区内应届高校毕业生，由财政部门给予用人单位一定数额的奖励资金。

（17）陕西：高校毕业生到本省境内民营企业就业，签订 2 年以上劳动合同，其个人档案由学校或各级人才交流服务机构和公共就业服务机构免费保管；在专家选拔、人才流动、人员培训、户籍管理、职称评审、技术创新、成果转化等方面给予国有企事业单位同类人员同等待遇，并在申报国家和地方科研项目、科研成果或荣誉称号等方面给予倾斜和支持。

案例点评

黄翔是新近毕业的大学生。在毕业之前，他曾经考虑过考取工商管理系统的公务员。这对当时的他来说，是有巨大压力的。由于他学习的是一个冷门专业，所以选择考公务员就要放弃自己这些年的专业知识，然后投身于另一个领域，这多少有点儿让他不适应。在经过反复斟酌考虑后，他放弃了考公务员的打算。虽然在很多人看来，公务员是铁饭碗，待遇福利也好，很多人梦寐以求。但黄翔其实还是抱着从事生物工程研究的愿望，在初中读书时，他就立下了这样的志向。在黄翔看来，再好的工作没有兴趣的滋养也很难做好。于是，他准备找一家生物工程公司从事产品研发工作。

其实，他更远大的理想是回报家乡。虽然，他已经离开家乡很多年了，但他对家乡深厚的爱就像浓重的乡音一样一直跟随着他，他无时无刻不挂念着家乡的脱贫致富。但因女友一直还抱有在大城市扎下根的想法，暂时不愿和他回家乡，所以他也只好放弃了这一打算。

现在大学生就业形势越来越严峻了，竞争的人非常多，有专科生也有硕士生，而那些考证又非常猛的牛人无处不在，所以他还是挺紧张的，他也害怕自己会失利，因为这样找不到工作拖下去，自己很有负担。

另外还有非常多的海归来跟他们抢饭碗，他更是悬着一颗心，每天都放不下来了。

不过他的专业知识倒是让他很有底气，因为大学四年他一点儿也没有荒废，全部都花在学习上了，他的女朋友正是被他的才华吸引，才慢慢爱上他的。在接下来找工作的过程中，他受了很多打击。他把自己的目标定位在民营生物公司，他陆续参加了很多单位的面试，但结果都不理想。民营企业多是看中短期的利益，所以对于他所感兴趣的基础理论研究大都不屑一顾。面试的一次次碰壁，让他有些灰心，“与其在这儿做些应用型的研究，不如回家乡工作，用自己的知识指导家乡人提高特色农作物质量和产量，实现自己的理想。”

就在黄翔非常犹豫的时候，女友也找工作无果，并且对大城市也有点失去信心，觉得确实个人能力不适应。经过黄翔的再三说服，女友答应和他一起回家乡工作，没有高楼大厦，没有地铁公园，但那里有一个温暖的家。

点评：

（1）黄翔对就业环境进行了一系列的分析。就业形势不容乐观，而就业竞争压力非常大，如果他要选择在大中城市就业，那么他就要付出一定的代价。而如果失策，那么代价也是高昂的。

（2）黄翔对就业形势做了一定的展望。他想过进国家科研机构，也想过去民营生物工程公司，但最终留在大城市从事科研的路，他没有走通。最后，他选择了回家乡工作，实现自己的理想，造福乡里。

（3）在他女友找工作也失利的情况下，他们终于一同返回基层，回到自己的故乡。这个结果看似无奈，却是建立在他对综合情况分析判断的基础上。

素质拓展

拓展 1

程龙即将大学毕业，但他始终找不到方向，他想干的事非常多，但是又不知道从哪里干起。他不想吃苦，因为这几年的大学生活已经让他彻底地松懈了下来，他无法再去过那种朝九晚五的生活，而且他对当前大学生的就业形势和政策又没有做充分了解，他现在很迷茫。

程龙的迷茫，是很多大学生的迷茫。他们可能专业知识不够牢固，而且也没有做好就业准备。如果你是程龙的同学或老师，你该如何跟程龙讲讲当前的就业形势和政策？怎么能够帮助程龙顺利找到一份工作，而不是这样一直拖下去？

拓展 2

张显贵是今年毕业的大学生，他本来想留在北京工作，但是北京的就业压力非常大，所以他现在正面临这样一个选择：回老家湖南，或者继续留在北京打拼。回湖南老家的话，那里非常多的就业政策都对他非常有利，比如当地有大型的大学生专场供需见面会活动，依然找不到工作的大学生可以借着这个机会再次进行双向选择，而他所在省的教育厅也和所在大学交换了毕业生双向选择信息，这都有利于他就业。他自己进行了一番思考，终于决定回去试试，毕竟这是一个不错的机会。

张显贵所在的湖南省在就业政策上给予了大学生极大的便利，这些就业政策是为了响应国家相关就业政策，相信每个大学生都能够找到适合自己的工作。如果你是大学生张显贵，你会选择在北京这样的大城市就业还是回自己的老家，享受所在省份的就业政策？

拓展 3

你将来打算在哪个省份、哪个城市就业？你了解当地的就业政策吗？请将调研结果列出。

第4章 求职准备

大学生求职者如果在准备工作方面做得不够充分，极有可能将唾手可得的工作机会让与旁人。很多大学生刚毕业时，到处投简历，盲目求职，这就说明自己还没有充分做好求职准备，没有调整好自己的求职状态，害怕面对接下来的笔试面试。大学生求职者应该做好哪些准备，我们看下面的内容。

4.1 求职心理准备

不仅仅是求职，很多事情诸如考试、竞赛都需要做好心理准备。有的时候，条件相当，赢就赢在心理素质强上面。因此，大学生求职的心理准备工作是非常重要的。因为不少工作岗位只招男性，所以女大学生就业的压力要大于男大学生，我们在此将分开讲述男、女大学生的求职心理准备工作。

1. 男大学生的求职心理准备

（1）要充满必胜信心

宝剑锋从磨砺出，梅花香自苦寒来。经过几年大学教育，大学生有理由相信自己是优秀的，缺乏的只是实践经验。如果平时做一些与专业相关的兼职，会更加有自信。只有相信自己的能力和水平，才会有信心做好未来的工作，做出一番事业来。在用人单位眼里，应聘者只有坚信自己有实力胜任某项工作，才能表现出坚定的态度和从容不迫的风度，使用人单位相信你是最合适的。信心是自己给的，当你为自己的求职做好一切准备时，你的自信便直接体现出来了。自信不足便是自卑了，有的大学生在应聘的时候手足无措、语无伦次，或者低头、目光闪烁，都是极度不自信的表现，这样的表现是不会赢得用人单位的信任和认可的。

【案例】

再也没有比那次面试更尴尬的事了，乔玉杭一直在回想那次应聘的场景。当时因为他太紧张，手一直攥得紧紧的，面色苍白，主考老师为了缓解他的紧张情绪，用诙谐的口气讲了一个笑话。谁知道他过于紧张，竟然说："好的，谢谢，我没有听笑话的习惯。"当时主考老师极为尴尬，后面说的什么内容他都不记得了，最终以失败告终。因为缺乏自信心，他在整个应聘过程中，被动又紧张，唯一一次缓和气氛的机会他也没有抓住，他非常懊恼。

乔玉杭的失败在于太缺乏自信，没有面对挑战的勇气，一味惊慌失措，表现令人失望。

他自己当然也不希望面试是这样的，可是自信心不是一朝一夕能培养成的。虽然自信不是万能的，不能减少困难，可是，自信能帮我们压倒困难、藐视困难，给我们足够的勇气，支撑我们最终找到机会，战胜困难。

（2）要具有竞争意识

现代的学生，不少是在家长的精心呵护下成长的。平时依赖性较强，许多事情坐享其成，自己觉得竞争不竞争一个样，反正总会有自己的，久而久之，便失去了竞争意识，竞争能力也日渐退化。更有的受一些不良风气的影响，认为即使再努力，也会被一些阴暗的潜规则埋没，还不如听天由命，这样的思想都是不对的。只有努力去竞争，不畏风险与困难，坚定自己的信念与目标，并为之奋斗，才是完整的人生。

【案例】

胡赐和刘洋从小一起长大，高中的时候同一个班级，大学的时候同一个学校，就像亲兄弟一样。他们同样是独生子女，只是胡赐的父母是军人，他跟着姥姥和姥爷，刘洋的父母出国了，他跟着爷爷奶奶。相似的命运让他们成为好友，却并没有给他们相似的性格。胡赐从小就独立，身为退伍军人的姥爷给他军事化管理，做什么事都干脆利落。刘洋却被爷爷奶奶宠得跟玩具娃娃一样，除了学习和玩，几乎什么都不会。从高中开始，胡赐就像大哥哥一样跟着刘洋收拾东西，提醒他别丢三落四，刘洋却什么都是满不在乎，好在天资聪颖，成绩从来都比较优异。毕业求职时，他俩同时应聘去一家广告公司工作，性格的差异开始显现。胡赐很快便能独立处理业务了，而刘洋因为没有竞争意识，而且还不擅长管理自己的资料，经常性的客户被公司其他人捷足先登，两个月的试用期很快过去了，刘洋居然只做了一单业务，就这还是胡赐忙不过来的时候分给他的。开会的时候，营销部老总说的一句话令刘洋非常难过："也不知道上大学的时候是怎么上的，还全优呢，整个一外强中干。"刘洋说什么也不愿意在这家单位做下去了，尽管胡赐说找总管延长刘洋的试用期。可是刘洋不愿意受这份窝囊气，跳槽到另一家公司，可是依旧是没过试用期便被辞退了。刘洋这下不干了，待在家里做起了"啃老族"，还说父母赚钱就是留给他花的，他赚不赚钱都行，这下让他的爷爷奶奶都傻眼了，他们心目中的好孩子，原来这么不中用。

竞争意识要从小培养，只有综合素质过硬的人，才能在优胜劣汰的市场竞争中生存下来。不要总是把自己放在温室里成长，要做凌空的雄鹰，不要做只会在鸡窝里扑腾的小鸡。

（3）要具有顽强意志

我们可以看到，自古以来，成大事者必须有顽强的意志，程门立雪，卧薪尝胆，无不验证了这个道理。大学生在求职过程中，会经历各种各样的考验与失败，只有意志顽强的人才会披荆斩棘，所向披靡。毛泽东说过："不到长城非好汉。"光有目标不行，还要有不达目的誓不罢休的精神才能成功。

【案例】

宋国安的就业之路充满了传奇色彩。他应聘的是一家电热材料有限公司营销员，因为他个子特别矮小，面试的时候主考官没有通过。但是当他知道没有被选上是因为个子小时，他不服输的精神来了。首先是请主考官老师给他一个机会，他认为销售产品和个子无关。

但主考官老师说电热元件高密度而且易碎，量少的时候经常都是业务员自己带着送货，就宋国安的个子，估计都拿不动一木箱的货。宋国安表示可以拿动，毕竟现在交通便利，而且交通辅助设施完善，真正需要自己搬运的地方不多，他完全可以搞定。主考官老师随口说："下午之前你把那车货搬到仓库放好就算通过。"主考官接着面试下一位应聘者了，而宋国安却和那车货物较上了劲。整整三个小时过去了，当主考官走出面试的办公室时，看到满脸黑灰的宋国安正站在门口，原来，宋国安真的一个人把货卸了搬进了仓库。主考官是公司的财务总监，他一下子被宋国安打动了，他相信这样一个意志顽强的人在攻克客户时也会一样地马到成功。

但凡成功的人都有着顽强的精神，从古至今，流传下来的英雄人物，无不拥有顽强的意志和坚定的信念。愚公移山，志在不舍；滴水穿石，意在坚持。大学生在求职过程中，一定要具有顽强的意志，不屈不挠，为自己理想的岗位而努力。

（4）要正确面对挫折

现代的大学生因为多数身处顺境，缺少挫折的磨炼，遇到事情时经常手足无措，或者逃避、消极对待，或者冲动为之，这都不是明智之举。要把挫折当成动力，当成锻炼，越挫越勇，经历过失败的人才能品尝到成功的喜悦。大学生在就业当中，屡屡碰壁，实属平常。有的人太过自负，把挫折完全不放在眼里，结果因为轻敌而导致失败。还有一种人，把挫折当成猛兽，避之千里，不敢直面，结果是重复失败。人不要在同一个地方跌倒，也告诉我们，每一次受挫都会给我们教训，如果不会吸取经验，就无法取得成功。

【案例】

童爱山在得到某外资公司经理助理的岗位之前，已经有过三次面试的经历了。他知道自己学的文秘专业竞争力不强，好在自己还有英语六级、计算机二级等其他证书。他一直认为自己不算个将才，上学的时候就不是班干部，但是自己心比较细，而且喜欢文字工作，又喜欢出差，文秘工作似乎再适合自己不过了。为此，他一直注意文秘岗位，每次面试失败，他都会问主考官，自己哪些方面不合格，一次次地改进，最终在第四次面试时顺利过关，得到了自己梦寐以求的工作岗位。

如果经历了一次或两次失败就放弃了自己的理想，那么，童爱山是不可能得到自己理想的工作岗位的。总结不足，直面挫折，在挫折中寻找经验，最终必将克服困难，迎来曙光。

2. 女大学生的求职心理准备

尽管我国法律提出"男女平等"，但实际上，在大学生就业方面，女性就业遭遇性别歧视是不争的事实。因此，女大学生在求职时要有乐观的精神，坦然面对性别差异，勇于面对现实，并且必要的时候学会使用法律武器，维护自己的切身利益。

（1）调整心态，正确认识性别差异

我们不难看到一些岗位对性别有要求，明明男女都可以工作的岗位，偏偏要求男性，这是传统思想在作怪，许多人认为女性员工需要结婚、生子，耽误工作，而男性员工则省却了这样的麻烦，这是极不正确的思想。除非是一些特别的工种，需要男性来完成，许多岗位不应该有性别歧视。作为女大学生，要正确认识性别差异，用自己的实力与能力证明男性女性一个样，甚至有的时候，女性比男性做得更好。

【案例】

某单位招收一名空调制冷及维修人员，但是在招聘现场，用人单位提出男性优先。李蕊递上自己的简历应聘，负责招聘的人说要是男的就好了。李蕊问为什么男性优先，对方说这是都知道的事。李蕊据理力争，拿出自己计算机证书、维修电工技师证书、高级维修电工等级证书，自己能取得这些证书，说明工作中一定不会落后于男性。招聘人员看了那些证书之后，有些心动，又问了一些专业方面的问题，并且给了她一台破旧的空调让她维修，结果她既快又准地完成了任务。这一切令招聘人员刮目相看，告诉她可以参加最后的面试。李蕊明白自己的优势，用实力证明自己和男性一样优秀，捍卫了自己的权利。

据理力争，不亢不卑，有的时候很难做到。作为女性求职者，调整好心态，扬长避短，如果是体力活，女性多数情况下都不如男性，但脑力劳动就不同了。李蕊相信自己是优秀的，同时，拿出实际证据来证明自己是优秀的，这样一来，她就多了几分胜算。

（2）冷静思考，正确评价自己

女大学生要认清自己的实际能力，不要好高骛远，也不必妄自菲薄，客观地评价自己，不盲目提高标准，选择合适的工作岗位，发挥自己的优势，成就自我。

【案例】

因为女大学生就业面比男大学生窄，于是张霞想尽办法展现自己，可是第一次面试时她打扮得比较男性化，结果主考官说她形象不好。第二次面试时她把自己打扮成淑女，谁知道面试的主考官说一看就太娇气。她都不知道该打扮成什么样子参加面试了。痛定思痛，她开始重新定位自己，自己是学自动化专业的，英语口语较弱，考研也没能考上，学习平平，不过自己开朗热情，善于沟通，花钱仔细有计划。根据自己的这些优点，她给自己定位了民营企业的公关、销售、行政，放弃了需要更强竞争力的国企岗位。经过了五次应聘之后，她终于找到理想的工作岗位。

一次失败不可怕，可怕的是不总结经验教训。张霞是个资质平平的女大学生，之前因为一味地想表现自己，反而弄巧成拙，不能得到认可与信任。后来她冷静思考，正确评价自己，重新定位，找准切入点，终于为自己赢得了合适的岗位。

（3）充分准备，提高竞争力

这一点具有普遍性。女大学生因为性别原因更要做好准备，提高竞争意识和竞争力，在就业大军中从容应对，克服怯懦不安、自卑等不良情绪，平时要有意识地锻炼自己的口语表达、人际交往、应急分析、处理问题等多方面的能力，以扎实的专业知识和优秀的综合能力争取求职的成功。

【案例】

学习生物专业的徐红在网上投递了 30 多份简历，换来了 3 次面试机会。面对用人单位“男性优先”的心理，她知道自己要好好把握面试机会。之前参加招聘会时，有两家单位一看是女生，连递过来的简历都不接，令徐红极其郁闷。苦读十几年，徐红没有比男生少用一儿点功，到头来求职时遭冷遇怎能不难过。不过，徐红并没有因此而懊恼，冷遇更加激起自己的斗志。她收集了相关用人单位的招聘信息后，根据自己语言表达能力好、与人沟通能力强的优势，模拟主考官的问话，然后模拟回答。结果竟然有两家单位表示愿意和她签约，经过慎重考虑，她选择了一家离家更近的单位上班了。

女生比男生求职难虽然是现实，但是如果女大学生比男大学生优秀，竞争力更强，那么就有可能争得一席之地。

（4）增强自信，展现自我风采

自信心是走向成功的助力器。一个没有自信的人，不会是一个成功的人。拥有自信的人，会因自信而散发出独特的魅力，受过教育的女大学生尤其应该充满自信。得体的衣着打扮，再加上精心制作的简历，恰当的言谈举止，会倍增你的自信，使你的求职取得意想不到的效果。

【案例】

有的女生被用人单位拒绝过几次，便开始胆怯，原本就不足的自信心越发底气不足了。明慧是一名学习化工设备与机械的女生，她的专业令她在就业时屡遭歧视，一般来说，工科专业男性更受用人单位欢迎，因为传统观念认为，男性比女性在生理条件方面更占优势。明慧从刚开始寻求大公司的高分子材料职位，调整至中小企业质检人员，将自己职业女性的认真、细致表现出来，博得了用人单位的认可。

摆正自己的位置，不自大，也不过分谦虚，能够运用自己的长处，增强自信，这是每一位面试者必须学会的能力，这也是明慧成功录取的秘诀。

4.2 知识与技能的梳理与准备

知识是技能的基础，技能是知识的拓展，因此，知识与技能是辩证关系，相辅相成。只有专业知识扎实，专业技能才会更加突出。

1. 知识的梳理与准备

（1）人文知识。这一方面的知识主要应用于一些文秘方面，或者文字工作方面的岗位。

（2）法律知识。法律基础知识是所有大学生应该掌握的。法制社会，依法管理，新时代的建设者绝对不能是法盲。作为大学生，应该了解法律基础知识。

（3）社交与沟通知识。大学校园毕竟比较单纯，社会却是多元化的。因此，一个成熟的大学生应该具有谦虚谨慎、善于聆听的社交沟通能力，并且掌握一定的公共场合公关礼仪，做到彬彬有礼。

（4）专业学术知识。应聘和专业相关的工作岗位时，良好的专业学术知识的储备是必须的。只有在学生时代，才会有专心学习的环境和机会，大学生要心无旁骛地学习专业知识，加强专业知识的积累。

（5）企业运营、组织管理、营销宣传、企业文化建设等理论知识。大学生参加一些就业培训课程和活动时，会发现这些理论已经渗透到日常工作中。好的员工必定会融入企业文化当中去。

（6）网络知识、办公软件（Office、图像处理软件 PhotoShop）、公文处理、礼仪常识等。互联网的发展令大学生不得不要求自己熟悉网络知识、办公软件的应用。一个不懂电脑的大学生，势必被时代抛弃。

（7）与应聘企业相关的专业理论与技术知识（企业背景学习）。知己知彼，百战不殆。要了解应聘企业相关的专业理论和技术知识，让用人单位了解你的真诚、你的付出。

（8）英语等外语（英语四、六级，英语口语，小语种）。目前基本上本科生英语都达到四级以上水平，越来越国际化的经济发展形势，要求大学生必须掌握一门以上外语，并且能以流利的口语进行交流，这将会对你的求职有莫大的帮助。

2. 技能的梳理与准备

（1）适应社会能力。大学生刚从校园跨入社会，应该拥有一个正确的、良好的心态。不要畏惧，不要自卑。要适应社会的发展与变化，较快地融入社会这个大家庭中去。

（2）人际交往能力。在社会中生存，需要具有一定的人际交往能力，而一些事情的促成，往往离不开良好的人际交往能力。

（3）开拓创新能力。具有较强的知识基础、敢闯敢干、具有开拓创新能力的新一代大学生将会是行业的佼佼者。

（4）应变能力。在个人遇到外界事物突然发生改变时，做出的应急反应。这是大学生适应社会生活的第一步.

（5）实践能力。纸上谈兵是刚毕业的大学生的大忌。不要夸大自己的实际动手能力，比如明明只是会简单地使用办公软件，却吹嘘会编程，结果一实践就原形毕露。

（6）语言表达能力。这一点在面试时尤为重要。因此，大学生在平时要多加锻炼，多与人沟通，多参加各种活动，语言表达能力便会得到提高。

（7）组织管理能力。在大学生活中，一些组织管理能力强的同学会成为学生会干部、班干部等。大学生要努力提高自己的组织管理能力，既能独立行事，又能管理团队，才是不可多得的人才。

（8）调查研究能力。大学生在科研方面发展，就要具有一定的调查研究能力。在大学假期的社会实践中，一定要下工夫，不要敷衍了事，多实践才是硬道理。

4.3 求职信息的收集与整理

1. 求职信息的主要内容

大学生在做求职准备时，一定不能忽略求职信息的收集与整理。俗话说：知己知彼，百战不殆。你在应聘时，对用人单位的情况了如指掌，回答问题时必然胸有成竹，用人单位当然需要一个自信、勤奋的你了。求职信息主要包括下面五方面的内容。

（1）近两年国家和各地方、各部门以及学校的就业政策、规定。

（2）相关的行业信息。

（3）理想的企业信息。

（4）各类招聘信息。

（5）本校、本专业毕业生在社会上的需求状况及其受欢迎程度。

2. 求职信息的主要收集方法

（1）全方位收集法

只要是和大学生求职稍微相关的信息，都应该成为收集的对象。这种信息收集法有利有弊：利在于收集面广，不容易遗漏；弊在于太耗费精力，也容易浪费时间。在时间充足的情况下选择全方位收集信息法还是可行的，特别是一些大众化专业，可选择行业较多，但岗位缺乏惟一性，求职困难。利用这种方法收集信息，可以最大限度地避免遗漏，抓住机会。

【案例】

令维笑一直很苦恼的是她所学的专业是行政管理，当年考大学的时候，因为成绩不太理想，所以报考了一个高职院校的三流专业。三年学下来了，自己感觉学到的东西大多太抽象、不具体。自己又没什么家庭背景，父母和亲戚都是普通老百姓，就业只能靠自己了。偏偏自己所学的专业不具有排他性，只能全面撒网了，希望能有所收获。多数时候她所投递的求职信都石沉大海，不过她每天坚持做着同样的事：收集资料—筛选资料—投递简历—期盼回音。功夫不负苦心人，还真有两家单位让她去面试，最终和一家达成了协议。她在同学中算是比较早找到工作的，大家都有些诧异，毕竟维笑一直是个不算优秀且不受关注的女孩子。

勤能补拙一点不假。全方位信息收集法其实是非常考验人的一种信息收集法，收集来的信息有的可能完全没有用，看似比较浪费时间，但是，对于像维笑这样不占优势的学生来说，还是比较实用的，毕竟这样收集来的信息更全面。

（2）定向性收集法

主要是指大学生根据自己制定的职业方向，有的放矢地收集资料，信息收集受地域环境的限制。有的专业专业性比较强，就业面比较狭窄但也专一，比如石油勘探这样的专业，学生只能在和此专业相关的用人单位中收集信息。

【案例】

陈宏是某矿业高职院校煤矿开采专业的毕业生，他所学的专业全国只有两个学校有，每年毕业生也不过400来人，因此算是紧俏专业，陈宏倒不愁就业，关键是他仍然想选择自己中意的岗位。为此，他专门收集煤矿开采行业的企业信息，特别是储煤大省的，他想找一家煤矿开采行业中的科技领军企业，不单单是国营大矿这么简单，他希望能用己之长，今后能够搞一些科研，为中国煤矿事业贡献一份力量。他先后和三家大型煤矿、十几家中型煤矿进行了洽谈沟通，结果他选择了一家中型煤矿，他看中的是这家煤矿是能源环保型的企业，他相信这样的企业才是未来的领军企业。

俗话说：术业有专攻。有的行业属于地域性行业，并不是全国哪个城市或地区都能有的，就业的狭窄化也说明了专业的唯一化。收集自己专业相关的信息，明确自己的就业方向，这样才会最大化地利用信息资料。

（3）区域性收集法

主要是指大学生收集信息时把注意力集中在所定区域的报纸杂志上，当然，其他方面的信息也可以利用，这和大学生就业目标有关，因家庭、恋爱或者其他一些原因，必须留在某地工作，因此，集中所定区域收集资料。

【案例】

李学民和任思思是大三的时候确定恋爱关系的，李学民是河北人，任思思是天津人。双方家长对俩孩子恋爱倒没什么意见，就是对在哪工作犯了愁，现在都是独生子女，两家都希望孩子在自己所在城市里工作。最后统一意见，俩孩子在北京工作，北京位于河北和天津中间，往哪边车程都差不多。因此，为了避免浪费时间，他俩非常适合使用区域性收集法来收集资料。

当你的就业目标和目的地明确时，可以使用区域性收集法，这样可以节约很多的时间用来进行其他准备。当然，如果在该既定区域里没有合适自己的职位，也不要一棵树上吊死，要知道条条大路通罗马。树挪死，人挪活。

3. 求职信息的主要收集途径

每个人收集求职信息的途径会有所不同，在此罗列出求职信息的主要收集途径，为大学生提供一些参考。

（1）通过政府就业部门或其他国家机关获得信息。

（2）通过学校的就业指导中心获得信息。

（3）通过学校、单位以及人才市场的招聘会及各种供需见面会获得信息。

（4）通过大众传媒与互联网获得信息。

（5）通过各类社会关系获得信息。

（6）通过社会实践或实习获得信息。

（7）通过信件或电话拜访获得信息。

4. 求职信息的筛选

大学生对于自己辛苦搜集到的需求信息，应结合自己的实际情况，进行筛选过滤，去芜存菁，有针对性地选用。只有这样，才能使获得的信息具有准确性、全面性和有效性，更好地为自己的求职提供服务与帮助。

（1）掌握重点信息

一般来说，学校发布的一些就业信息是相对来说比较有针对性的，可以作为重点信息分类保存。国家和政府对于本专业的毕业指导性意见及相关政策也是要重点收集的资料。首先，尽量筛选和本专业有关的用人单位的信息，一般来说，你的专业就是你的优势。其次，筛选与个人特长相关的招聘信息，兴趣是一切成功的源头，特长源自于兴趣，因此，与自己特长有关的岗位也是要重点留意的。

（2）善于对比同类信息

天上不会掉馅饼。大学生求职者在看到一些招聘广告，对应聘者年龄、学历、工作经验等各项条件都要求过低，但是工资薪金却比较高时；或者是一个小公司，却招聘工种、职位繁多的人员；或者招聘内容过于简单，只留下电话要求应聘者直接去面试的，就要留意是不是广告陷阱。因此，一定要善于对比同类信息，学会换位思考，如果你是老板，你会招聘什么样的员工，发什么样的薪水，与实际差别太大的信息，很有可能是不实信息。

（3）虚心向他人询问了解

大学生毕竟是刚走向社会，没有太多经验和阅历，招聘广告中有一些不实或夸大的地方，不容易分辨，只有向有经验的师长或朋友请教，才会多一些分辨是非的能力。有的招聘单位玩的是文字游戏，在一些达不到的条件上，用比较绕弯的文字，让你往好的方向误会，一旦签约，后悔莫及。俗话说“三个臭皮匠，顶个诸葛亮”，对信息拿不准真假时，多找几个人询问参详，肯定有益无弊。

（4）避免盲目从众心理

每个人的特长、专业有差别，即使同样专业，也因人而异。因此，在求职时，奉劝学生们千万不要有随大流的想法。寻找什么样的工作岗位，一定要结合自己的特长和兴趣爱好——有兴趣去做一件事，会成为大师；凭技能去做事，永远是个匠才。就如同听说现在教师工资待遇提高了，很多大学生都放弃自己专业，也不管自己有没有教师资格证、普通话证等，一窝蜂地去应聘各学校。所以，求职时不要有盲目从众心理，如果只是听别人说这个岗位好，你就盲目签约，结果可能工作不久就想毁约，也可能在工作中产生消极心理，工作效率下降，严重的还会导致失业。

（5）留下适合自己的信息

大学生用各种各样的方法，从各种各样的途径收集来的信息，当然不可能全部都留存，要经过筛选、比较，然后按照自己拟定的求职方向及计划，留下适合自己的信息。把这些信息分类整理，分门别类，理清应聘顺序和应聘重点，然后个个击破，相信会有一个理想的工作岗位在等待着你。

5. 求职信息的整理

（1）建立求职者个人信息管理库（附样表）。

姓名	文化程度	专业	个人获奖情况	所在地或网址	联系人	联系方式	备注

（2）建立用人单位信息管理库（附样表）。

用人单位名称	所有制性质	所在地	经营状况	总体概括	经营范围	福利待遇	发展前景	招聘岗位	联系方式

（3）建立招聘会数据管理库（附样表）。

举办时间	招聘会名称	主办单位	举办地点	联系人	联系方式	备注

4.4 求职材料的准备

求职材料，是指求职者为了获得所需职位或面试机会而制作的包括个人简历、自荐信（求职信）、成绩单、外语等级证书、技术等级证书和职业资格证书、各级荣誉证书在内的系列材料。一般求职材料包括：毕业生推荐表（学校准备）、学生学习成绩单（学校准备）、各种等级证书、获奖证书、参加社会实践或者实习的鉴定材料、发表的相关论文或有关的科研成果、自荐信及个人简历这几个方面。下面我们重点介绍个人简历和求职信的撰写方法。

1. 个人简历的撰写

（1）基本原则

个人简历的撰写要遵循以下几个要点：个人简历的语言要做到精准到位，不冗长，不夸大其辞，使用第三人称，在字里行间透露出一份自信，让简历内容丰满些，切勿空洞。如果想展示出自己的与众不同，最好列举一些事实来佐证自己的优势。好马配好鞍，简历内容的完美，也需要配上同等的道具：选择优质的白纸，字迹清晰的打印机，最好搭配粗体字，选择能吸引眼球的文字版式，那这份个人简历就是无敌的！

（2）写作格式

有两种，一种是按时间顺序来写，列举自己学习、工作或者参加培训的经历。另一种是倒序法，把自己最近的工作经历写在最前面，让招聘方一目了然，这样的写作方法颇受人力资源管理者的青睐。

（3）写作技巧

互联网日益发达的今天，招聘单位在接收简历的筛选过程中，通常会因为大量简历没法人工浏览，而选用一些技术性手段来进行筛选。多数情况下他们会以简历的第一页内容为基础进行电脑搜索，因此，大学生首先要使个人的重要信息出现在简历的第一页，其次把一些关键性的语句放在简历的顶部，基本以“技术方面能力——行为能力——相关个人能力”的顺序来排列比较合适。

当然，非常精确的工作经验描述也将得到招聘者的青睐。比如说你从事过秘书工作，不要只是简单地说：“从事过秘书工作”这样过于简单含糊的表述。你应该表述为：“在某单位从事过秘书工作，熟练使用 Word、WPS 等办公软件，有一定的文字组织能力，主持过某某会议等。”这样具体的表述更能让招聘者清晰地看到你的工作能力。

2. 自荐信的撰写

（1）基本原则

在撰写自荐信时一般遵循五个原则，即：雇主需要原则、目标需要原则、优点优势原则、职位挂钩原则、知己知彼原则。

（2）写作格式和方法

① 标题。

标题是自荐信的眉目，居中写明“自荐信”。

② 称谓。

写给用人单位的人事部门或直接写给单位负责人，注意称谓要做到礼貌、得体。对用人单位明确的，可直接写明单位名称，如“尊敬的××公司人事部”、“尊敬的××公司王经理”。在用人单位不确定的情况下，称谓可写“尊敬的公司人事部领导”、“尊敬的总经理先生”等。

③ 开头语。

先写问候语“您好”，表示礼貌、尊敬，然后用适当的话语介绍消息来源，这样就能很正常地过渡到后面的话题上来。如果没有介绍消息的来源，直接切入正题，会让招聘方感觉很突兀、不适应。

接着再写求职人的自我简介，如“我叫×××，是××大学××系××专业的应届毕业生”。开头语表述应简洁明确、干脆利落，不宜过多过长。

④ 正文。

这是自荐信的核心部分。

首先，求职自荐信是推销自己的，那么肯定要在自荐信中表明自己的求职意愿。

然后，详细介绍自己的专业优势，即学习的主要专业课程、参加的专业实践活动及在院各类专业竞赛中的获奖情况等，要充分展示自己在专业方面的突出成绩，使自己在众多应聘者中出类拔萃。

接着，介绍自己的工作能力及爱好特长，包括自己在院期间担任学生会、班级的主要干部职务，在各类活动中的组织能力、人际交往能力、口才表达能力等。个人的兴趣、爱好及特长也是竞争的优势。

再者，现在岗位竞争激烈，虽然某单位需要新人来补充他的用人不足，但是，并不是这项工作就非你莫属。所以个人简历的介绍也很重要，因此要为用人单位介绍自己的简历，以期对方重视。

最后，如果用人单位明确，可以谈谈对企业的认识、了解，表达迫切要求工作的愿望及录用后的打算，如“贵厂作为某行业内的领军企业，贵厂‘用人以才，用人以专’的管理机制令我心动，希望我能成为这个优秀团队里的一分子，施展我的智慧与才华。”这部分撰写时，力求简明，注意扬长避短，突出自己的优势与长处。

另外，再丰富的工作经验及成绩都代表过去，躺在功劳簿上的人注定没有更好的发展，更何况是刚进入社会的大学生。所以要向用人单位表明心迹，在将来的岗位上，如何去努力，如何去取得成绩。这一定是招聘单位喜爱的内容。

⑤ 结尾。

无论能否得到这个工作岗位，你向用人单位投递求职信，对用人单位本身都是一种麻烦，为了显示出你的素质和能力，大学生应该向对方表示感谢。这时候，可以再次表达求职的愿望，希望获得机遇，起到吸引和打动对方的作用，如“希望给予面试的机会”、“热切地盼望着贵公司给予答复”等，也可写礼貌用语“此致”、“敬礼”。

如果招聘方同意了你的求职要求，你必然要请对方和自己联系，以便自己及时做好准备，到用人单位应聘或报到。为准确起见，请求答复、联系时，你还应当提供你的通讯地址、邮政编码、电话号码、电子信箱等。

⑥ 署名、日期。

自荐信是一种自我宣传的方式，是为了让用人单位在简短的言语中全方面地了解自己，为了更好地与用人单位进行沟通，在自荐信中务必要写清自己的名字、日期以及自己所求职的岗位，这样方便用人单位对信息进行筛选、归类，便捷地做出选择。

⑦ 附件。

这也是自荐信的重要组成部分，它是自荐信以外的其他材料，如学历证书、成绩单、获奖证书、技能证书、论文等的复印件。如材料多，依次标上序号。这些材料是个人专业优势和能力特长的验证，对用人单位来说是反映个人才能、知识的重要证据。

（3）写作误区

有不少大学生因为担心自己给用人单位留下骄傲自满的不良印象，往往表现得过于谦虚，反而失去了自信。但也不要过于自信，在提到自己优点时应该有相应的事实支持。其实，企业招聘时更看重员工的自信，因此，在求职信中最好不要涉及自己的弱点。

也有一部分大学生不了解工作经验是相对的，与求职岗位有关的工作经验才是用人单位所关心的。如果不管岗位是什么，只一味介绍工作经验，往往会适得其反。特别是那些曾频繁跳槽的求职者，工作经验介绍得越多，越容易给面试官留下不够踏实的坏印象。通常在介绍自己原先的工作时，最好在后面注上一个比较容易被人接受和理解的离职原因。

对于用人单位而言，比较反感大学生在自荐信中写一些比较主观的言语，诸如“我认为”、“我感觉”、“我觉得”。这样的言语是他们最不喜欢的，容易给他们留下自满或自负的印象。

当然，恰当的用词是必需的。有一个学生在求职信中这样写道：“相信我的到来一定会令贵公司蓬荜生辉，大喜过望。”这样过头的话肯定会引起用人单位的反感，令自己丧失先机。

汉语言文学系毕业的小张，在大学里担任文学社的副社长，曾先后在几家出版单位担任不同的职务，现在工作压力比较大，所以他很想换一份工作。一次，听同学说北京一家报社需要一名游记专栏的编辑，听了这话，小张赶紧写了一封自荐信，内容如下。

应聘　　自荐信

尊敬的先生/小姐：

您好！

今日阅读报纸，获悉贵公司征求游记编辑人员。我自信符合应聘要求，特拟此自荐信应聘游记编辑工作。

本人叫张小涛，今年 25 岁，我毕业于××职业技术学院汉语言文学系，具有编辑校对经验，并熟悉编辑流程。个人简历如下：

2010 年 7 月～2010 年 12 月，我在销售量达三万份的《C 报》工作，主要工作：采访、撰写稿件。

2011 年 1 月～2011 年 8 月，在×××出版社担任编辑工作，主要工作：负责组稿、编辑等工作项目。

2011 年 8 月至今，在《YY 杂志》广告部担任区域经理，主要工作：负责西南区的广告业务。

因对目前的工作感觉业绩压力过大，而且需要经常出差，故希望谋求一份较稳定的工作。当然，过去的经验不能说明一切问题。但是我认为自己至少从未离开过本行业，这也算是我的一个优势。如果贵社能录用我，相信在贵社的平台下，我一定会让贵社再上一台阶。

敬请函告或电话约见，静候回音。

此致，

敬礼！

应聘者：张小涛

2012.×.×

附：简历表 1 份

成绩单 1 份

联系地址：××路×号

电话：××××××

以上求职信有多处瑕疵。

① 太过自信，用词欠妥。求职信开篇就谈自己有自信绝对胜任工作，虽然展示了自信，但没有什么事实依据，显得有点过。在文末，“相信在贵社的平台下，我一定会让贵社再上一台阶”，小张使用了很主观的词汇，表面上是自信的展现，事实上从他提供的工作经验来说，没有任何强有力的事实依据能说明他能够胜任这份工作。

② 暴露弱点。从以往工作经验来看，小张 2 年之内换了 3 个单位，跳槽过于频繁，这就说明小张是一个很不稳定的员工。再者，他最后一份工作的离职原因是“对目前的工作感觉业绩压力过大，而且需要经常出差”，一来会让人感觉他是个不愿意挑战自我的人，

二来报社招聘的岗位是“游记专栏的编辑”，这个岗位也是需要经常出差的，显然这个岗位对小张不合适。

3. 其他获奖证书的准备

这一方面的资料和复印件，大学生要理清顺序，按重要性标上序号，并最好附有清单，这样可以让用人单位一目了然。

4.5 求职计划

对于很多毕业生而言，与其说是就业困难，不如说是就业迷茫，不知道自己到底应该从事什么样的工作。有的同学在刚上大学时，就抱着“大一大二先放松，大三大四再努力”的想法，殊不知，这种对自己未来缺乏科学规划的行为，在面对日后的就业压力时就会感到手足无措。

1. 正确进行自我职业规划

首先，最主要的就是树立正确的职业理想，根据职业目标，规划自己日后的学习和实践内容。其次，能客观地进行自我剖析和职业剖析，对自己的特长、性格、兴趣进行一个全方位的分析，正确认识自己的优势和劣势。最后，根据职业和社会发展的需要，正确构建合理的知识结构。最后，培养职业需要的实践技能，才能在未来的职业生涯中立于不败之地。

2. 培养适应社会的能力

优胜劣败，适者生存，是大自然生存的法则。毕业生要积极主动地适应社会和环境，而不是消极等待和却步。在不影响专业知识学习的基础上，能大胆地走向社会，融入社会，才能在正式工作前缩短自己的适应期，在以后的职业生涯中以最短的时间进入角色。

3. 保持择业的正确心态

能够积极主动寻求就业，而不是被动等待。大学生需要破除传统的就业观念，实现就业多元化。比方说，很多大学生将“铁饭碗”——公务员作为首要选择，也有很多大学生倾向世界500强企业的高薪待遇。能正确地认识自己，不盲目攀比，不好高骛远，认清自己所处的位置，树立“人职匹配”的大众化就业观，保持平常心，才可能实现阳光就业。

【例文】

求职计划书

一、目前的求职计划

1. 通过××网站先向××公司发布自己的简历及自荐信。

2. 注明自己是××专业，以及自己应聘岗位及薪资期望。

3. 通过该公司的联系电话了解该公司用人条件的具体情况，咨询是否有可能被录用。

4. 加强自己的语言沟通能力以及口语表达能力，锻炼自己的求职技巧，强化求职心理素质，相信自己定会取得成功。

二、近期的求职计划（1～2 年）

1. 树立正确的就业观，先就业后择业，不好高骛远，脚踏实地。

2. 通过网络、媒体等各种信息传播途径收集就业信息，加大简历的投递量。

3. 通过学校的双选会，尽量寻找一份和本专业有关的工作，才能为自己的未来作长远打算。

三、长期的求职计划（3～5 年）

1. 继续通过各种渠道寻找合适的工作，要注意锻炼身体和意志，经得起磨难。

2. 巩固专业知识，拓宽知识结构，让知识改变命运，并且多学习其他方面的知识，不在一棵树上吊死。

3. 扩大自己的人际交往，从实际经验来看，人际交往面宽的人机遇也多。

4. 树立长期目标，从实际出发，有志者事竟成。

【例文】

自荐信

尊敬的领导：

您好！

非常感谢您在百忙之中阅读我的自荐材料。

我的名字叫 YJW，来自河南开封。在大学三年里，我努力培养自己的兴趣爱好，从而使自己变得更加成熟。在学校期间，交了很多朋友，从交朋友中我懂得沟通与倾听的魅力，也让自己了解了很多以前不知道的东西，有时候难免会斗嘴生气，就像客户与销售人员之间，只有认真对待才能成为朋友，才能建立良好的关系。

在校期间我也经常阅读课外书物，以增长知识，还学到了很多做人的道理，只有诚实努力才能成功。也阅读了很多关于销售的书籍，积累了一些知识，只是还没有验证的机会，希望领导给予我一个展示自己的舞台。

三载匆匆，现在的我深深懂得：昨天的成绩已成为历史，未来的辉煌要用今天脚踏实地、坚持不懈的努力去实现。在我离校的时候，我携带着学到的知识和年轻人满腔的热情与梦想，真诚而又衷心地向贵单位自荐。

尽管在众多的应聘者中，我不一定是最优秀的，但我仍很自信，我相信我有能力在贵院干得出色。给我一次机会，我会尽职尽责，让您满意。在此，我期待您的慧眼垂青，静候佳音。相信您的信任与我的实力将为我们带来共同的成功！

我非常喜欢汽车销售这个工作，我会用我全部的知识和热情来完成这个工作。

尊敬的领导，希望您能给我一个机会来向您展示我的能力。在此衷心地希望贵公司业绩不断创新高。再一次感谢领导抽时间阅读我的自荐材料。

此致

敬礼！

自荐人：YJW

一封完整的自荐信，不但要有称谓，而且最后落款时要注明时间、姓名。用人单位很有可能因为一个小的细节，决定你工作的去留。自荐信中务必要写清自己所在院校，给用人单位一个大概的认知。

案例点评

大学生求职计划书　范文一

【姓名】张三

【大学及主修专业】 东北某职业技术学院市场营销专业

【求职目标用人单位】 华北某汾酒有限责任公司

【求职目标岗位】 促销策划

【对目标单位的了解情况】华北某汾酒集团有限责任公司为国有独资公司，以生产经营 中国名酒——汾酒、竹叶青酒为主营业务，年产名优白酒 5 万吨，是全国最大的名优白酒生产基地之一。

2011 年年末资产总额 66.44 亿。集团公司下设 22 个子、分公司，员工 8000 人，占地面积 230 万平方米，建筑面积 76 万平方米。核心企业——汾酒厂股份有限公司为公司最大子公司，1993 年在上海证券交易所挂牌上市，为中国白酒第一股，山西第一股。公司拥有“杏花村”、“竹叶青”两个中国驰名商标，据 2006 年《中国 500 最具价值品牌排行榜》公布，“杏花村”品牌价值已达 47.76 亿元。公司主导产品有汾酒、竹叶青酒、玫瑰汾酒、白玉汾酒以及葡萄酒、啤酒等六大系列。汾酒是我国清香型白酒的典型代表，素以入口绵、落口甜、饮后余香、回味悠长而著称，在国内外享有较高的知名度、美誉度和忠诚度。主要品种有国藏汾酒、青花瓷汾酒、老白汾酒等。竹叶青酒是国家卫生部认定的唯一中国保健名酒。

汾酒文化源远流长，是晋商文化的重要一支，与黄河文化一脉相承。汾酒历史上有过四次成名。早在 1500 年前的南北朝时期，汾酒就作为宫廷御酒受到北齐武成帝的推崇而一举成名，并被载入廿四史；晚唐大诗人杜牧的千古绝唱“借问酒家何处有？牧童遥指杏花村”使汾酒再度成名；1915 年，汾酒在巴拿马万国博览会上一举荣获甲等金质大奖章，成为酒品至尊；2007 年，汾酒继续蝉联国家名酒荣誉。

【求职岗位描述】根据公司的业务战略，制定具体的战略实施计划、业务推广计划，具体内容包括指导和监督市场调研以及评论，创建相应的销售工具，促进业务收入的增长，以及与相关社会公共部门建立联系，寻求可能的商业发展。

【自我分析】

（一）优势分析

① 乐于收集大量资讯，善于分门别类管理，以得到符合逻辑的结论；② 学习能力强，特别是对于深奥的观念和学问，有融会贯通的能力；③ 善于学习、理解；④ 可以独立处理很多问题，做事井井有条，表达能力强，在自己的专业内，乐于提供咨询、答疑解惑；

⑤ 有创造力，能提出独到而有价值的新观念；⑥ 有比较广的人脉，英语成绩较优异，能用流利的英语交流。

（二）劣势分析

不是很擅长与下属沟通，没有较高的管理能力。

（三）改进方法

有时间会主动参加相关的培训，学习相关书籍，提高自己的管理能力及沟通能力。

【求职策略】

（一）所需准备的材料列表：

①《大学毕业证书》；

②《大学英语 A 级等级证书》、《大学英语四级等级证书》、《大学英语六级等级证书》；

③《高级营销师证书》；

④ 个人简历；

⑤ 求职申请书。

（二）预见性问题：分析和解决方案

① 问题：高职学历可能会成为求职的瓶颈。

解决方案：学历只是敲门砖，不能说明一切。销售行业更看重的应该是各方面的能力，比如交际能力、应变能力。我想这些能力不是只有高学历人才才具备的；相反，有许多干得非常出色的人，很可能没有学历，但同样可以干得很好，同样可以担任公司经理，一点儿也不逊色于高学历者的。再有，正因为自己专科学历，所以自己在大学期间更注重自己的这些能力，希望能在其他方面突出。例如，在假期打工期间，自己寻找有关销售的工作，而且注重学习这方面的经验，重在提高自己的交际能力和应变能力。所以，我想学历不应该是求职的障碍。

② 问题：对公司产品不是很了解，面试官可能以此为难。

解决方案：自己毕竟大学主修的不是酒饮料，所以对酒不熟也是情理之中的事。但是既然选择了贵公司，自己会在以后的工作生活当中注意学习公司的相关知识，也会向公司其他人请教，相信很快会对公司产品熟悉不少。所以，这个可以放心，同样其他的事，如果工作需要，自己会很乐意学习的。

点评：

（1）主次不清，思想不明。

一份上乘的求职计划书，定是思路突出，目标明确。它能为求职者指明求职思路。再看上面这份计划书，内容错综复杂，恨不得将自己所知道的一次性全倒出来，像这种“倾诉式”的计划书只能将求职者引向求职的误区。

（2）自我认识过于乐观。

求职计划书里的自我优势与劣势分析中，求职者列举了大量自己的优点，而缺点几乎是一笔带过，不够全面，计划书过于高估自己，容易让求职者在未来求职过程中出糗。

（3）对自我要求过低。

计划书中提到了“对公司产品知之不多，希望通过工作后的学习来提高”，很显然是一种惰性思维。若是对产品了解不够，可以通过查找资料来丰富自己的知识，并不是一味地等着将来上岗才开始学习。假如在这种思想支配下去求职，如何突出你的学习和自成提高的能力。

大学生求职计划书 范文二

光阴似箭，转眼间大学生活即将结束，由于国内的就业形势比较严峻，职业重要，选择固然也很重要，所以选择职业对于即将毕业的学生来讲具有举足轻重的影响。因此要依据自己的性格，选择适合自己的职业，去锻炼自己，发展自己。

一、自我评价

性格：比较内向、执着、谨慎

兴趣：听音乐、看书、逛街

技能：取得计算机一级证书、会计从业资格证书

学历目标：取得中级会计师、注册会计师资格

二、会计专业就业方向及形式分析

在我国现阶段，全国数百所高校中几乎每个学校都设有财经专业，尤其是会计专业。每年都有成千上万的会计专业的应届毕业生涌上人才市场，虽说会计是热门职业，在这种现状下普通和初级财务人员明显供过于求，但高端财务人才却千金难觅。作为专业技术性很强和个人素质要求相对较高，且是企事业单位最重要经济信息系统和控制系统的财务会计工作，越来越多的企业开始对其从业人员有了新的期望和要求。目前，具有几年会计工作实践经验，并且取得会计职称，如注册会计师、ACCA、AIA等的中高级会计人才是市场上的抢手货。那么，为什么财会类专业的毕业生就业难呢？

首先，不少企业不愿意接收应届毕业生，这一点在财会类专业的招聘中更为明显，很多单位的招聘底线都是初级会计师，就算用人单位用了你，也需要进一步学习，接受企业观察，并不能一开始就成为一名会计师，很多人都是从最初的出纳做起，起点低，工资也很低。其次，就业难是大学扩招必然的结果，据有关调查显示，像计算机、文秘、财会类等专业都是供需两旺专业，即便如此，在人才市场上依然是供过于求，所以，除个别专业外，就业难现在是绝大多数毕业生的共同问题，而并非是某个专业独有。最后，中国的财务部门在企业中的地位并不是很高，除了一些大型企业有完备的财务机构以外，一些小规模企业的财务部门只需一两个出纳、会计，甚至一些小公司没有专职的财会人员，出现一种行政人员兼财会人员的现象。这主要是因为很多企业并没有意识到财会部门在公司运作方面的重要性，认为财务人员只是收钱、管钱而已。观念落后也给财会类毕业生的就业带来一定的影响。

在这样环境中如何让自己脱颖而出？

现在很多大学生呆在家里，不是找不到工作，而是找不到自己认为合适的工作。像很多财会专业大学生都想毕业后在高薪领域内从事财务工作，让他们去做一个小小的出纳，

他们会觉得有点儿屈才，而且薪水太低等。我们要根据自身的情况，把握时机，适当地变换自己的工作环境，找到一份适合自己的工作，与此同时，在变动后要尽快适应工作，在接触更多的环境同时不断地提高自己的财会实践能力，真正地做到学以致用。

另外，我们还要严格要求自己。1. 要想在职场上获得好的前程，考取各种财会资格证书是十分必要的。对于在校大学生，根据自己实际情况和职业目标，考取各种财会资格证书无疑会在求职中增加一些成功的筹码，比如初级会计师资格证和注册会计师资格证。当然并不是有了这些证书就高枕无忧了，如果你的工作能力无法达到要求，还是一样会被辞退。2. 拓展自己的专业视野。在精通本专业的同时，多涉猎一些和财会工作有关的知识，不仅能让你在以后的工作中如鱼得水，更能在应聘时让招聘单位对你刮目相看。3. 提高学习能力和适应能力。财会专业是一门实践性很强的专业，对财务人员的实际操作能力要求很高，而大学生在学校学得大多都是理论知识，所以要把所学的知识和实践相结合，让所学的知识真正发挥用处。

三、求职计划

未来我们的工作就是跟数字、钱打交道，工作环境当然不是最好的，但我很喜欢这个专业，在工作中充分发挥自己的优势和才能，定期参加技能培训，避免知识的老化和落后。

大学毕业生职业生涯规划的侧重点在职业准备、职业选择、职业适应三个阶段。大学生应该对职业进行物质、心理、知识、技能等各方面的准备。对即将踏入的职业活动要有一定的、合理的心理预期，尽快适应工作方式、时间、同事以及上下级关系，迅速成为一个成功的职业者。

四、结语

我是一名即将出去实习的会计与审计专业的学生，在大学生活结束之前，我制订了职业计划，可以说是经过深思熟虑所作出的选择。成功的路并不平坦，我只有勇敢地向前走，我相信在经历了挫折、失败、困难之后，未来终究会掌握在我的手中，我要在自己的生活中谱写一曲激昂澎湃、振奋人心的歌曲，去迎接属于我的未来。

点评：

（1）华而不实。

整个求职书看上去没什么大问题，但是总体看下来，给人一种华而不实的感觉。这是写求职计划书的大忌。空话、套话一大堆，根本没明确自己的求职目标，求职计划书不是演讲稿。

（2）忽略细节。

计划书看似全面，百密一疏是忽略了细节问题。例如你的理想工资是多少？工资问题最好提前考虑，不可持有“工资多少都行”的想法。理想工资也是招聘单位对应聘者能力的一种判断依据。假如应聘者不考虑工资问题，很容易导致招聘单位对应聘者工作能力的怀疑。

素 质 拓 展

求职模拟训练：

步骤一：班级学生分组，以 4～6 人为一小组。

步骤二：小组成员分为 3 种角色，两人做面试官，一人充当面试者，剩下小组成员作为评委。

步骤三：两名面试官可根据具体情况，向面试者提问各种求职相关问题，而求职者需快速、自然应答面试官的提问，其余小组成员对于面试者的每一个回答进行打分。

步骤四：按照以上方法，小组成员之间可轮流调换自己的角色。

步骤五：组长将每名小组成员的得分情况进行统计，评比出小组中最出色的求职者。

训练目的：锻炼学生的临场发挥能力，对求职艺术加深印象。

第5章 应聘实务

大学毕业生应该如何选择就业岗位？怎样和招聘方进行就业洽谈？在应聘中有什么样的技巧？应聘时应该掌握哪些求职礼仪？这些都是大学毕业生需要注意并加强的地方。下面就应聘时需要注意的一些问题作一番介绍。

5.1 就业洽谈及注意事项

1. 在就业洽谈前要准备好自荐材料

大学生就业压力大、就业竞争日趋激烈是个不争的事实，因此在就业洽谈时，要准备好自己的个人资料，因为在和单位进行招聘洽谈前，用人单位首先要看一下应聘者的自荐材料，然后进行筛选。同时，大学生在准备材料时，一定要多准备几份，以便投递给多个招聘单位，进行多向选择。自荐材料一定既要简明扼要、重点突出，又要在内容上扬长避短，能令招聘者耳目一新，达到事半功倍的效果。

【案例】

华玲玲在某高职院校主修的英语，选修法语，精致的东方面孔，加上一口流利的法语，令不少中外才俊动颜。但是，华玲玲是个有思想的女孩子，她希望通过自己的努力为自己创造美好生活，因此，她放弃了一些推荐机会，自己参加洽谈会，自主择业。她看上了一家外商（法）独资企业，该企业在全球150多个国家有连锁店。她在网上向该企业的网上招聘投递了简历，收到通知后前去面试。

谁知面试那天，人山人海，华玲玲没想到这家公司把网上招聘与现实招聘的放在同一天面试，导致她提前精心设计的一些小细节不能发挥。同时，因为以为自己已经投递过简历，当天的面试她并没有再准备一份简历和自荐书。当主考官问及她的简历时，她只得尴尬地说在网上投过简历。主考官眼里闪过一丝不悦，试想对于这样一个全球知名企业，应聘的人员不在少数，如果在邮件堆里找到她的简历，犹如大海捞针。结果不难猜测，华玲玲没有进入试用的阶段，说白了，主考官根本没有再给她机会。

华玲玲条件这么好，最后却没有得到主考官的青睐，这是非常可惜的。如果她准备了简历和自荐材料，那么最后的结果或许完全不同。在此要提醒广大毕业生，即使做过网上申请，在就业洽谈前，也一定要准备好这些材料，以备不时之需。

2. 在就业洽谈前要了解有关信息

大学生在进行就业洽谈前，首先，要了解国家和地方有关毕业生就业的政策和规定。国家有关大学生就业政策有着指导性的意义，不同类型的学院及专业的毕业生，就业范围是不相同的，因此，大学生要了解国家当前相关的政策及规定，充分利用好国家和地方的有利政策。

其次是要了解现今就业市场的供需形势，尤其要了解自己所学专业的就业形势，以及用人单位对本专业毕业生的基本要求。

在应聘的过程中，大学生要了解参加洽谈会单位的情况，做到知己知彼，为自己争取主动。了解内容主要包括：①自己所学专业有哪些单位需要，有哪些具体要求；②用人单位的经济效益、工资待遇、员工福利如何以及招聘岗位有哪些；③用人单位在洽谈会上的摊位位置及招聘人的情况。

【案例】

张婷是机械专业的毕业生，外形条件非常好，同时也多才多艺。别人都跟她讲，不去当模特，不去当明星，真是可惜了。于是她自己也对此自鸣得意。毕业后，她到处找工作，虽然有不少单位表示可以录用她，可她对待遇都不是很满意。大学时，她就做过兼职淘宝模特，收入还不错，而且工作无非就是拍拍照，也很轻松。仔细考虑了一下，她决定向这一行发展，目标是最后能进军娱乐圈。于是就在网上给一些广告模特经纪公司投递简历，因为她拍的一些艺术照很靓丽，很快就有很多广告模特经纪公司给她发来面试邀请。她很激动，就仔细装扮了一下，带着资料去了。但到了面试时，她才发现完全不是自己所想的那么回事，当模特是需要模特卡的，这是做这一行的通行证，当对方向她要模特卡时，她只能说没有这个。而对方就很好奇，难道她不知道这行需要这些东西吗？此外，做这个不是谁都可以，样貌好、身材好的非常多，做这行还很辛苦。虽然可以接到酬劳不错的单子，但不是每个月都一定能够接到单子的。这一行不仅是吃青春饭，还需要有人提携才行。张婷在经过多次碰壁之后，无奈只好放弃了。而与此同时，她的一位当时跟她一起做淘宝模特的朋友，走了另一条发展道路，选择继续做淘宝模特，后来还开了家淘宝模特经纪公司，随着近年来淘宝电子商务的红火，生意越做越大。

张婷想当然地以为自己样貌好身材好就一定会成为一名出色的模特并顺利进入娱乐圈，把目标定得过高，并没有去充分地了解足够多的行业信息，作出了错误的定位。而她那位朋友，由于把目标定位在自己熟悉的淘宝模特上，从而取得了巨大的成功。

3. 在就业洽谈时要积极主动地推销自己

（1）要积极主动

大学生在就业洽谈时，一定要有自信，主动争取表现自我的机会。不要被动地等待招聘方的问询，要主动介绍自己，同时询问对方一些情况，这样会给招聘方一种胸有成竹、求职心诚的感觉。

【案例】

李彬是某学院行政管理专业的学生，该专业近年来在就业前景上比较不乐观，因为有许多其他专业的毕业生与他们竞争同样的岗位，且其他专业的学生如果特别优秀，就会比他们还多了一个其他专业的优势，比如英语等。李彬在参加洽谈会前做了充分的准备。他首先了解到深圳某一大型合资企业将在此次洽谈会上招聘 5 名行政管理人员。他是一名高职学生，和他竞争这个岗位的不乏本科生，甚至研究生，学历上他不占优势。他在招聘会刚一开始便来到该单位的招聘摊位前，发现该公司仅有两名工作人员，而准备报名的同学却非常多，一会儿就把这个摊位围起来了，这两名工作人员显得有点忙不过来。于是，李彬挤过去帮助他们维持秩序，同时询问他们应该让同学们填什么表格，交什么材料。于是，李彬很快成了该单位负责招聘的工作人员的下手。一直帮忙到下午三点多，摊位前的应聘者才逐渐散去，此时，那两名工作人员和李彬打招呼，感谢他的热心帮忙，李彬趁机表达自己也想应聘该公司的职位，同时递上自己的自荐材料。自然而然李彬顺利地成为这两名工作人员的同事。

虽然李彬有投机的成分，但他超强的观察力以及成熟的处事能力，充分说明他将会是一名合适的管理者。既然机会对每一名应聘者来说是一样的，为什么不把机会优先给更有把握的人呢？李彬正是因为积极主动地把握住了这次机会，才最后得到了这份工作。

（2）要实事求是

大学生在向招聘方自荐时，一定要实事求是，不要夸大其辞，或者吹嘘自己的工作经历。但也不要谦虚过度，反而埋没了自己，如果你自己都说自己不行，那么怎么让别人相信你能胜任工作呢？实际上，在就业洽谈时，实事求是地讲述自己的优点和特长，并且拿出相关的证书来证明自己，会给自己的应聘加分。

【案例】

李明伟来到大学之后就松懈了，天天忙着社交和网络游戏，成绩几乎垫底。不过他一点儿都没有注意。毕业之后开始找工作，他不得不紧张起来了。可是他的成绩差，连英语四级都没有过，要找到一份好工作，是非常困难的。不过他这时候却动起了鬼点子，他先是在自己的简历上大吹特吹，说自己成绩优秀，并且担任校学生会主席，能力过硬，然后又伪造了成绩单，还有英语六级证书。他在网上投简历后，顺利地接到了面试通知，因此他自信满满的，觉得自己随便蒙几下就能够过关。而事实上完全没有这么简单，面试官见到他之后，甚至都没有用中文，直接跟他用英文交流，这下他才慌了，虽然能简单地听懂几个单词，但对方说的是什么意思，他完全不理解。他不停地请求对方重复，然后道歉，后来面试官发觉了这个问题，拿着他的简历跟他说：“你成绩非常好，英语也过 6 级了，为什么你好像听不懂我说的东西，你的这些信息都是真实的吗？”李明伟这时支支吾吾，答不上来了。然后面试官没有拆穿他，只是委婉地告诉他，非常感谢他能前来面试，如果公司有意向，将会给他发邮件通知他，如果没有意向，也不会单独告知。自然，李明伟是不可能接到任何回复的。

用人单位其实最反感的就是大学生弄虚作假，即便能力有限，成绩不突出，也没有光彩照人的奖项，但只要是实事求是的应聘者，经过专业培训，都是可造之材。相反，还没有进公司，就欺上瞒下，耍鬼心眼，怎么可能给用人单位留下好印象呢？

（3）要谈吐得体

在就业洽谈时，掌握好说话语速、轻重，会给对方留下比较好的印象。有的同学初次参加洽谈会，因为紧张会语速过快，或者不知道自己要说什么，尽管之前准备了不少，但到现场后脑子里一片空白，该回避的说得太多，该详说的又一带而过，造成用人单位的误解，甚至错失良机。在就业洽谈会上，准确表达自己的思想，会给人留下成熟、稳重、大方、值得依赖的印象。

【案例】

蒋芳是英语专业的毕业生，因为期待一份稳定的工作和一份长假期，她选择了一家初级中学的英语教师岗位。教师证她在毕业前已经拿到手。在应聘时，当用人单位问及她理想中的岗位是什么，她原本想表达她虽然羡慕同声翻译的潇洒自如，但更喜欢做教师传道授业的幸福。可是因为一时的紧张，却表达成羡慕并期待成为同声翻译，让用人单位误以为她会不安于岗，只是寻求一个暂时的就业岗位，不是自己学校想要培养的长期人才。因此，她落选了。

因为目前大学生就业形势日趋严峻，一部分大学生偏离专业而勉强就业的事情时有发生，他们往往只是为了找到一个工作而仓促就业，这样既会造成高层次人才的浪费，也会造成用人单位人员流动性大的缺点，不利于用人单位的长期发展。因此，用人单位大多不愿招聘勉强工作的毕业生。这样看来，蒋芳的落选实属再正常不过的事了。

（4）要分清主次

参加一次洽谈会，可能会发现同时有几个自己中意的单位，因此，大学生可以根据其工资待遇、员工福利、工作环境等分主次，选择自己最感兴趣的单位开始洽谈，在时间允许的情况下，再和其他单位洽谈，避免因小失大。

【案例】

张岭和寝室的其余5个人第二天就要参加就业洽谈会了，寝室长姚谦建议大家不要采取广撒网策略，要观察用人单位薪资待遇、工作环境和岗位要求，分清楚主次，再去投递简历。但张岭却不以为然，他认为，能抢到手才是最重要的，如果慢慢选，不果断下手，那么好职位就都被人抢跑了，自己根本没有机会。而第二天他果然不分主次地采取了广撒网的策略，一家挨一家地去面试，只要大体情况符合，他就坐下来跟别人谈。其中有一家用人单位，工作岗位和待遇都不怎么样，怎么也招不到人，而且张岭坐下来跟他们聊了很久，他们以为张岭对他们的职位非常感兴趣，后来一报岗位要求和待遇，张岭就犹豫了，但这已经花掉了他大半天的面试时间。在这个过程中，宿舍兄弟给他打电话，他不理也不接。最后，他刚看到一个非常满意的单位时，人家已经招满人了，而且其中有两个职位正是被同寝室的兄弟拿到的。兄弟们跟他说，本来职位还没有招满，但给你打电话，你始终不接。张岭这才后悔莫及。

张岭不分主次，最后错失了绝佳的面试机会，这是非常可惜的。广撒网的策略本身没有什么问题，但对象不一样，策略也要有所改变，乱使用广撒网策略是不合适的。像张岭这样，没有把对方情况搞清楚，就跟对方大谈特谈，而在了解清楚具体情况之后才开始犹豫，这就浪费了不少时间。所以大学生在参加就业洽谈会时，一定要分清主次，看准适合自己的单位之后才能果断下手。

4. 要慎重、及时地签约

在就业洽谈会上，由于时间紧迫，再加上人数众多，有的同学如果准备不充分，再加上缺乏了解、主观臆断，会匆忙签约，签约后发现不如意，很快又反悔。所以，奉劝大学生要慎重对待签约，不要慌张，以免追悔莫及。

当然，大学生就业的期望值不要过高，要切合实际，选择自己适合的工作。一旦有机会，要紧紧抓住，不要东挑西拣，错失良机。遇到自己满意的工作岗位，更要抓住机会，及时签约。

一旦签约，就应停止与其他单位的洽谈，不要这山望着那山高，鱼与熊掌不可兼得，要学会放弃。

【案例】

卢延西主修日语，选修了英语和俄语。这三种语言，他都拿到相应的考级证书。毋庸置疑，像他这样的毕业生算是较为优秀的。可是在就业洽谈会上，令卢延西举棋不定的有两家单位，一家是某生物工程公司，需要一名精通多国语言的翻译，另一家是某石油公司驻海外办事处，需要一名工作人员。前者在国内，只是待遇没有后者好。后者需要长年驻海外，虽然薪金待遇不低。当两家同时愿意接受他时，他陷入了两难之中，不知道做何选择。他询问了父母和老师，还有要好的同学，意见分成两派，支持两家的都有。他自己失去了主张，最后为了避免自己后悔当初的决定，他放弃了两家实力雄厚的公司，决定多做了解。而在后来没多久的一次就业洽谈会上，一家语言培训机构对卢延西各方面的能力和素养表现出极大的关注，并以优厚的薪酬以及待遇招聘他。这一次，卢延西在慎重地了解了对方的状况后，再也没有迟疑，果断下手同用人单位签了合约。就这样，他得到了一个比之前更好的职位，全家人都为他高兴。

卢延西在无法权衡利弊的情况下，放弃了最初那两家用人单位，这在很多人看来是错过了很好的机会，很可惜。但是在卢延西看来，与其将来自己后悔毁约，还不如慎重考虑，机会还会再有。在接下来的一次机会中，卢延西对应聘的公司进行了充分的了解，并结合自身情况果断地作出了选择，这次他是真的没有错过。

5. 投简历时需要“广种薄收”

这里的“广种薄收”意思就是广泛地撒简历，但这只限于必要的时候，比如自己的条件在竞争者之中并不是非常地抢眼，能力也并不是非常突出，这就需要广泛地去投简历，增加面试机会和就业机会。

【案例】

钱慧只是高职院校毕业生，成绩也很一般，不过她没有给自己定很高的要求，也没要求自己的第一份工作就进入什么名企。再说，就业形势也不是很乐观，她觉得自己只要能得到一个机会就好，在平凡的岗位上锻炼一下也不错。所以，她认真地制作了一份简历，也做了比较充分的准备，之后就在招聘网站上，把简历大范围地撒出去，只要职位和薪酬差不多，就在她的投递范围之内。每天她都坚持投递十几份，常常要投二三十份才会有一次面试机会，虽然面试的结果大多不如人意，但是比起同班同学，她已经有不少面试的机会了。面试次数多了，应聘经验也越来越丰富，过了两个月左右，她终于找到了一家比较满意的单位，并且顺利通过面试，签订了劳动协议。这时候，她的很多同学还没有找到合适的工作，所以她觉得她采取的策略还是很有效的。

钱慧虽然没有什么专长，但是她在投简历上采取“广种薄收”的策略是正确的，最终帮助她找到了一份满意的工作，相信如果她不是采取这种策略，恐怕也会跟这个机会失之交臂。但这种策略并不是适合所有人，并且在采取这种策略时，也要对面试单位进行充分了解，这样才会收到事半功倍的效果。

5.2 笔试与应对技巧

1. 笔试的种类

笔试是目前用人单位常用的考核办法，目的在于考核应聘者的专业知识水平、文字组织能力以及综合思考能力，常用于一些对专业技术要求较强或者知识面要求很广的部门或岗位的人员考核。笔试又分专业考试、心理测试、技能测验、命题作文、综合能力测试及国家公务员考试六个类型。

2. 笔试前的准备工作

在笔试前，大学生要针对考试类型做一定的复习，同时要放松心态，正确面对。既不要像如临大敌一样的紧张，也不可全无所谓不作准备，这两种心态都容易导致考试时发挥失常。当然，笔试需要平时认真学习，扩大知识面，才不会临时抱佛脚。

【案例】

某化妆品公司招聘营销策划人员，广告策划专业毕业的小陈志在必得，专业对口，而且有一定的大公司实习经验，并且在实习时成功推出过某款睫毛膏的广告。他深信，只要进入面试环节，他的思路一定能得到该公司的认可。但是，该公司的招聘要经过三关，其中笔试必不可少。要想进入面试，笔试必须取得好成绩。为此，他研究了该公司的相关产品，了解了哪些产品占据市场优势、哪些产品需要加强广告效果。并且在临睡前，他躺在床上听了一些著名营销案例。第二天早晨，他参加笔试时胸有成竹，当看到命题写作是一项如何策划该公司一新款面霜的作文时，心里长舒了一口气，刚好头天晚上他听的一个案例可以借鉴使用。他这一仗打得相当出色，一气呵成，取得了笔试第一名，接下来就不用说了。

不打无准备之仗，这不仅是说行军，做其他事也可借鉴。一些大学生总认为笔试是检验专业知识的，事到临头，再补是没什么用的，还不如听之任之。其实，人的记忆是有时间性的，虽然，有的知识强记只能记很短的时间，过后如不加强记忆便会忘却。但是，临时的强记在短暂的一两天内，会特别深刻。因此，在考试前进行适当的复习和强记，会有锦上添花的功效。

3. 笔试的应对技巧

（1）考前准备

笔试题目的类型，一般分为技术类笔试和非技术类笔试。技术类笔试，一般是考察专业知识的考题。而非技术类笔试，主要是考察大学生的逻辑分析能力、语言能力。

在面对技术类笔试时，复习专业知识不必采取地毯式的复习策略。笔试一般都有大体的考试范围。因此，大学生只需要围绕考试范围翻阅一些图书资料，并且巩固所学过的课程内容，温故知新，做到心中有数即可。而非技术类笔试，则需要大学生注意平时生活中积累历史人文知识以及一些时政新闻，大学生还要去相关网站，搜集此类问题，做一些相关方面的汇总，这样都能提升成绩。

一些招聘企业的笔试，题目往往在一定程度上会和往年有一些联系或类似，这就需要大学生主动去收集应聘企业往年笔试题目，而网络信息搜索、师兄师姐的成功经验、亲朋好友的渠道都是大学生非常好的选择。这虽说有投机取巧之嫌，但从另一个方面考虑，它也能在一定程度上体现你对目标企业是否感兴趣、有多大的兴趣。而用人单位也希望你能够了解它，重视它，这都是相互的。

丰富的知识还要灵活运用。站在对方的角度去思考，一直是成功的不二法宝。有的学校一直重视培养学生的主人翁意识，比如开展一些"今天我是老师"、"今天我是主审官"、"如果我是病人"这样的活动，进行换位思考，大大增强学生的实践能力。大学生在参加笔试时，不妨试试自己给自己出题，或许你也会押中命题。

还有一点，就是大学生应该做好应试的基本准备工作，如学习用具、必备证件等。这些都是细枝末节，但又是非常重要的。

（2）增强信心

笔试怯场大多缘于缺乏自信心。大学生初入社会、对职位的渴求心理，都容易导致笔试失常。因此，在考前要克服自己的自卑和怯懦心理，把笔试当成一次平常的小测验，在考前要有充足的睡眠，适当听一些歌曲或者进行少量体育锻炼，保持清醒的头脑，使自己发挥出应有的水平。

【案例】

2012 年高考的时候，某省的作文题《忧与爱》引发了一段笑话，说某粗心的学生把作文题目错看成了《性与爱》，结果被这大胆的题目雷住，不知道从何下手。结果，考完和同学一交流，原来题目是《忧与爱》，欲哭无泪。

某医学院临床医学系的张某，在笔试时也犯过这样的错误。因为太过紧张，在笔试时误把输尿管看成输精管，结果答非所问，还被传成笑话，差点影响了自己就业。

用人单位的笔试对于大学生来说相当重要，紧张也在所难免，我们在笔试前，不妨将其看成一个小测试，取得好成绩了，说明之前准备得很充分，考砸了，权当是场体验，下次吸取教训就可以了。

5.3 面试与应对技巧

1. 面试的种类

面试是用人单位最重要的考核办法之一。用人单位通过面试与求职者沟通信息，经过精心设计的对话与细节，观察其个人素质和职业素养的高低。由于面试比较直观，可以使用人单位面对面地了解求职者的业务水平、口才能力及应变能力，更加全面地了解求职者，所以，用人单位往往对这种考核办法更感兴趣。

面试又分为模式化面试、情景式面试、群体式面试、交谈式面试、压力式面试和综合式面试6种类型。

2. 面试前的准备工作

（1）深入了解用人单位的信息

知己知彼，百战不殆。大学生可以通过对用人单位的内部资料、公司网站及其他相关宣传载体的了解，掌握用人单位的性质、规模、运作方式、主打产品、组织结构、财务状况以及发展前景等信息。

【案例】

叶枫在参加洽谈会时看中了一家民营企业，做生物科技，虽然目前规模不大，但他预感到前景不错，如果入职他可以做本专业方面的研究工作。叶枫明白像他这样的本科生如果进入大公司就职，专家无数，他可能在数年之内都只是一个收集材料的下手，自己能动手做项目的可能性微乎其微。而在这种中小型公司里，锻炼机会多，很多项目都可以自己动手去做，对于他这样的科研型专业是非常有益的。为此，他在收到笔试通知后，大量浏览了该公司的资料，掌握了其研究方向与领域。在面试的时候，他有点有据的论述为他赢得了面试主考官的青睐，为他以后进入公司奠定了基础。

了解自己的需求，朝着既定的目标努力，这是每一个应聘者需要思考并努力去做的事情。只要多方面着手收集资料，分析形势，有的放矢，一定会取得理想的结果。而且，大学生的得失心不必太重，把每一次经历当成过程，在过程中成长，迎接成功。

（2）充分准备相关资料

参加面试，要带好个人简历、自荐信、成绩单以及相关奖励证书，如果是去外资公司应聘，还应该准备好中英文对照格式的资料，在一些日韩公司应聘，如果能准备相应语种的资料，会给用人单位留下良好的印象。当然，这些资料得是自己熟悉的语种和内容，以免因不熟悉而闹出笑话。即使提前在网上已经投递过个人简历和求职信，在面试时也应该再准备一份，带上备用。

【案例】

刚过完春节，市里就召开了大学生招聘会，杨雯到夏天就该毕业了，她也为自己的就业焦急。听说这场招聘会上有不少南方的企业来招聘，杨雯和同学们都想着把握住这次机会，能去经济发达的南方发展。参加招聘会，准备自荐材料是必不可少的。杨雯和同班的郑燕都看中南方一家信托公司的助理职位，她们是好友又是竞争对手，相互鼓励无论谁能进这家公司都值得庆祝。可惜，杨雯没能，后面的面试机会，后来，最终获得这个职位的郑燕跟招聘部门的人打听，才知道，杨雯虽然在自荐材料中填写了获得的某作文竞赛二等奖以及其他奖项，但因为粗心，她没有把奖状的复印件附上，因此，直接被该企业负责招聘的领导筛选掉了。杨雯这才想起来，她真是后悔莫及。

很可惜，就是因为没有把奖状的复印件附上，杨雯失去了一个非常好的工作机会。如果不是郑燕告诉杨雯，恐怕杨雯还不知道自己到底是哪里出了问题。大学毕业生在应聘时一定要注意此类问题，一定要准备好相关资料。

（3）面试技巧的训练

这一项准备工作，大学生可以通过平时的就业指导课、学习讲座的学习，一些就业指导书籍的阅读，以及同学之间进行模拟面试的训练来提高自己面试时的反应力、听力、表达能力、举止、礼仪等。

为了获得理想的工作，大学生应该充分做好求职面试的准备，做到有备而去。在求职面试中，要适度地表现自己，要善于展示自己专业知识的掌握情况和能力、性格等情况，给招聘者留下良好的印象。

【案例】

冯娟娟平时在班级中，就是炙手可热的“校宝”级人物，有着宽广的知识面、幽默的谈吐、健康向上的心态。她在讲述她的应聘面试的故事时，笑着说当时把严肃的主考官老师逗乐了，所以面试也就 OK 了。她应聘的是某台的综艺节目主持人，凭着机智与才气、幽默与大气，令主考官笑逐颜开，一路绿灯，很快便加盟该节目组，成为小有名气的美女主持人。

风光的背后是辛勤的努力和付出。冯娟娟的室友知道她有多下工夫，为了学好表演，她每天对着镜子练表情，每天要求自己记住一则小笑话，每天给宿舍的室友讲一个故事，要求要么笑得花枝乱颤要么感动得落泪。室友们就在她的冰火两重天里进入梦乡。毕业时，室友云云抱着娟娟痛哭流涕，说以后没有娟娟的故事，晚上睡觉都是个事儿了。这个说法虽然夸张，但可见，长期的坚持与不懈的努力，才是取得优秀成绩的最好解释。

为了面试，做好充分准备，训练自己的面试技巧，是娟娟最后获得理想工作的关键所在。有时，说什么并不重要，重要的是要怎么去说，怎么去打动面试官，给面试官留下好印象。大学毕业生在面试时，不注意技巧，千篇一律地运用一样的说辞，这样就无法在众多竞争者中脱颖而出。

（4）面试心态的调整

保持正常的心态，对面试者来说尤其重要。紧张的心态是面试大忌，会影响思维能力，原本熟悉的话题可能都回答不上来或者回答不全面。

如果以一种放松的心情去面试答题，就会稳定思絮和语言表达水平，可以完整、准确地回答主考官提出的问题，甚至可以发挥出超常水平。因此，在面试前要正确对自己进行评估，知道自己的优缺点，保持正常的择业心态，勇敢地去尝试，为自己创造机会。

当然，放松的意思也不是散漫，甚至傲慢。认为自己的学历很高，学校名气大，成绩很棒，就摆出一副很懂或者很自以为是的样子。这两种态度都是不可取的。充分地做好准备，谦虚谨慎地对待，才可能有好的结果。

【案例】

于涛就读的学校是所重点高职院校，所学的专业也是比较热门的通信工程专业。他自信满满地参加就业洽谈会，结果却令他有点失望。他看中的两家大公司并没有向他伸出橄榄枝，后来他非常诚恳地询问招聘方工作人员为什么没有选择自己，答案竟然惊人地相似。因为于涛太过平静的表情，以及过于冷静和无所谓的求职态度，面试官认为于涛的求职诚意不足，仗着专业吃香、学校牛、选择余地大，态度很不积极。于涛真的感觉很冤，他没想到自己的表现会给对方这样的误解，他很想再进行一番解释，可惜木已成舟，他自己总结了经验教训，决心在下一次就业洽谈会上一定不能再表现出如此消极的求职态度了。他一定要积极主动地面对，努力推销自己，表现出自己对用人单位非常感兴趣的态度，不至于再一次使对方认为自己在耍大牌。

通常来说，面试时间比较仓促，面试官获取面试者信息的渠道也非常有限，如果面试者像于涛一样，没有调整好心态，没有让自己变得积极起来，那么很有可能表现出于涛的这种“耍大牌”的态度，这会给面试官留下不好的印象。

（5）对可能谈到的问题的准备

面试中，一般情况下，主考官以应聘者的简历为话题展开问答，这个问题看似简单，但实际上却并不是所有面试者都能应付自如的。因此，面试前要准备好对与自身相关问题的回答，一定要熟练，并且回答流利，否则，主考官会认为你的简历有造假的嫌疑。而且最好是提前打好腹稿，浓缩简历中的精华和特色部分，以便在最短时间内完整并流利地向主考官介绍好自己。

【案例】

现在从事文秘工作的应届毕业生刘喆深有体会，当初面试时，主考官老师问及他的一个获奖证书是哪一年获得的，要不是他记错了时间，和简历上的有出入，那么，他今天一定是在某大公司的培训部门工作了。因为忽略了这个细节，让主考官误以为他的证书可能不真实，因此将他筛选掉，原本他是颇有希望获得这份工作的。世上没有后悔药卖，没能进入那家公司，刘喆选择了一家中小型企业做了文秘工作，经过上次的教训之后，他重视细节，努力让工作中不留瑕疵，得到公司的一致认可。

要认真做简历，而且要对其中的内容了如指掌。吞吞吐吐、支支吾吾可能是因为个人紧张，但很多面试官可能会误以为其中的内容有造假成分，就像刘喆前一次面试一样。但刘喆马上就意识到了自己的问题，最后获得了一份文秘工作。所以大学生在面试前也应该做好相关的准备，尤其是对自己觉得自信的问题，一定要准确而肯定地回答对方。

5.4 求职礼仪

现在招聘工作中，应聘者是否给主考官留下良好的印象非常关键，这不仅仅局限于相貌和身材，穿衣打扮和行为举止也很重要，能显示出一个人是否拥有良好的修养。在面试中，恰到好处的表情与举止，会给主考官留下较好的印象，更有助于应聘者过关斩将。

1. 面试仪表

(1) 服装服饰

面试是个正式的场合，一般来说，面试者的服装服饰会给主考官留下第一印象。总体来说，参加面试时的着装应该和职业相符合，不要显得突兀，服饰要得体，仪表需整洁，搭配要协调，穿一身黑西装搭配一双白休闲鞋，肯定会令人感觉头重脚轻很不搭配。尽管没有明文规定在面试时什么行业应该着什么样的服装，但人们的心理上是有一些模式化思维的，过于舞台化的礼服或者非常休闲的服饰都不适合面试时穿。

【案例】

刘嘉因为做兼职外出宣传接到某文化公司的面试通知比较晚，时间仓促，原本外出穿的西装需要清洗，只好拿出箱子里的一套西装来穿，但因为压在箱底有些褶皱，鞋子只是简单地擦去了上面的灰尘，连澡也没来得及洗。可以想像这次面试很糟糕，主考官老师认为刘嘉对此次面试并不重视，联想到他可能不太在意这份工作，再加上不够整洁和不修边幅，印象分几乎为零。虽然他的谈吐为他加了点分，但是最终还是给了不合格的评定。

刘嘉在服装服饰上的粗心大意导致了面试官给予不合格的评定，这是非常令人惋惜的，尤其是现在工作机会少、竞争激烈的情况下。这些都是小细节，注重这些问题，可能并不能带来多少加分，但是不注意，却会大大地减分。

(2) 化妆与发型

大学生在面试前首先要整理发型，将头发清洗干净，梳理整齐，男生不要留长发（特殊工作、艺术类除外），胡子要刮干净，不要喷太重的香水。女生不要浓妆艳抹，头发不要染鲜艳的颜色，妆容以清新自然为主，容易博得主考官的好感。

有些大学生在学校崇尚行为艺术，发型、妆容特立独行、标新立异，与社会大众有些格格不入。在进行面试的时候，一定要放下这种外表上的个性与特立独行，不然，很容易给主考官留下不踏实、不能胜任工作岗位的印象。

【案例】

李薇在应聘某公司资料员时，因穿的小上衣未遮盖住她腰部的刺青，再加上头发上挑染了五种颜色，虽然她的专业与简历显示她可以胜任这份工作，但最终主考官选择了一位能力不如她、但妆容得体的同学。因为她过于时尚的发型令主考官担心她不能静下心来工作，太过追求工作以外的东西，浮躁。

可能李薇并不是一个浮躁的人，但却因为化妆和发型给面试官留下这样的印象。所以广大的大学生毕业者在面试前也要给自己打好预防针，也请其他同学来对自己的装扮发表评论，这样才能更客观一点，才能避免出现和李薇一样的问题。

2. 行为举止

面试时进门要敲门，得到答复或允许后方可推开门。进门后应先打招呼，向在坐的面试考官问好。认真聆听主考官老师提出的问题，注意力要集中，在回答问题时要按部就班，力求留下诚恳、认真、稳重的印象。要以微笑示人，适当做记录，即使感觉到前面回答的问题不太好，可能不会通过，也不要显示出不耐烦，不要频频看时间。要知道，不到最后，谁也不知道谁会被录用。如果你提前放弃了，只能是自己给别人让出了机会。面试结束后要将自己坐的椅子放回原处，道谢后再离开。特别提醒，大家听说过招聘单位在应聘场所放一把倒着的扫帚，来考验应聘者的素质的故事吧，不要让自己输在一些细节行为上。

【案例】

袁莉莉同学参加一家幼教中心的面试同样充满戏剧性。面试 9 点开始，她提前半小时到达了面试地点，刚找个地方坐下来等待，就听到一个小孩子的哭声。她循着哭声望去，一个脸哭花了的孩子在找妈妈。她看了四周，似乎没有看到年龄可以做孩子妈妈的人，当时已经来了十几位面试者，和她一样打扮得干净得体。孩子继续哭着，她没法漠然地坐着。于是她背起包，走到孩子身边，询问孩子怎么跟妈妈走丢的，可是孩子太小说不清楚，而且伸出一双小黑手要她抱。她从包里拿出面巾纸，给孩子擦干净脸和手，拍拍孩子身上的灰，抱了起来，带着她在附近找妈妈。时间一点一滴接近 9 点，看着大家都排好队准备参加面试，袁莉莉也有些心急，可是这么小的孩子，如果放在一边走丢了，孩子妈妈该多着急啊！她只能抱着孩子四处打探，可惜没有人知道孩子的妈妈在哪里。

9 点 3 分，从面试场所旁边的一栋楼里走出来一群人，当他们走到袁莉身边的时候，一起鼓起了掌。她怀里的孩子挣脱她，下了地，跑进去抱着人群中一位气质美女的腿，大叫“妈妈，妈妈，彤彤表现得好吧？”原来，哭泣的彤彤就是这次面试的考题。幼教工作是一项爱心工作，袁莉莉的行为充分说明她是一个充满爱心的人，用人单位的面试队伍都认可了她，于是，这唯一的名额非她莫属。

这样戏剧性的面试经历，可能并不是每个大学生都能碰到。但袁莉莉的行为举止也从一定程度上反映出她具有怎么样的品德，是一个什么样的人。都说字如其人，其实行为也正是一个人的内心写照。注意自己的行为举止，确实也能够像袁莉莉一样，获得大家的一致认可。

3. 交流与沟通

在面试时一定要讲普通话，避免因方言造成听力上的误会，或者主考官老师听不明白你的回答。语速要适度，不要过快。回答问题时，不要有太多手势和口头禅，容易引起对方的反感。如果是外资单位，要做好用英语或其他外语回答问题的准备。这些都是交流与沟通的基础。

面试时，如果讲错的话无关大局，就可以忽略，不必耿耿于怀，以及影响下一个问题的回答。但如果说错的话比较重要，不妨及时致歉显示诚意，并表达出你心中要讲的实际意义。这样因为自己的坦诚和知错就改，或者能为自己在主考官心中博得意外的好感。在遇到听不懂的问题或者自己确实不会回答的问题，不要不懂装懂，信口开河，而要实事求是地告诉主考官，这方面的知识你没有接触过，今后将加强这方面的学习。相信更多的主考官喜欢真诚、实在，善于交流和沟通的应聘者。

【案例】

柳萌在一外资公司面试时，因为紧张，没有听清究竟是 Australia（澳大利亚）还是 Austria（奥地利），让她回答首都的风情文化，澳大利亚的首都是堪培拉，而奥地利的首都是维也纳。她没有听清问题，又不好意思再问，在那里支支吾吾地把时间都浪费了。自己还急得满脸通红，而主考官老师以为她不会回答，因此，这一题没能得分，影响了她的面试成绩。其实，如果她坦诚地告知主考官老师没有听清题目，请他再说一遍，相信主考官老师并不会拒绝她的要求。

柳萌在这时候应该积极一点儿，直截了当地去问面试官，请求面试官重复一遍，这样也就不会造成面试官对她的误解了。

面试其实最主要考察的就是一个人的交流沟通能力，面试官也许已经在简历上知道你的年龄如何，你在哪里长大，有过什么经历，但依然要问你一些类似问题，答案并不重要，重要的是你是怎么把这些信息传递给面试官的、你的思维能力和应变能力如何。

案例点评

面试是一门学问，里面有着很多的沟通技巧。一个不懂得技巧的面试者，很有可能句句都说不到点子上，下面这位叫萧雪晴的大学生面试者，在与面试官沟通的过程中，几乎每句回答都让面试官很不舒服。

主考官："萧雪晴，你的名字很好听呀！"

萧雪晴："是吗？谢谢！这个名字天生就符合我的性格。雪是温柔的，晴又是炙热奔放的。我从一出生就注定是一个双重性格的人。"

点评：回答的前半段还好，后半段很容易让主考官浑身起鸡皮疙瘩。主考官称赞名字，一是出自内心真诚的赞美，二是为接下来的交谈创造一个良好的气氛。而萧雪晴的回答，很容易让主考官主观上，认为她是一个爱说空话的人。试问，谁一出生就能被看出是什么性格。回答不够真诚。

一脸尴尬的主考官赶紧转移话题，问道："请问你来自哪里？"

萧雪晴："我来自唐山，唐山你去过吗？"

不凑巧，在场的面试组谁都没去过唐山，现场气氛极其尴尬。

点评：面试者最忌讳的就是反问面试官。尤其是关于一些私人或是商业秘密的，更不是你应该打听的问题。

主考官："你的简历我刚又大致翻了一遍，发现了几个错字，甚至连我们的公司名称都少写了一个字。你能解释一下吗？"

萧雪晴："哦，是吗？不好意思，由于当初通知面试时比较匆忙，时间有限，可能写的匆忙了一些。"

点评：粗心大意的简历，说明面试者并没有认真对待这次面试的机会，这是一种很不礼貌的行为。连公司名字都写错，进一步说明面试者在此之前没有对该公司做深入的了解。

主考官："简历上写你以前做过很多兼职。请问，从兼职中你学会了什么？"

萧雪晴："我学会了与人沟通、具有团队精神，以及一些组织和领导能力。"

点评：看似很规整的回答，却犯了两个严重的错误。

① 回答中没有重点。要知道面试组有可能每天都要面试很多的应聘者，对于像萧雪晴的回答，他们可能会感叹道："这又来了一个有团队精神的领导。"

② 一句话带出自己的四个优点，既没有数据的支撑，又没有实际例子具体说明，很难让人信服，容易让人产生面试者很自满的感觉。

主考官："好了，你的大致情况我们都了解了，你回去等通知吧，录取的话我们会通知你。"

萧雪晴："要是不录取，就不通知了，是吗？"

点评：这样的问题缺乏必要的礼貌，会破坏面试组对面试者的好印象。

素质拓展

案例 1

23 岁的王磊毕业之后，一直忙着找工作的事。一个月下来，大大小小的面试，王磊参加了有十多场。这天，王磊在广州一家公司的面试上表现非常出色，主考官对王磊也是非常满意。眼看其他问题都基本谈妥，主考官问王磊想要的工资待遇是多少。王磊心想："今年在竞争如此激烈的大环境下，能找个对口的工作已经很不容易了，哪还敢要求什么工资啊？"于是，王磊回答说："工资无所谓，都可以的。"王磊想着，自己的回答一定会让主考官高兴。谁知，主考官听了王磊的回答，面色一沉，最后给王磊的答复是让他回去等候通知。结果可想而知，这家公司再也没有联系王磊。王磊始终想不明白，自己究竟错在哪了？

（1）案例 1 里的王磊错在哪里？那位主考官不悦的原因主要是什么？

（2）假如你是一名公司老板，面对无工资要求的员工时，你会作何感想？

案例 2

三天前，王燕接到了一家知名公司的通知，让她三天后过去面试。王燕既兴奋又紧张。这家公司的名头她是早有耳闻，无论是薪资待遇，还是其他各方面的待遇都是相当优厚的。

于是王燕赶紧和自己的父母商量，面试的时候该怎么才能获得该公司的青睐，而王燕的父母也是给她出了不少的主意。

面试这天，王燕精心地打扮了一番，来到了面试现场。面试是在一间不大的办公室里进行。此次面试，除了王燕，还有几个男生参加。面试的前半部分非常顺利，因为王燕事先有所准备，所以对于主考官的各种问题都能应对自如。最后主考官对王燕说："根据你的性格特点，我们准备将你安排在外事部门。不过，你的户口问题我们可能没有办法解决。"王燕这时候突然来了一句："可是，我听说你们公司都能解决户口问题啊。"她自己也在说完这句话之后有点后悔了，不过她有点过于紧张了，不知道该怎么解释了，面试官也被她所说的话给噎住了，场面顿时很尴尬。之后面试官看了看王燕，跟她说："非常抱歉，户口问题可能无法解决，我们会再考虑一下你的情况，有消息会通知你，非常感谢。"但大家心里都清楚，王燕已经没有机会了。

请你结合本章所学到的内容，分别对这两个案例做出分析解答。

（1）案例 2 里，王燕最大的问题是什么？

（2）假如你是面试官，在听到王燕关于户口事宜的回复之后，你还会录用她吗？

第6章　求职心理调适

我国普通高校毕业生由2003年的212万人增加到2012年的680万人，大学生就业压力骤增了许多。每一位毕业生都想找一份薪资好、工作环境比较舒适的好工作。但是，因为毕业院校及专业的差别，一些所谓的“好工作”刚开始招聘就被“哄抢而光”。因此，一些大学生在求职过程中出现焦虑、自卑等心理问题，这在所难免。如何正确面对求职中的心理问题以及如何调适，我们将在下面的内容中进行讨论。

6.1　求职过程中常见的心理问题

人的心理需要一种微妙的平衡，太过自卑或自信，太过急躁或优柔寡断都是不好的心态。大学生在求职过程中，因为压力过大或期望值过高，常见的心理问题有焦虑、自卑、怯懦、抑郁、逃避、偏激、自负、嫉妒、依赖、攀比和盲从等。

1. 焦虑

求职过程中，焦虑心理是非常普遍的。从投递简历到笔试、面试，这一项项等待的过程，让求职者很容易产生焦虑的心理。他们焦虑是否会得到这份工作，笔试中是否出现失误，面试时出现的细节是否被主考官否定，诸如此类。有的同学甚至焦虑得夜不能寐，引发职前焦虑症。

【案例】

从临近毕业的半年起，尹晓亮就重复着“参加招聘会—投递简历—笔试—面试”的过程，在一次次的被拒绝中，日趋沉重的焦虑替代了他原本神采飞扬的自信，也影响着他择业的思路。他虽然不停地修正自己的择业目标，仍然发现离目标越来越远。他开始心悸，有时候还失眠。为此，他开始抽烟、喝酒，需要借助酒精来缓解自己的焦虑，但是无济于事，他变得脾气暴躁，健忘，经常做事做到一半就发呆，还常常跟身边的人吵架，一度产生厌世情绪，甚至想到过自杀。好在后来经过好友的劝说，又加上一份工作的到来，他逐渐恢复了原来的活泼自信。他回忆起那段日子，这样说：“基本每天就在焦虑与烦躁中度过，每一分每一秒都是煎熬。”

导致焦虑的根本原因是心理脆弱，一旦被用人单位拒绝，就会对自己的能力产生怀疑，变得非常焦虑。因此，大学生应该及早对自己的职业生涯进行规划，针对自己的不足之处进行弥补和改进，以最充实的备战状态来面对求职这场硬仗。另外，要树立正确的就业观，先就业后择业。刚毕业的大学生就业时，通常不太可能一步就达到理想状态，所以大学生要接受现实，认清自我，避免陷入焦虑的情绪中去。

2. 自卑

职场竞争越来越激烈，一些用人单位对学历要求越来越严苛，明明高职高专毕业生就能胜任的工作非得要求本科学历，本科生就能做得来的事非得要求研究生。面对这些情况，有些求职者觉得自己在毕业院校、专业知识、综合素质等各方面都不如人，再加上求职中各种屡战屡败的惨痛经历，因而产生严重的自卑感，以致对于自己明明能胜任的工作，也不敢大声说“我能行”。

【案例】

原辉已经在准备第五次面试了，可是一进到面试现场，他就感觉全身冰凉，手脚都不知道往哪儿放，眼睛更不知道往哪儿瞅，他不敢正视面试老师的眼睛，每次都低着头。回答问题时，声音小，还经常会卡壳，对平时非常熟悉的问题也回答得结结巴巴，甚至还出现过答非所问的现象。这样的状态肯定很难过关，虽然这已经是第五家单位的面试了，可是每次他都失败在面试上，结果形成恶性循环。为此，他非常地懊恼，但是自己又没有好的办法去克服，只好求助于心理咨询师，希望通过心理干预来改变这种自卑心态。心理老师给他指出了强化场景训练的疗法，让他把自己的优点、特长用纸写下来，增强自己的自信心，力求产生自傲与自负甚至自大的心理，然后在面试中折中回来，就能恰到好处地去除自卑心态。经过一段时间的训练，原辉对自己第六次面试有了充足的信心。

自卑产生的原因很多，例如有个人原因、家庭原因、社会原因等，但主要还是个人心理因素居多。有的大学生原本在求职上具有一定的实力和优势，但因为自己所选的岗位竞争比较激烈或者用人单位招聘名额所限，求职一次次失败，以致失去了信心，觉得自己不行，不如别人优秀。找到自卑的源头，就会有效遏制自卑感，重新找回信心，发现优点，努力为下一次求职冲刺。

3. 怯懦

大学生在求学期间，毕竟以理论学习为主，没有太多的时间实践技能。往往在求职时，因为缺乏实际工作经验，担心说错话给用人单位留下不良印象，因而小声说话或者不敢说话。

【案例】

虽然都想给用人单位留下好印象，可是往往求职时，克服不了心理上的怯懦，丑媳妇不敢见公婆，打好的腹稿说得语无伦次或者根本就没敢表达出来，小张就是处于这样的一种状态。小张生长在农村，父母都是老实巴交的农民，没见过什么世面，他和姐姐上学的学费还是好心人给捐助的。因为家境贫寒，大学三年小张勤俭节约，几乎没添置过什么衣服。看着周围家境优越的同学今天一个 iPhone 明天换个 iPad，好多新奇的东西他都不敢去碰触，生怕坏了赔不起，久而久之就形成了怯懦的性格。人没钱就没底气，说话似乎也不硬气，一次次的忍让形成他今天的性格，基本成了个隐形人，怕被人重视。应聘是一个人的事，生性怯懦的他面临巨大的挑战，尽管他努力改变自己，但收效甚微，在求职的路上他不知道还要走多久。

谨小慎微几乎是像小张这样的学生的通病，生怕自己的一点点儿出格影响了他人，或不被认可，把自己缩在自己编织的壳里，努力成为隐形人，这种状态最多能存在于校园当中。人是社会的人，一旦大学生毕业迈进社会，就一定会面临竞争，太过怯懦的性格必将导致竞争的失败。正确认识自己的不足之处，发现自己的优势，扬长避短，努力争取未来的一席之地，用勇气战胜怯懦。

4. 抑郁

有的大学生因为在求职中屡屡受挫，认为即使自己再怎么努力也不会被用人单位认可，既然一切都无济于事，索性不再有动力，陷入抑郁中去。

【案例】

调查显示，巨大的就业压力对大学生生理、心理以及行为能力都产生明显的负面影响。正处于求职中的刘皓最近食欲不振、精神萎靡、失眠，每天都处在担心和郁闷中，做事效率低，什么都不想干，明明必须为面试做一些资料收集，可一打开电脑，他就发呆，吃饭也没胃口，经常一天一顿饭就觉得吃饱了，生活规律紊乱。他的叔叔是个心理咨询师，告诉他，这样的状态是典型的“就业抑郁症”，需要进行心理抚慰。叔叔与刘皓深入沟通后才知道，最主要的原因是有一次在招聘会现场，刘皓好不容易挤到展台前，将简历递给工作人员，谁知道工作人员不仅爱理不理，还当着他的面将看完的简历直接扔进了纸篓里。这样的行为深深刺伤了刘皓，每每想到这件事，他便感觉到悲哀，觉得活着没意思，以致加重了抑郁程度。

金融危机的余温导致就业机会的稀少，再加上每年递增的毕业生人数，令众多大学毕业生感觉到“僧多粥少”的压力，大学生未谙世事的脆弱心理经不起忽视与冷漠，就业的不确定性以及对未来的未知与惶恐，都会造成“就业抑郁症”的产生。大学生只有增强信心，舒缓压力，增强承受力，才能勇敢面对就业中的种种不确定性，远离抑郁。

5. 逃避

逃避实际上就是一种抵触心理，大学生从相对比较纯净的校园中走到社会中来，会发现社会竟然是如此错综复杂，特别是看到一些社会的阴暗面，自己不想面对，只想回归到校园的纯粹中去，产生一种逃避心理。

【案例】

临近毕业之际，同学们都纷纷开始找工作了，但林星却一直在宿舍里看韩剧和美剧，或者睡睡觉，别的同学还以为她已经找到工作，现在可以高枕无忧了呢。但后来隔壁的黄玲找到她，才知道，原来她连一份像样的简历都没有制作完成，更别说去参加校园招聘会和企业的职业宣讲会了。她害怕找不到一份好工作，她讨厌自己去投简历时或者面试时遭到别人拒绝的感觉，她更担心自己找到了工作却不喜欢，而就这样过一辈子。所以，对于未来，林星现在是一片迷茫。其实，她也非常羡慕一些同学能够勇敢地去尝试，成为“面霸”也在所不惜，但她不敢。她自己也不知道自己在做什么，好像这样拖下去就会有结果一样。她觉得自己现在就是在逃避，但她又没有别的办法可以令自己解脱。听了她的话，黄玲非常地担心，其实黄玲也还没有找到工作，而且黄玲各方面的条件还不及林星。于是黄玲对林星说，这世界上哪可能有那么多高人呢，其实都是普通人，在工作中慢慢锻炼出来的，就现在而言，谁也不比谁强太多，所以大家应该去竞争一下，看到机会也不抓住，怎么可能有好结果呢？林星现在的当务之急就是赶紧制作好简历，然后跟她一起积极去找工作。林星这才心里好过一点儿了。

对于大学生，在就业时，要树立正确的就业观念，不要给自己定过高的门槛，也不要盲目从众、随大流、自己没有主见。面临选择的时候，要学会自己分析问题，严谨认真地对待就业中的选择性问题，这样才不至于错失良机或者匆匆签约，以后后悔。

6. 偏激

大学生在求职过程中，偏激心理很严重——非常容易固执地认定某种职业一定很好，或者某种方向一定能走向成功的未来，而自己也要克服重重困难赢得胜利，但最后多半都是大失所望。其实这都是大学生没有认真去审视自己和审视未来的结果，被一些道听途说或者固有观念所影响。

【案例】

小韩一直非常钦佩隔壁家的小张哥哥，大学毕业以后只工作了两年就买了房，买了车。一次他向小张哥哥请教如何能快速成功，小张哥哥说，去卖保险，准能发大财。一心想证明自己实力的小韩，听后热血沸腾。他暗暗下了决心：一定要像小张哥哥那样，要让看不起自己的人都开开眼！

但小韩从小就比较内向，在公共场合不擅表达自己。一次开班会，老师点名让他发表自己的看法。他一紧张居然第一次口吃起来，在那之后，只要遇到紧张的场面，小韩就条件反射地犯口吃。

保险销售其实是一种最血拼的销售，没有业绩就拿不到工资，这样的工作不是每个人都能干得来的。但是小韩他只一心想要成为一名出色的保险业务员，他认为靠自己的努力，一定会成功的。

于是，小韩还未毕业就去保险公司应聘了，当然，他也顺利成为一名保险业务员。但接下来的日子却是很难过：由于家在异地，本城并没有什么人脉，卖保险很是吃力，做了很多陌生拜访，但是连连受挫。连续三个月，业绩都是挂零。看他实在不容易，他家亲戚给他“赞助”了一单。之后的几个月又没有业绩了，小韩终于熬不住了，不到半年便黯然退出了这个曾让他热血沸腾的行业。

有很多大学生都和小韩一样，会存在某种偏激的思想，认为某种出路一定很好，或者某种出路一定不好。但是往往会忽视自身的缺点，只看见前人的成功，不懂成功背后的辛酸，以为靠一腔热血，就会成功，这种偏激的想法，终会碰壁。要懂得克服自身的缺点，汲取成功的经验，走属于自己的人生路。

7. 自负

有的大学生在学校是校干部、风云人物，再加上自己所学专业比较紧俏，自身条件好，有不少单位有意签约，因此容易自信过头，产生骄傲心理。结果，在求职的路上如同猴子掰玉米，总希望挑到更大的，最后错失良机，让别人捷足先登了。

【案例】

邱朗就读的专业市场需求旺盛，自身条件好，在就业中占据一定的优势。这一切养成了他颇为自负的心理。但是，现在中国的高等教育中专业很少具有唯一性，不是非我莫属，因此，如果自身不积极主动，机遇就会拱手让人。邱朗在求职时，不但盲目自信而且过分挑剔，对岗位的期望值相当高，要求不仅收入丰厚，社会地位好，还要工作轻松等。似乎每一个适合他的岗位都有些许不足，工作环境好的不是一线城市，收入丰厚的工作强度又高，他左右为难，迟迟没有签约，等他回头来想着屈就时，却发现那个岗位早已经被其他同学收入囊中。

自信是优点，过于自信就是自负了。某名牌大学硕士研究生张某在参加某地方电视台《非你莫属》职场栏目时，因表现得过于高傲，遭到众多企业老板的围攻。可见，自负在就业中不可取。自负只会令自己眼高于顶、目空一切，从而失去眼前的机会.

8. 嫉妒

有人的地方就有斗争。幼儿园小朋友会因为嫉妒老师发给别的小朋友一朵小红花，而故意弄脏对方的衣服，更别说成人了。在求职过程中，同班的同学在自己之前找到理想的工作，就会产生一种羡慕心理，转而联系自己，心有不甘，甚至怨天尤人，有的还在背后拆台做手脚，或者诋毁求职成功的同学，这都是嫉妒心理的表现。

【案例】

某地方电视台需要招收两名有表演经验的学生做新闻类节目主持人，得知这一消息，某校表演系的毕业生都跃跃欲试。众多精英参与竞争时，机会就是能者上。平时成绩中等，但应变能力强、普通话较好的娜娜取得了这个机会。

娜娜的同学有的羡慕，有的嫉妒，真心祝福的也有。其中一名叫婷婷的女生，因妒生恨，居然失去理智，认为娜娜在这次应聘中有黑幕，在同学中传播娜娜和主考官有潜规则一说。因为影响面较大，导致娜娜一度起了轻生的念头。后来娜娜的妈妈报警，查到源头，居然是表面上和娜娜关系比较好的婷婷。据婷婷讲述，是因为她认为自己各方面条件都比娜娜好，凭什么娜娜能被录取，自己却不能。

鉴于婷婷散布谣言，对娜娜造成了一定的精神伤害，幸而没有严重后果。派出所人员对婷婷进行了批评与教育，再加上婷婷认罪态度诚恳，主动为娜娜辟谣，并且赔偿了娜娜一定的精神损失费，娜娜也原谅了她。

嫉妒处理得不好就会伤人伤己，处理得好就会化为成功的动力。化嫉妒为动力才是明智之举，大学生在遇到自己不能理解或者认为不公平的事情时，先不要问“凭什么”，首先要问自己“为什么”，然后想想“怎么办”，才不会意气用事，惹出祸端。

9. 依赖

依赖这种心态往往产生于独立性较差的大学生身上。因为从小学到大学，父母包办了许多事，自己习惯于在温室里生活，不愿意去面对社会竞争，完全依赖于父母、亲戚营造出来的保护伞下生活，希望通过他们给自己找到一份稳定的工作，这也是一种不健康的心态。

【案例】

杨成龙，看这名字就可以想象父母家人的期许。十几年来，他几乎过着衣来伸手、饭来张口的生活，父母对他唯一的要求便是好好读书，其他的"杂事"不用他劳心。大一的时候，一到周末，他父母就来到学校，帮他进行大扫除，连带得整个宿舍都干净整洁了许多。每次父母都能从他床上搜到不少臭袜子。这样的生活令他产生强烈的依赖感，同学们都觉得他不成熟，偏幼稚，是传说中的"高分低能儿"。可是他和父母均未意识到这样下去后果的严重性。临近毕业，他参加过两次招聘会，皆因不知如何决定，告诉主考官"我回去跟我爸商量一下"而被淘汰，主考官都表示，难道该学生要把爸爸带在身边一辈子?

经历过两次失败的应聘，杨成龙不再把自己置于求职的风口浪尖，他每天在宿舍里玩着最喜欢的游戏《穿越火线》，等待着父母为他找路子觅求一份稳定的工作。

都说大学是先成人再成才，像杨成龙这样的孩子，在目前我国独生子女家庭中并不少见。就如主考官所言，父母以及其他任何人都不可能跟着自己一辈子。人的一生，有一半以上时间，是需要自己单独度过的。一个没有主见的人，是不会有幸福的人生的，因为，他的人生永远在别人的规划中，自己只是在实现别人的理想。

10. 攀比

攀比心态似乎在国人中颇为大众化，你买个 50 平方米的一居室，我得买个 80 平方米的两居室，他得换个 130 平方米的三居室，不管需要，只管面子。不少大学生也存在这样的心态，在求职中，同学或好友的工作比自己好了，为了面子，不管自己的实际能力，一定要比对方好，因此，会为此重新设计自己的求职目标，得陇望蜀，最后反而错失了理想工作。

【案例】

谢兰应该是就业大军中的幸运儿，她是学机算机专业的，但是因为互联网的普及，她的专业一点儿不占优势。幸好她和同学们为了就业，一起考了一些其他证书，还选修了行政管理专业。她与另一所大学的张鸣共同竞争一家企业的行政管理岗位。说实话，不少用人单位在招人时有一定的性别选择，多数认为女学生要面临结婚生子等问题，会影响工作，而男生却没有这些麻烦。因此，尽管谢兰比张鸣综合条件略好一点，但用人单位更倾向于张鸣。

再说这张鸣，个性比较要强，上学的时候就什么也不甘落后，宁愿两个月啃方便面，硬是省钱买了个 iPhone 4，这样的意志，不是每个人都有的。这一次应聘，原本张鸣对这个工作岗位志在必得，应该说是没有谢兰的机会的。可是，就在前两天和同学小聚时，张鸣发现同宿舍有两个同学找的单位都比较好，他的攀比心理又开始作祟。左思右想，不能在同学中失去面子，这家企业虽然待遇还不错，可在同学们中比起来不够体面，为此，张鸣还是决定放弃这个即将到手的工作岗位。而谢兰就这样“捡到”了这份工作。

得失仅在一念之间，谁又能知道张鸣的下一份工作一定会是体面风光的呢？人们常说劳动最光荣，其实做什么样的工作仅仅是个分工的差别，劳动没有高低贵贱之分。获得一份工作不容易，仅仅为虚荣的面子问题，为了在攀比中取得优越感，而放弃原本自己努力想要获得的一份工作，似乎太得不偿失了。

11. 盲从

大街上经常看到不知道为什么人家在排队，自己也边排队边问别人干什么，这就是盲从现象。有的大学生具有较强的依赖性，独立自主性较差，在就业找工作时，不考虑自己的兴趣爱好，一味从众，什么工作热门就去做什么，根本不去思考自己能否胜任，是否有发展空间，仓促签约，最后发现不适合的时候就毁约或者离职。

6.2 心理调适的常用方法

现如今的大学生求职时拼的不仅仅是专业知识水平和专业技术技能，还要拼个人的综合素质，尤其是心理素质。同一个岗位有两名专业水平相差无几的应聘者，胜出的往往是心理素质好的人。因此，大学生在掌握求职技巧的同时，不要忽视心理问题，面对就业双向选择的时期，学会进行心理调适，让自己始终处于一个良好的、积极的心态，对自己的就业将会有莫大的帮助，同时也有利于自身的健康。心理调适的办法有许多种，下面给大家介绍一些常用的方法。

1. 适度宣泄

对于舒缓压力，有一种极为简单的办法，就是跑到一个空旷的地方，对着远方大声喊“啊——啊——啊”，既简单又有效。当然了，最好的办法还是倾诉。大学生当发现自己因为求职显得焦虑不安、烦躁易怒时，就应该找父母或者朋友倾诉自己的感觉，这也是舒缓压力的另一种较好的手段。不要小看这些微小的心理问题，积少成多，一旦爆发，后果可能不堪设想，严重的还会导致精神崩溃。很多乐观开朗，看着没有压力的朋友，他们往往都会及时找好友倾诉、帮助，不把问题积压在心底，积成后患。其实大家都知道，如果把烦心事和朋友或者家人诉说出来，不管能否解决眼前的问题，至少心情会好许多。朋友是用来分享的，不一定非得是快乐的事，烦恼也可以分享。

【案例】

近年来，就业压力只增不减，令许多高等院校也开始重视减压。为此，2012年年初，某高校举办了一场以“宣泄情绪、缓解压力、共建和谐校园”为主题的大学生拓展训练活动。报名参加这次活动的大学生非常多，刘杰就是其中一名。他说此次拓展包括“直呼其名”、“信任背摔”、“心电感应”、“争金夺银”等训练项目。令他记忆犹深的是信任背摔，这项活动早已广为人知，基本上拓展训练上都有这样一个项目，受训者从1.6米高的高台上，笔直地背朝下倒下，其他队友用双手一起接住他。这个游戏能增强队友之间的信任感及团队精神。学校通过这样的活动，让同学们宣泄了情绪，缓解了压力，刘杰说他永远会记得毕业前的这场拓展训练的，他相信他可以坦然面对就业的压力。

无论是运动缓解压力，还是找朋友倾诉，都是适度的宣泄，这样的宣泄避免了不当情绪在内心的积压，合理调整心态，迎接下一轮挑战时将信心倍增。大学生在遭遇求职压力时，不妨适当外出，参加团体活动，将压力宣泄出去，让自己始终处在一个良好的状态中。

2. 自我反省

每个人面对生活压力、就业压力、情感压力时，表达的方法不一样，想法也不太一样。有的大学生面对就业压力时，一味地埋怨社会给大学生的压力过重，不去思考为什么自己会有如此大的压力，为什么有的人却没有什么压力。其实，遇到困难时，要冷静思考，重新为自己定位、规划未来。去思考自己就业失败的原因，正确看待自己的优势与劣势，不要怨天尤人，埋怨自己父母没本事、自己没背景、专业没前途等。三百六十行，行行出状元，这是大家都明白的道理。

【案例】

2012年1月的某一天，小萱收到了广西某学院的应聘通知，去该学院应聘一个教师岗位，学院要求的是动漫设计与制作专业的教师。虽然小萱之前投的简历上写明了自己的专业是教育技术学本科专业，可幸运的是他还是收到了该学院的面试通知。

1月10日，小萱从安徽亳州坐火车去广西的那家学院准备面试，可以说是横跨了大半个中国，全长两千六百多公里，这趟火车一坐就是二十多个小时。到了广西下火车，她还要再坐一个半小时的汽车才到那家学院。到了那里，一位姓王的老师接待了她，王老师对小萱还不错，还请他到家里吃饭。吃过饭之后小萱就去了学院安排的招待所休息，准备第二天的面试。

第二天，小萱准时来到面试地点。应聘程序很简单，是机试加试讲，机试也很简单，是处理一幅图片和Flash动画的制作，小萱两三分钟搞定。在接下来的试讲中，小萱从Photoshop的基础说起，可是当讲课讲到十分钟时，一位面试老师突出打断她，问了好几个问题，小萱自认为回答得头头是道，应对如流。

应聘结束后，院长通知他，一个星期后等人事处通知面试结果。可这一等就是一个月，小萱急得跟什么似的。好不容易等来了结果，学院的答复是面试没通过。小萱问为什么，答复的女老师说那是考查组的事情，她也不太清楚。小萱又打电话问接待他的那位王老师，不知道是小萱的耳朵不灵，还是那位王老师的声音确实太小，小萱只大概听到一个原因：专业不对口。

专业不对口？听到这个借口，小萱当时就抱怨起来了：专业不对口，你们让我去面试？我简历上写的什么专业你们没看见吗！花费一大把的车费不算，还耽误了多少宝贵的时间，简直就是精神上极大的折磨！

王老师没过多地说什么。冷静下来的小萱也开始反思自己："其实也没那么多好抱怨的，因为当时天气特别冷，我穿着羽绒服过去的，可能是显得不太正式吧，也或许是有户口限制吧，或者是所读学校有什么限制。最有可能的是学院认为我能力不够。不过最后这一点，小萱倒不太认同。现在的单位大多一看学历，二看简历，三看专业，四看户口，五看所读学校，六还要看人际关系呢。真正只看能力不看其他的单位实在是奇缺啊，俗话说"世有伯乐，而后有千里马。"如今伯乐少了，千里马自然就少了。

可是再一反思，伯乐虽然少了，但总归是有的啊。所以说首先自己得是一匹千里马，然后才有可能被伯乐发现。那些"此处不留爷，自有留爷处"的话，其实都只是失败者的心理安慰，下次再应聘，就一定要抱着"此处一定要留爷"的决心去应对。

人人都会有各种挫折和失败的经历，不可因为一两次的挫折就从此一蹶不振。反思挫折，纠正错误，这也是一个学习的过程。只有认真反思才能获取自信，而只有自信和奋斗才能成就未来。

3. 培养自信

在就业过程中屡遭失败，这是大学生自信心减弱、自卑感增强的主要原因之一，因此而产生怯懦、逃避、冷漠的消极想法也不在少数。自信心是前进的动力，是成功的保障，因此，我们在做心理调适时，培养自己的自信心是极其重要的方面。

【案例】

从前有两个人，他们在沙漠里迷路了。这两个人，其中一个已经结了婚，并且有子女，他觉得，自己不能放弃，不能死在这里，不然妻子和孩子都失去了依靠。他坚信，自己一定能够顺利走出这片沙漠，与自己的家人团聚。于是他一路上都做好了计划，节约饮水，并且想出各种各样的方法辨明方向，最后竟然真的靠自己的努力走出了沙漠，投入家人的怀抱。另一个人，是个刚步入社会的年轻人，从小就受到父母的疼爱，没吃过什么苦，没受过什么累。他很难过，没有了父母做依靠，怎么才能走出这片沙漠。他一边彷徨一边往前走，没有走多久，他就失去了全部的信心，他觉得，父母不可能来救他了，而他肯定会干死在沙漠里，于是他喝完水后就坐在那里不动了。后来，当他的父母和营救人员找到他时，发现他离沙漠边缘其实只有3000米不到，因为他自己放弃了寻找出路，所以注定他失去活下去的机会。

大学生就业时，就好像沙漠中的这两个人。有些人因为知道自己身上有责任，所以即使条件恶劣，他们也选择坚持下来，他们自信未来一定会有出头之日，而不畏惧现在的困难和心理问题。而有些人从来只知道依靠别人，等到自己遇到困难的时候，所想的就是等待别人的帮助，而不是自己给自己打气，给自己信心，让自己坚持下来。希望大家都能够成为前者，多用身上肩负的责任来鞭策自己，多给自己一点信心，相信自己一定可以。

4. 正视挫折

对于乐观的人来说，挫折也是生命的礼物，是激起斗志的基石，是鞭策前进的动力。所有成功的人士，无不是一路伴随着挫折走来。

大学生在求职期也会遭遇各种各样的挫折，但这仅仅是人生的一个小小打击，后面的路还长着呢。如果眼前这点小挫折都解决不了，以后怎么面对人生的大风大浪？在面对挫折感觉惊慌失措、怯懦抑郁时，就要想办法去调整心态。要把挫折视为正常现象，以积极进取的心态认真总结，不断努力，反复尝试，最终实现职业生涯目标。

【案例】

梦佳站在七楼的楼顶，手摸着兜里那半瓶安眠药，正在生与死的念头间徘徊。这时，电话响了，是小时候的玩伴、长大后的、挚交王豪打来的。梦佳接通电话，是小王问她面试的结果怎么样。梦佳一听，眼泪忍不住就掉了下来，王豪在那边慢慢劝导，轻轻安慰，告诉她："真的找不到工作，咱俩就像小时候说的，开个超市，自己可以随便吃店里的零食。"一番话让求职屡次碰壁的梦佳心里豁然开朗。是啊，小的时候，梦佳和王豪经常在一起玩，总是羡慕地看着路边小店或者超市里的零食，梦想开个店可以自己随便吃。现在竟然被眼前的挫折难倒，小时候的梦想还没有实现呢，实在不行，真开个小店又怎么样，说不定也会越做越大呢。当梦佳告诉王豪自己差点想不开时，王豪在电话里告诉她："知道为什么我一直喜欢和你玩吗？小时候有一次我们玩游戏，爬那个院墙头进去摘枣，是你鼓励我一定能爬过去，我永远记得你在阳光下鼓励我的样子。所以，梦佳一定是个能坚持走向成功的女孩！"梦佳再一次落泪，不过这一次是感动得落泪。她告诉王豪，她一定会克服困难，寻找到合适的工作岗位的，自己永远是那个充满信心、不畏挫折的梦佳。

现代独生子女从小到大，家里几乎有求必应，平时又不承受生活的压力，可以说是在温室里长大的。当他们就业受挫时，很容易丧失对生活的信心，悲观失望，逃避社会，选择轻生这条路。历年来，几乎每年都有因就业受挫而轻生的报道，无疑我们的心中应该敲响这个警钟，珍爱生命，永不言弃。

5. 保持乐观

爱因斯坦说过："真正的快乐是对生活的乐观，对工作的愉快，对事业的兴奋。"不管是为人处事，还是工作学习，都需要有一个乐观的心态，相信事情一定是往好的方面发展的，多参加一些娱乐活动，比如桥牌、沙龙、联谊会等，通过参加这些活动，可以交朋识友，陶冶情操，还可以将就业压力转移，一举多得。同时要积极参加公益活动，努力帮助他人，别人得到你的帮助会表示感激与信任，而自己将会在帮助他人中得到认可与快乐。大学生还年轻，生活才刚刚起步，应该拥有乐观的心态，在困难来临之际，不退缩不彷徨，坚强面对，笑对人生。

【案例】

冯书承来到某电子公司仅仅一个月，就博得全公司上上下下的好感。要问他有什么秘诀，他说就是乐观。乐观的人总是持积极的态度去做事。无论在什么情况下，他都把自己视为公司的一员，不把自己置身事外。在工作中积极主动，有思想，善于与同事合作，虚心请教，耐心钻研，热心助人，诚心工作。这样的人，老板和员工有几个不喜欢的？冯书承所在的电子公司是个小公司，但是小有小的好处，仅仅一个月时间，冯书承便有幸熟悉了公司所有流程，并且接到一个独立开发的 Case，这对于刚进入行业的他来说，无疑是非常开心的事。相比他的同学，虽然进入大公司却与各项设计无缘，只能为公司的老手打下手，真的是幸运太多了。冯书承很庆幸自己当时没有一味地朝钱看，非要求大公司高待遇不可。他相信，只要在现在的公司做上五年，他就可以自主创业，实现自己的人生梦想。

都说心有多大，舞台就有多大。冯书承是个乐观的人，他相信有梦想就能实现。而且人最快乐的是创造财富的过程，而不是创造财富的多少。有的大学生勉强进入小公司之后，不是怨天尤人，就是无所事事，当别的同学积累经验准备创业之时，他才发现，自己把大好的时光和机会都白白浪费掉了。

6. 其他方法

现代人生存压力大，尤其是刚毕业的大学生，因为年轻没有经验，感觉到求职压力大时，往往会胡思乱想，严重的甚至心悸、失眠，对事情总往悲观的方面去想。这时候，还有一些辅助措施能够帮助在求职过程中遇到心理问题的大学生。这些方法包括深呼吸、户外运动、合理安排膳食等，它们是缓解心理问题非常有效的方法。

【案例】

肖倩回到故乡，没有找到合适的工作，心里很是烦闷。还好县里招聘大学生村官，经过努力她真的成为其中一员。可是大学生村官也不是光嘴上的活，没有在农村里和农民打过交道的肖倩，确实费了不少力。光为了普法宣传，她便累得嗓子哑，很多村民不配合，把发的普法书扔厕所里当手纸。后来的选举也是大费周折，差点没把肖倩给整疯了。每当此时，她就想起做深呼吸，并且到家乡小时候经常嬉戏的地方做一点儿简单的运动，看看远处的山和水，想象自己是天上的鸟儿或者是水里的鱼儿。她不再像之前一样，早上吃顿饭，然后不知疲倦地劳累一天，后来一到饭点，她就和同事或者村民们好好吃一顿，吃饭时间也是很好的交流时间。而当她在傍晚把所有的事情都做完后，站立，放松，深吸一口气，再呼出来，一下子人就会轻松许多。而晚上，任务再多，活儿再重，她也喝杯牛奶好好休息。白天把工作安排好了，晚上自己睡得好。吃好睡好运动好，身体健康，精神自然好，工作起来效率也高。就这样，在当大学生村官的一年时间里，肖倩从来没和村民们发生过矛盾，赢得了村民们的信任。而她更爱这些村民们，立志要扎根农村，为他们服务终生。

缓解压力的办法其实很多样也很简单，有的时候，一个简单的动作或者一个小小的举动，都能令自己压力减半。与此同时，保持良好的心态是非常重要的。无论做什么工作，首先要沉下心，把自己融入工作中去，才能取得好的效果。

案例点评

【案例1】

萧萧出生在一个殷实的家庭，父母都是公务员，自己又是家中的独生女。所以从小到大，父母对她是百般溺爱，疼爱有加。可以说，萧萧从小就过惯了丰衣足食的生活，因此谁要是让她吃一点儿苦，那就等于是犯了天大的错误。

转眼，大学毕业的萧萧面临着就业问题。找工作前，萧萧就为自己定下了“四不去”找工作原则：不去偏远地区工作；不去条件艰苦的地方工作；非一线城市不去；非省会城市不去。按照她的要求，萧萧的父母托关系为萧萧联系了一家不错的单位，这家单位工作不累，待遇也很优厚，几乎所有条件都符合萧萧的要求。

但是萧萧才上了半个月的班，该公司经理就将萧萧辞退了。不为别的，这半个月来经理发现萧萧在单位里，工作懒散，积极性不高，对领导安排的工作总是挑三拣四的。最让人受不了的就是萧萧怕吃苦，稍微累点的活她总是找各种理由推脱。没办法，公司招的是工作的员工，不是微服私访的公主。

点评：

有人说90后是扶不起的一代人，这种说法也是有一定的根据的。如今很多学生都是从独生子女家庭出来的，从小是在家里几代长辈的关怀下成长起来的。相比经历过各种时代变迁的老一辈来说，90后确实没有经历过什么大的挫折，很多90后面对挫折时显得过于脆弱。如同案例里的萧萧，她的那所谓的“四不去”如果坚持下去，最后的结局只能将自断绝路。试问，不吃苦的人，又如何体会甜之滋味？

【案例2】

朱静看上去是个坚强勇敢的孩子，不过实际上她并不是大家所想象的那样。高考时，她就出现过严重的心理问题，导致她的腰部一直处于抽筋状态，而且夜里根本睡不好。家里只好找专门的按摩师来帮她治疗，还做了针灸，情况才好一点儿，虽然她也考上了大学，但不是很理想。她以为可能一辈子只会经历一次这样的情况，但谁知道，她现在面临就业，老毛病又犯了。她的压力突然就大得有点让她承受不来，腰部又开始抽筋，并且伴随着失眠还有盗汗。家里人都紧张坏了，她本人也非常痛苦。后来她一边去做专业的按摩，一边去心理咨询机构找解决方案。在陈老师了解情况后，先是给朱静了一些鼓励，然后告诉她，人生当中，是会遇到一些困难的，表面上看，它们是阻挡你的障碍，但其实是你自己的心理出现了障碍。这些障碍很大一部分是因为你背负了责任，背负了父母和亲朋好友的重望，你不愿意辜负他们，但你又缺少自信和一些能力，从而造成了你现在的压力。你所遇到的情况，很多人都会遇到，你应该放松下来，保持乐观，人生还很长，工作早晚都会有，你要令自己变强，而不是令自己在别人心目中的期望变高。等到物理治疗有一定成效的时候，就要适当地锻炼身体，把现在的问题暂时抛开，把目标碎片化，一次只走一小步，那么未来就能走出一大步。听了陈老师的话，朱静感觉好多了，她决心要按照陈老师所说的去做，释放压力，让自己喘口气，然后继续上路。

点评：

在求职的很多时候，大学生身上背负着很重的压力，这些压力来自父母的期望，来自自己对于理想的追求，还有可能是自己自视过高。这时候需要去释放一下，而不是令自己更加沉重。多跟专业人士、长辈去聊聊天，放轻松一点儿，这样能起到非常好的缓解压力的作用。要积极地做好心理调适，一旦发现自己有不正常的心理问题，就要及时地进行疏导。这些都是能帮助大学生顺利找到工作的重要环节。

【案例 3】

从前有两兄弟，他们的年纪很小，只有四五岁。因为他们卧室的窗户整天都密闭着，所以他们觉得屋内实在有点太阴暗了。当他们看见外面灿烂的阳光把世界照得亮堂堂的时候，十分羡慕。于是两个兄弟就商量一起把外面的阳光扫进来一点，他们就拿着扫帚和畚箕到阳台上去扫阳光。但等到他们把畚箕里的阳光搬到房间里时，他们发现里面的阳光忽然就没了。兄弟俩这样来来回回扫了七八次，卧室里面还是没有一丁点儿阳光。这时候他们的举动被妈妈看见了。妈妈好奇地问他们，这是在做什么呢？他们回答说，卧室太暗，他们想扫一点阳光进来，可是怎么扫，阳光好像都不希望到卧室一样，卧室现在还是黑洞洞的。妈妈笑着对这两个傻孩子说，你们只需要把窗户打开，阳光就自然会进来，何必去扫呢？

这个故事也许很荒唐，但大学生在求职过程中，处理自己所遇到的心理问题时的做法，就正如同这两个兄弟一样。如果大学生不能把封闭的心门敞开，即使外面有再多阳光，也无法驱走心中的阴暗。也许大学生不能改变用人单位的看法，也没有办法马上就获得高薪水和高职位，但可以改变自己，可以选择打开窗户，让阳光照进来，然后再慢慢从黑暗的卧室走出去，走向阳光，走向未来。

素质拓展

拓展 1

波尔是一个漂亮小伙子，长得一表人才不说，学习成绩及综合素质都不错，在大学里，是许多女生倾慕的对象。但是毕业时，波尔这届毕业生赶巧碰上了经济危机。就业压力陡增。不过像波尔这种优秀人才按说找份好工作还是不难的。

可天不随愿，他去了很多家公司面试，最后都被人家一一拒绝，时间一长，波尔未免就开始心情沮丧。他开始埋怨是老天对他不公平，埋怨自己是怀才不遇，为此波尔开始意志消沉。

有一天，波尔在城外的小河边碰见了一位牧师，波尔将自己的痛苦向牧师诉说，以求牧师能为他打开心结。这位牧师什么也没说，弯腰捡起了一块石子扔进了河里，然后问波尔："你能把我扔进河里的石子找出来吗？"

波尔："不能。"

牧师又将自己手上戴的金戒指扔到石子堆里，他又问波尔："你能把我扔出去的戒指找出来吗？"

波尔斩钉截铁地说："我能！"

波尔找出牧师扔掉的戒指，他将戒指交给牧师的那一刻，突然明白了一切！

这是一则题目叫《如何看待怀才不遇》的故事。像波尔这样自认为"怀才不遇"的大学生数不胜数。请结合本章内容，回答以下问题。

（1）这则故事向大家传递了什么道理？

（2）假如你也是一个自认为“怀才不遇”的人，这则故事又带给你了什么启迪？

（3）假如将来你在就业时，遇到和波尔相同的问题，你该如何调适你的心理？

拓展 2

你是否也在求职过程中遇到了一些心理问题？如何化解？请同学们互相讨论，各自还有哪些能调适心理的窍门？

第 7 章　职场情商的培养

情商主要是指人在情绪、情感、意志、耐受挫折等方面的品质。职场情商，简而言之是在职场中处理好职场人际关系的能力。我们常说“七分做人三分做事”，做事的三分靠的是智商，而做人的七分就要看情商了。大部分职场新人都希望自己在职场上能获得成功，能够成为成功人士，可是他们的身上大多会有阻碍其成为成功人士的诸多硬伤，比如人们大多比较有个性，比较自我，喜欢以自我为中心，他们可能很自负，也可能很自卑，有的人甚至是自负和自卑的结合体。只有发自内心愿意接受来自外界对自身的教育和影响，才能在短时间内完善和突破自己。

7.1　职场情商的内涵和重要性

1. 职场情商的内涵

职场情商是个全新的概念，是职场中人的信心、恒心、毅力、责任感、合作精神等一系列素质方面的反映，是职场成功的一切必需的、适当的非智力因素，包括协同力、沟通力、抗挫力、应变力、自我管理力、持久力等一系列职场提升力。正所谓“智商决定录用，情商决定晋升”，职场情商是一个职业人士不可或缺的素质，是我们在职场获得成功的关键。成功与否，智商多高不是重点，重点在于你有多高的职场情商。因此，打造职场情商是人们在新世纪不可或缺的必修课。

【案例】

别看罗凡现在混得有房有车、有模有样——一家颇具规模的公司最年轻的副总，可是就在一年半前，他还为找一份普通的工作而苦苦寻觅。

罗凡本科毕业于一所普通的大学，学的专业是工商管理。大学期间可以说什么都学了，可又什么也没学，一句话：样样通，样样松。加上他还是个没什么职场经验的大学毕业生，所以找起工作来也是颇费了一番周折。

后来，他在一次大型招聘会上看到一家商业房地产公司在招经理助理，岗位听起来不错，可是提供的待遇非常之低，近乎白用人，唯一让他驻足的是这家公司不挑人，只要应聘就可以马上录用。罗凡本来不想将就那么低的条件，可是他已经找了将近半年的工作，别家一听说他没有工作经验，往往连问都不再问就直接把他刷下去了。就北京神州中联教育科技有限公司这样，他进了这家公司，可是进入公司之后，他才明白，所谓的经理助理就是个小杂役，所做的工作包括给公司打扫卫生（公司没有专门负责打扫卫生的清洁工）。

干活多而杂还是次要的，关键的是这家公司的老板脾气非常不好，动不动就发脾气，点火就着。另外，这位老板是苦出身，没读过几年书，非常看不起像罗凡这样大学毕业后眼高手低，只会夸夸其谈、纸上谈兵，却肩不能挑、手不能提的“秧子货”（老板语）。

跟罗凡同来的一些同事因为受不了老板的狗脾气纷纷离职。其实罗凡也想走，可是他知道自己的学历没别人的硬，找工作不易，所以他只能忍，另外，跟他同部门的一个老伙计跟他讲的一句话让他觉得很励志，那位老伙计跟他说“只要你熬得住，就能熬得出。”

一个新进职场的大学生怎么可能在工作上不犯错，况且罗凡又是个比较大大咧咧的人，所以犯的错更多，他一犯错，不但老板骂、上司骂，有时连同事也骂他。

可是为了能“熬得出”，罗凡对这些都“熬住”了，到后来，每当上司或老板骂他，他都会用手机把人家骂他的话录下来，回家后，睡觉前放出来听，分析人家为什么会骂自己，自己究竟错在哪儿？时间一长，他已经不把上司或者老板骂自己当回事，反倒是把自己当成了找破案线索的大侦探，别人一骂他，他脑子里想的第一件事不是怎么反驳而是他为什么骂我，而且他在录音中发现自己被骂大多不冤枉。让同事们觉得更为不可思议的是，有一次，老板骂他是“朽木不可雕”，他竟然把这句话当成手机开机问候语，每天早上打开手机第一眼看到的就是这几个字。

后来，公司投资了一个新项目，是一家大型的购物中心。在开业之前的三个月，老板有些“丧心病狂”地要求公司所有员工早上八点上班，晚上十点下班，任何人不准请假，更没有什么休息日。

刚开始的一个月，大家还挺着，第二个月就陆续有人提出了辞职，到了第三个月公司的几个骨干也提出了辞职，有的人甚至连招呼也不打，直接人间蒸发。

到了最关键的收官阶段，因为急需要用人，公司不得不又招了一批大学生员工，这样一来，罗凡就成了老员工了。因为在一次抢修工作中罗凡做出了突出成绩，老板未经过什么考核就直接把他升为经理（原来的经理累跑了）。

等到购物中心开业时，罗凡已经成为可以站在老板身边照相的公司高管了。

2. 职场情商的重要性

有项调查结果显示，一个人的智商和一个人的情商对他的工作上的贡献度相比，情商至少是智商的两倍以上，而且越往高阶层走，越到公司上层领导的位置，情商越重要，智商与情商的贡献度比例是1∶4～1∶6，所以有这样一种说法——成功人士都是高情商的。作为职场新人，职场情商是大学生在进入职场后很重要的一项修炼任务。

【案例】

张扬参加工作虽然有一年多了，但他依然过得很凄苦。每天任劳任怨、起早摸黑地上班，但月底领到的工资却少得可怜，把房租一交，之后的日子每天都得紧衣缩食地过。再加上他跟公司同事和上司之间的关系也没搞好，在公司里不受大家的待见，总之是郁闷极了。但他既不跟朋友沟通，也不自己适当地调节一下，结果导致压力越来越大。他觉得自己也不笨啊，挺聪明的，为什么就是混不好呢？

他只想放弃，不想过大城市的生活了，他觉得自己再在这里呆下去会发疯的。父母养活他非常不容易，而且现在身体不好，也非常需要他。当他看见朋友过年过节都给父母买这买那的时候，他觉得自己实在太不孝顺了。

后来，他终于找了心理咨询医生，把心里的苦水好好倒了一番。在听完他的叙述之后，医生跟他说，不要太紧张了，他几乎每天都会碰到一个像张扬一样的年轻人，压力太大而不懂得调节自己，在职场打拼又丝毫不得要领，沟通能力不强，情绪失落到低谷。其实这没有什么大问题，这都是因为在学校里待久了，缺乏职场情商培养的结果。这跟智商无关，它也不是天生就具备的，需要一个人特别是初入职场的人慢慢去培养它。张扬在与医生聊过之后，心里放松多了，也知道未来应该从哪些方面做出调整，他想要做一个成功的职业人。

张扬在职场遭遇很多事情，这让他失去了方向。而这种情况主要是因为职场情商不足，不懂得调控自己，不懂得与他人积极沟通而产生的。大学毕业生很容易遇到这类问题，在没有专业人士帮助的情况下，又没有任何职场技巧，很难提高职场情商。其实不必把职场情商看得那么高不可攀，只要注意去培养，每个人都可以具备。

7.2 提高职场情商的基本法则

由于职场情商的缺乏，初入职场的大学毕业生在各方面碰钉子，犯错误。想避免这些错误，需要掌握提高职场情商的一些基本法则，为成为一名成功职业人而积极做好准备。这些基本法则包括认识自我、驾驭情绪、识别他人情绪、学会沟通、注重细节、不怕吃亏、保持低调、保持和谐等。

1．认识自我

职场情商，既然关系到人际关系，就必然存在一个角色定位问题，即面对什么人，自己是处于什么样的一个角色，这也是通常所说的认识自我。如果对自我认识不清，那么极有可能对人际关系的把握和处理不到位，对待领导不像对待领导，对待同事不像对待同事，有时候甚至会影响到客户对自己单位的形象认知。

【案例】

梁重毕业后进入了一家私营企业，这家企业的老总是他的舅舅。舅舅从小就看着他长大，而且对他也非常好，他也非常依赖舅舅。现在，他进了舅舅的企业，理应可以走得非常顺畅了。不过刚进公司的一个月，他还是有点适应不了。他经常没事就跑去舅舅办公室，跟舅舅聊天喝茶什么的，而且工作中一有什么问题，他就去找舅舅，而他其实是有自己的上级领导的。后来他舅舅训诫了他一通。舅舅跟他说，既然走上了工作岗位，就要认识清楚自己的身份，我虽然是你的舅舅，但那是在家里，进了公司，大家各有职责，就该公私分明。你有你的上级领导，你有什么事跟他汇报和沟通就可以了。你这样没事就来我办公室瞎转悠，有事就直接跟我汇报，这样会造成非常不好的影响的，人家以为我们公私不分、任人唯亲，有能力的人也不愿意多干活。而且你既然上班了，就应该摆脱学生身份，你现在是一个成人，你要为自己的事情负责，你做错了，我也会惩罚你，不是没人管，失败了更不可以重来。

梁重的问题也是一些大学毕业生碰到的问题，在职场中，对自我的认识不够，对自己的身份定位不清，从而导致和同事、领导或客户处理关系时，方式不当，造成很不好的影响。所以，认识自我是提高职场情商的第一步，也是非常重要的一步。

2. 驾驭情绪

职场情商中，最重要的原则就是如何管理自己的情绪，如何洞悉人心，揣摩别人的心理，调整自己的心理，张扬好情绪，收敛坏情绪，从而赢得别人的认可和尊重。每一个心智正常的职场人肯定都不愿意跟别人发生冲突，所有的职场人都希望自己能跟别人保持良好的人际关系。职场上的成功往往来源于他对自己情绪的很好管理，尤其对失败情绪的管理。可是就有一些人总是控制不住自己的情绪，为了点小事情也会跟别人发生激烈的冲突，之后连他们自己都会感到非常后悔。

【案例】

徐谦出身于一个艺术家庭，父母都是搞文艺的，从小就被家庭熏陶，喜欢追求完美，深信这个世界上有绝对的公平和公正，在大学时就有“正义使者”的绰号。

他刚进公司做的是行政部专员的工作，除了工资之外，从没享受过其他的待遇。一个偶然的机会，他得知自己的同事蒋娜的手机费竟然是实报实销，而且额外还有车补餐补等好处。这让他感到非常生气，大家都是同一级别的员工，凭什么她有而自己就没有呢？还有，这个蒋娜在行政部基本上不干什么工作，上了班就上网聊天，玩游戏，从没见过她干过什么正经的工作，上司对她也是睁一只眼闭一只眼。

于是，借一次汇报工作的机会，他向上司提出了自己的意见，觉得不公平，希望上司能一碗水端平，另外，他还向上司反映蒋娜不工作光知道玩的事情。

上司听后，皱着眉头沉吟半晌，不咸不淡地说了一句，“你反映的情况我知道了，等我了解一下情况再说。”

徐谦本以为上司会马上有所行动，可是半个月过去了，上司并没有什么动静，也没给自己加福利待遇，更没有制止蒋娜的种种不妥当行为。徐谦是又气又恨，觉得上司对下属处事不公，有意偏袒蒋娜。更让他生气的是，可能是上司把他反映蒋娜上班时间不工作玩游戏的事告诉了蒋娜，所以蒋娜时不时地会找茬跟他发生摩擦，有时会故意使绊子，让他出丑，有时会让他在众人面前丢尽了脸。

徐谦实在是受不了这个气，决定以血还血以牙还牙，不仅跟蒋娜顶着干，有时跟上司也是当面锣对面鼓地争吵。时间一长，徐谦在部门内的人际关系变得非常糟，他不进门，大家有说有笑，他一进门，大家立即全部静音，几乎没有一个同事会跟他主动交谈，连中午到食堂吃饭，也没有人跟他一起，要是他主动找人一起，人家也一定会找个理由拒绝。

徐谦知道自己在行政部是待不下去了，于是打请调报告，可是上司就是不批。没办法徐谦不得不辞职，在辞职之前，他给公司的总经理写了一个多达一万字的举报邮件，把行政部的一些事情一五一十地讲了出来，当然主要是举报上司跟蒋娜的一些问题。徐谦之所以写这个举报邮件，是因为他并不真想离开这家公司，虽说现在他只有工资，但这份工资在同行中来说也是相当高的。从平时的工作中，他了解到公司总经理是一个非常注意下属意见的BOSS，他希望总经理能注意到自己的意见，并有所作为，这样自己就可能留下来，或者是有机会调到其他的部门。

可是，结果让他非常失望，他的举报邮件发出去很长时间，总经理也没有特别召见他，倒是人事部的人事专员找他单独谈话，让他自己主动辞职。这个人事专员是跟徐谦一起进公司的，两人还是大学校友，平时的关系还不错，所以徐谦把一肚子的怨恨和委屈全倒了出来。人事专员听后，平淡地说："我们是好朋友，我才跟你说。你可能觉得自己干得比别人多，得到的却比别人少，可是你知道吗？蒋娜是一个非常有背景的人，她一年可以给公司带来几百万的订单，她到公司来不是上什么班，是公司养着她。还有，你不应该越级上报事情，在职场上越级上报的错误是大忌，你可能觉得这么做是为了公司好，可是上面的人却认为你是在找麻烦，你想，连你都看出来的问题，他们会看不到吗？这个世界上的老板都不是傻瓜，他们绝不会平白无故地让人白领工资，那些表面上看起来游手好闲、无所事事的平庸同事，往往担当着重要职责，关键时刻，老板还需要他们往前冲呢。所以，你和他们比公平，和他们过不去，是自讨没趣，只会让你的职场生涯变得更难走。"

听了人事专员的话，徐谦出了一身的冷汗，这才意识自己的莽撞和愚蠢，后悔不已。

其实，生气、愤怒是一种很消极的情绪，这种情绪不但会压抑一个人健康向上的良好心境，而且影响我们聪明才智与创造才能的发挥，大部分的愤怒情绪都会衍生出破坏与消极的结果，会很大程度地影响我们的职场发展。并且，做这种无谓的情绪发泄，不但耗费了本该要好好放在工作发展上的精力，而且非常容易把人际关系搞僵。哪怕你暂时性地斗胜了，可是往往会为以后的发展之路埋下可怕的地雷，这是一种得不偿失的事情。所以我们要学会管理和远离那些消极的、负面的情绪。

3. 识别他人情绪

很多东西不像语言，开心或不开心能够准确地传递出来。懂得去识别对方的情绪，才能保证自己不会鲁莽行事。大学毕业生在走进职场之后，学会观察同事、领导以及客户言行，根据这些言行判断他们的情绪再去说话做事，能够对职场情商培养起到良好的提升作用。

【案例】

小丽工作已经半年了。在这半年中，她学到了很多，不只是业务知识，还有跟人相处的技巧。可能因为她是女生，所以她很懂得察言观色，识别同事和领导的情绪，阅读他们的心理，然后根据自己的发现来行事。有一次，领导带她去参加会谈。在这一过程中，需要她做一些口头翻译，而会谈的双方对于利益分成的决议一直感到不是很满意。后来会谈结束，双方会餐，对方负责人跟小丽聊家常，这时，领导有点不满意了，觉得小丽似乎有点热情，因为会谈还没有什么成果，此时如果示好，可能会造成我方士气上的削弱。虽然领导没有明显表示出来，但小丽也看在心里。小丽在主动取悦对方的同时，又主动跟领导传递他们聊天的内容，然后告诉领导，其实她发现对方也并非是对利益分成很不满意，只是对会谈上领导的咄咄逼人口气不满意。而且，当她试探性地替领导说了好话之后，对方也表示，做生意不必这么针锋相对，大家好好谈，应该会有不错的结果。小丽建议领导可以主动敬一杯酒，缓和一下情绪。就这样，下午双方又重新回到了会谈桌上，这次大家终于达成了协议。

小丽在工作中就极好地做到了体察他人的情绪，她很好地识别了客户和领导的情绪，在适当的时机做了适当的事，既安抚了客户，又及时跟领导沟通，这才挽回了这单生意。可能很多男同学，并不能够像小丽这么细心，但是也需要注意这些问题。

4. 学会沟通

几乎所有招聘广告中，都会强调应聘者应具有善于沟通的性格特点，这正说明了沟通是职场中、工作中必不可少的一部分。很多老板有时候宁可招一个能力一半但沟通较为出色的员工，也不愿招来一个“独行侠”，整日独来独往、我行我素。能否跟同事、领导、客户流畅地沟通，可以体现一个员工的职场情商，学会沟通也是培养职场情商的重要原则之一。

【案例】

小李今年刚毕业，在一家广告公司上班。他的性格属于内向型，而且短时间里，他和同事也不非常熟络，工作中碰到一些问题时，也是借助自己的个人看法、主观臆断来处理。有一次，老板交给他一个任务，要他去做大幅的宣传海报。小李拿U盘拷贝好就出门了，不过来到图文制作店，对方问他想做成哪种形式，何种价位，图像的分辨率如何时，小李全都答不上来。这时，他才赶紧跟领导打电话，问清楚海报制作的要求，领导把他一顿训斥，而小李也只有受着的份。回到公司，同事小王跟他聊天说，人际交往和工作一样，你不去沟通，难怪别人无法理解你。如果你跟领导把要求问清楚，也不至于领导后来会大发雷霆，而领导训斥完，你也不应该什么话都不说，这样会让领导以为你懒得理他。你要示弱，但不是懦弱，更不是一声不吭。小李觉得他在职场上需要学习的东西还很多。

大学生进入新的工作岗位，通常都会对周围的环境产生一些抵触现象，不愿与他人沟通和交流。在学校里，也许沟通和交流不会显得非常重要，因为学习知识是最重要的事。但到了工作岗位，就不再是单打独斗。小李显然是把学校里的人际处理方式带进职场中，这种危害是非常大的。无论什么事，只要去沟通，大事也会变成小事，如果不去沟通，那么小事也会变成大事。

5. 注重细节

在人际关系的处理上，细节的作用非常微妙，也非常重要，能体现出一个人的职场情商如何。注重细节，则会表现出大学生对他人的一种关心和重视，如果不是关心和重视，也不可能会发现什么细节。而人正是这样一种需要被关心和重视的生物，所以注重细节，能够增进人和人之间的感情。

【案例】

小雯毕业之后在一家咨询机构工作。她在人际交往中是一个非常注重细节的人。单位如果发什么物品，或者有奖金发放，她总是招呼大家一起领，如果有些同事因为忙没有领，关系很近的，她也会帮忙领一份。有些时候，同事出差了，这时有人来找这位同事，她如果发现了，一定会接待这个人，并且她要知道是什么事，也会主动去跟对方说，如果不知道，就马上给自己的同事打电话，告知此事。而小雯最注重的一点，就是她无论何时上班下班，都会跟同事打招呼，互相问好，面带微笑。这都让她的同事对她有亲切感。而她也给自己定了两条规矩：第一条，绝不在同事背后说坏话，或者打听别人隐私；第二条，绝不会去占嘴巴上的便宜。虽然这些可能都是极不起眼的小动作、小心理。但这却帮助小雯在单位中获得大家的一致好评，谁都愿意跟小雯分享自己的成果，愿意给予小雯工作上的帮助，而没多久，小雯也升做了部门主管，这样的人当部门主管，大家没有不服气的。

小雯确实没有做什么惊天动地的大事，这些都是生活中的零星小事、小细节。但这些小细节也能够清楚地反映出一个人的为人处世原则。正是这种小细节，小雯才会在同事中获得很高的声望，为她今后成为领导铺好了道路。

6. 不怕吃亏

很多人都怕吃亏，尤其是大学生。在面对待遇问题时，在面对利益冲突时，都会盲目地以自我为中心，去躲避这种损害。但是不要忘记，职场，它虽然存在竞争，但它也是一个利益共同体。你吃了一些亏，但赢得的却是别人的尊重，而这些尊重却不是利益能够衡量的。计较蝇头小利，未来的发展也难以走远。

【案例】

陈显初是一名沿海大城市的销售经理，而他能坐上这一位置，全赖他当初的选择。刚进单位没多久，单位要在西部边远地区新疆开拓市场，虽然这家企业在沿海地带和中原城市已经有了非常好的市场，但现在他们为了扩大规模，急需向西部边远城市进军。企业里所有的销售人员都知道新疆条件艰苦，开发得好，最多也就得到跟现在差不多的待遇，但是干不好，可能几年的努力就白费了。甚至有些业绩非常不错的员工跟老板放话，如果派他们去西部，他们就直接辞职，凭借他们的能力，他们也可以换一家企业获得同样的收入。不过陈显初立即就站了出来，主动表示要去新疆，而且向领导保证，他不把新疆的市场开拓出来，绝不回来。陈显初是一个新人，但他的豪情和自我牺牲意识一下子就打动了领导，领导直接升任他为部门经理，给了他权利和资金，让他好好把西部这块市场啃下来。其实在大家眼里，他的做法非常不明智。开拓一块市场，快则三年，慢则五年以上，而他要在公司总部发展五年，他的前途肯定很好了，出去吃苦，没必要。但就是这样，陈显初不怕苦不怕累，积极开动脑筋，只花了两年时间，就把一个西部城市的市场给做出来了。不过毕竟是西部城市，即使做出来，业绩其实也只有公司总部的十分之一不到，但了不起的是，份额却占当地的第一，而陈显初此时的收入只有总部同等级别经理的一半。就在大家都讥笑他时，老总却在过年后把他召了回来，然后把总部的销售总监给了陈显初。当大家都不服气时，老总说，谁敢站出来说自己可以把新疆的市场三年就开发出来，我就可以任命他当销售总监。这时，没有人敢说话了。陈显初虽然表面上吃亏，但他的前途却因此而照亮了。

可能陈显初心甘情愿做的这件事，在别人看来，躲都躲不及。表面上看，不仅自己的收入无法保证，甚至连晋升机会都会比别人少很多。一个在沿海大城市做了3年的经理即使跳槽也会比一个在西部城市开拓5年市场的经理要享受更好的待遇。而陈显初也并非不知道这一点，但他深信，吃亏也是一种磨炼，别人不敢干、不愿干，才能体现出他的坚强意志和才干。

7. 保持低调

自以为是的年轻大学生，为了彰显个性和能耐，总喜欢炫耀自己，显摆自己，他们以为这样才能获取别人的尊重。殊不知，这样是最令人讨厌的，没有人喜欢听一个不成功的人的故事，那意味着浪费时间和自尊被侵犯。所以大学毕业生一定要小心谨慎，保持低调。这也是大学生体现自己具备良好职场情商的重要手段。

【案例】

刚进公司就想身居要职的小李，一直都觉得自己被公司大材小用了。他是名牌大学毕业生，也拿到了很多大公司的 offer，所以觉得自己很了不起。他认为自己迟早要创造一家了不起的互联网大公司，而自己是最出色的CEO。

他对自己的行为从来都不收敛，总是要在同事面前炫耀自己在学校里所得到的殊荣。而且在进行团队合作任务时，他经常要擅自加进去一些自己的创意，虽然这些创意有的确实不错，但这给团队带来了很大问题。

再加上，他没事就会跟老板吹牛，说什么样的大公司应该需要什么样的条件，公司现在应该考虑转型什么的。还天花乱坠地讲一些不切实际的东西。他总觉得自己的这些理论是天才的理论，就是没有地方施展而已。

没多久，小李在公司里就被孤立了，团队不喜欢他，老板也躲着他。而公司里重要的任务，也不会交给小李做，小李最后干得都是公司里非常底层的编程活。他屡次找老板讲理，老板也只是拿年轻人需要锻炼为由推挡他，没多久，小李就被辞退了。

小李喜欢显摆自己，还把个性带到工作中来，这是非常危险的。这为团队合作带来了很大问题，让很多工作很难继续下去，难怪小李在公司里被孤立甚至最后被辞退。年轻人谦虚一点，是好事。多跟长辈们学习一下，才能够得到进步。显出自己无所不能，也就没有人愿意教你了。

8. 保持和谐

一个成功的团队，必然是在一个和谐的工作环境里奋斗。与领导保持和谐，与同事保持和谐，这些都是支持一个人晋升的必要条件。而如何妥善处理职场中的各种关系，往往取决于职场情商的高低。有时一个想法的转变，就能让你在职场中找到应付自如的感觉。

【案例】

唐虎是一名业务员，工作一年多了，现在逐渐摸到门道，业绩也稍有了一些起色。

就在他打算在公司大显身手的时候，意外情况发生了。公司的老业务员老王，也就是以前带过唐虎的“师傅”，最近由于业务量比较多，一个人忙不过来，需要一个帮手，于是常常需要唐虎拿出自己的时间帮他的客户服务。

毕竟是帮助过自己的老师傅了，所以在帮忙的最初一个月时间里，唐虎也没说什么。可是后来，唐虎帮老王服务的内容是越来越多，为此耽误了不少自己客户的业务。不仅如此，老王的客户还心安理得地使唤唐虎，对唐虎的要求是越来越多。有的客户甚至从头到尾都由唐虎来负责，可是业务量却都记在了老王的名下。唐虎觉得很累，却不知道该怎么跟老王说，怕说不好再得罪自己的“师傅”。这事一直让唐虎头疼。

工作不顺利的唐虎，回到家里也不顺心。由于前段时间唐虎的父亲做了一次大的手术，本来就没多少业务量的唐虎自然是囊中羞涩，于是就跟关系不错的邻居借了一万元钱。今天下班的时候又碰见了邻居，邻居催着让唐虎还钱，唐虎只好答应明天想法凑钱把钱还上，这又是一件让人头疼的事。

夜里，唐虎在被窝里辗转反侧睡不着觉。爱人问他咋回事，单位的事唐虎又不好意思跟媳妇说，怕媳妇也担心，于是就把邻居催着明天还钱的事告诉了媳妇。唐虎的媳妇这才知道，原来自己丈夫睡不着是因为明天还不上钱。于是唐虎的媳妇披了件衣服，走出了家门，直接敲响了邻居的大门说：“大哥，我丈夫明天还不了你钱啊。”说完这句，她就回来了，对唐虎说：“踏实睡吧，现在该他睡不着了。”唐虎不免为妻子的这番话有点吃惊，心说：“这家有贤妻，男人就是不做横事啊。这下能好好睡了。”忽然唐虎心生一计：“呵呵，我知道该怎么跟老王说了，而且他准不会生我的气。”

第二天一大早，唐虎来到了单位见到了老王，唐虎跟老王说：“师傅，最近我很苦恼一个问题。家里我爸得病做了手术，这您也是知道的，为给我爸看病借了不少钱，现在有人都催我还账了。您也是知道的，我的业务量本来就不多，拿什么还人家啊。这个问题您能帮我想想办法吗？”

当唐虎把这个问题抛给老王时，老王无言以对。唐虎的弦外之音，老王马上就听了出来。但是又一想，唐虎说的也是实情，自己确实占用了唐虎不少的时间。面对这个问题，老王只有两个选择，要么帮唐虎解决这个问题，把自己的客户分出一部分给唐虎打理，要么从今儿开始保持沉默，不再这么使唤唐虎。

唐虎趁热打铁，又接着说：“师傅，您看这样行不行，我愿意帮您打点客户，您能不能把您忙不过来的客户让我也参与一下，就算是您帮我这个徒弟了。”自知理亏的老王也没什么异议，很乐意地就答应了唐虎的提议。毕竟唐虎也算是自己的半个徒弟。就这样，唐虎在不得罪老王的情况下，不仅增加了自己的业务量，还很好地保持了和谐的同事关系。

这也是一个很典型的职场案例。许多职场新人都会被那些老人儿们不计报酬地使唤来使唤去，而职场新人很难直接拒绝对方的使唤，不想为此得罪对方。如何才能在不得罪对方的前提下，表达出自己对现状的不满呢？这就是考验职场情商的时候。比如这个案例里的唐虎，假如他再不采取点措施，提醒老王不要越界的话，以后两个人的关系就会出现更大的恶化，最后甚至可能是针锋相对，没有缓和的余地。而唐虎将自己的苦恼抛给对方老王后，老王心里也是为难的，毕竟自己无限制地使用唐虎的行为，虽够不上恶劣，但也不是什么光彩事。老王只有答应唐虎的要求，才能保持双方和谐的关系。

7.3 杜拉拉的职场宝典

《杜拉拉升职记》是一本畅销的网络小说，并由知名导演分别制作成电影、电视剧以及话剧，在业界和观众群体中受到了广泛的关注，一度引发了“杜拉拉”话题热。

一个默默无闻的小职员，是怎么经过不懈努力，摇身变为大企业高管，确实也能够给大学生职场情商的培养带来启发。在这里，就用这个故事中的案例来一一说明。

1. 有活抢着干别怕吃亏

职场新人一听见干活就头皮发麻，不愿动弹，一听领导要给他安排苦差事，就叫苦连天，其实这都不是一个聪明的职业人的表现。如果一样东西没人买，说明它没有价值，那么一个人没人用，同样也说明这个人没有价值。所以领导找你、用你是好事，努力把事情做好，反而能得到更多机会。

【案例】

美国公司总部的 CEO 要来访华，所以上海的办公室需要做装修，而装修可是个出苦力却不讨好的差事。由于总部助理行政经理玫瑰对人力资源总监李斯特不给自己升职表示愤怒，所以做了一半就不做了，找各种理由休病假，把烂摊子丢在那里。李斯特没有办法，只好无奈地去找杜拉拉，让杜拉拉把这个苦活累活脏活接手。杜拉拉没有埋怨，反而非常兴奋，有活干，有领导依仗她，她自然接下来了，然后昏天暗地地干活，跟各种人沟通，包括主供应商、IT 经理以及采购部同事。她每天都加班到深夜，饿就啃饼干，累就靠墙休息一会儿，苦干实干 100 多个小时，最后装修任务圆满完成，总部 CEO 也相当满意。杜拉拉当然就有了升迁机会。

像这种事碰到谁手里，谁也不愿意接。要么干得好累死，要么干不好被人抓下把柄，以后路更难走。而杜拉拉却选择把事情拿下来，苦干实干，把任务圆满完成，最后，当然得到了非常好的结果。但是，现实中，也许很多新人把活干好了，也没有人表扬和欣赏，这时候当然不能气馁，需要坚持，需要持之以恒地把事做好。当别人做得没你多、没你好的情况越来越多时，不被提升也是不可能的，而很多年轻人很早就放弃了这种机会。

2. 认清当前形势

没有人的情商是天生就具备的，都是后天培养而成的，而且没有激烈的斗争，也就没有职场经验，自然也就不可能有职场情商 EQ 了。不要惧怕斗争，要将它看成是自己成长路上的磨炼。

【案例】

当杜拉拉通过各种激烈的职场斗争后，她终于找到了一定的规律。她慢慢明白了什么事情一定要按照上司玫瑰的要求去干，只要她不会成为代罪羔羊，她就会坚决执行，而绝不反抗和抵触。而上司玫瑰不关心的一些小事，认为没有价值的事，杜拉拉则自己处理好，不去麻烦上司玫瑰。还有些事是上司玫瑰需要掌握主动权丝毫不肯退让的，杜拉拉就适时地提供一些建议供上司玫瑰参考。时间久了，上司玫瑰对杜拉拉的敌意就少了，信任就多了。

杜拉拉也碰到过很多钉子，经常接到上司玫瑰的催命电话。但她都能够把这些失败教训和斗争经验积攒起来，然后保证自己以后不再犯，同自己的上司保持一致。而这种一致性恰巧就是团队协作效率的一个高点，大家工作都满意了，自然也就和颜悦色，容易沟通了。没有斗争，也就没有成长，没有积累，也就没有经验。

3. 恰当行使职权公私分明

手中有了权力，不要乱用，也不要害怕使用它们。如果乱用，则会造成大家对你的敌意。如果害怕使用它们，则会被人认为是懦弱的表现，从而失去威信。有权力，就要让它们发挥出作用，促进工作的顺利展开，这才是职场情商高的表现。

【案例】

在公司搬家这段故事中，由于大客户部始终不愿意配合公司决定，拖拖拉拉，甚至以影响公司业务来威胁负责人杜拉拉。但杜拉拉却强硬地说道，搬家的安排是事先开会就已经商定好的，各部门也达成了协议，而且到了下午规定时间，场地就一定要清理出来，如果时间到了，东西还没有打包带走，那么就会被当作垃圾处理掉。最后，杜拉拉的不卑不亢、毫不退让使得销售总监王伟败下阵来，不得不按照规定办理。公司的搬家任务也顺利完成，公司没有因此而受到损失，杜拉拉的个人形象也得到了巨大的提升。

杜拉拉敢跟销售总监王伟叫板，不是因为她个人能力强，而是因为她手中具有这个权力，她的权力是公司给予她的，也代表公司利益。这时候，如果杜拉拉妥协，最后被怪罪的不会是王伟，而是杜拉拉，她有权不用反而让公司蒙受损失，也会失去作为领导的威信。

4. 不要背后说人尤其是领导

无论公司规模是大是小，说话都要谨慎。进入一家公司，最重要的是把工作做好，不要打探私人秘密和小道消息，也不要在背后议论人，尤其是自己的老板，因为这将为自己今后的升迁埋下可怕的炸弹。

【案例】

杜拉拉刚进入公司，就碰到销售总监王伟在训斥海伦，而且话非常难听，全公司的人都看在眼里。此时，杜拉拉不小心碰到了正在一旁观战的伊娃，而伊娃素来就与海伦不合。于是海伦一出来，就对杜拉拉和海伦发火。面对伊娃的牢骚，杜拉拉并没有表什么态。而之后，杜拉拉吃工作餐时，海伦叫住了杜拉拉，并且主动向杜拉拉为自己之前的失态道歉，并且毫不留情地批评自己的销售总监王伟，是强迫症工作狂。不过杜拉拉仍然只是笑笑，不做任何表态，也不打探任何秘密。杜拉拉能够做到这些，都为她日后有重大发展提供了可靠的保障。

试想一下，如果杜拉拉刚一进公司，就开始打探销售总监王伟的小道消息，这样就会落人口实。一方面工作的精力会相应减少；另一方面，如果被传到总监耳朵里，那么自己这个新人形象就会完全被毁掉，以后升迁就更谈不上了。

5. 多个朋友比多个敌人好

在职场，不比在校园。在校园有一个对手存在，你只需要把分数考得更高一点即可，不必非常在意他对你的伤害。而到了职场，多一个敌人，就意味少一个朋友，少一个朋友会少一分帮助，多一个敌人，会多十分困难。人都被得罪完了，那么结果就是墙倒众人推。

【案例】

在公司总部的一位HR，也是杜拉拉的好同事、好朋友，来广州出差。两个人在闲聊时，突然聊到大办事处行政主管王蔷被解雇了。杜拉拉虽然早就料到王蔷迟早会离开，但心底还是暗暗吃了一惊，因为在广州没有听到任何风声。杜拉拉忙追问是什么问题，牵涉的问题严重吗？同事回答她，是王蔷的人际关系很有问题，而北区的很多同事也对她的行事风格表示出相当的不满。不过这个原因，杜拉拉也早都猜到了，她接着问是什么事，同事才告诉杜拉拉，原来是王蔷去查常驻北京总监的汽油和手机话费使用情况，之后可能在反映情况时，没有把话说对，结果把总监给惹恼了，然后总监去找负责人李斯特发了一通脾气，搞得李斯特也非常愤怒。因为，公司在汽油和手机话费方面，本来就对总监级别毫无限制，而且该总监又是公司的风云人物，即使是大老板李斯特也得忌惮他几分，结果王蔷非要借着私人恩怨跟人家对着干，并且不知深浅，被炒算是理所当然了。不过杜拉拉还是觉得不可思议，因为王蔷虽然不够能干，并且又有些自我，但好歹也是有经验的大办事处行政主管，单凭总监说王蔷的不是，就能让王蔷滚蛋？同事这才道出关键所在，王蔷在公司树敌太多，在她出问题时，没有一个人出面替她说好话。这时候即使王蔷的直接主管出来保她，她也应该能够顺利过关，但这件事，谁也不管，甚至都觉得她走了对大家都好。杜拉拉只能暗自唏嘘。

王蔷这件事，对杜拉拉来说，影响还是非常大的，她也亲眼目睹了一个行政主管落到了孤立无援、被炒鱿鱼的下场。所以杜拉拉很懂得建立职场关系，不是迫不得已，绝不树敌，这也为她后来能够实现个人价值铺平了道路。

6. 学会跟领导谈话

领导能够爬上现在的位置，肯定都是有几分道理的。每个领导都有其独特的行事技巧，如果能够学会听领导的话，充分把握领导的意图，那么在跟领导谈话时不仅不会得罪领导，还能让工作开展更加顺利。

【案例】

就杜拉拉而言，她本身是不愿意过多接触公司大老板何好德，因为毕竟在级别上是一个天上一个地下，况且DB是一家外国公司，越级报告是大忌。虽然大老板何好德现在非常欣赏杜拉拉的才干，但杜拉拉也担心自己哪一天说话做事不对大老板胃口，从而惹来“杀身之祸”。

何好德同杜拉拉谈话，一般会深入浅出，好让杜拉拉不要摸不着头脑。而杜拉拉在找何好德谈话之前，也总是先想好：这次谈话要占大老板多长时间，主题是什么，别讲太多，大老板很忙，也别讲老板听不明白的，还有很重要的一点：谈话过程中老板可能会问哪些问题。

慢慢地，拉拉也摸清了大老板问话的常见规律。

比如当和大老板说自己希望做一个项目时，大老板通常就会问："有预算吗(有钱吗)? 公司流程关于这类项目的花费有什么规定（符合政策吗）？做这件事情的好处是什么（为什么要做）？不做的坏处是什么（可以不做吗）？"

当自己回答完，其实就能清楚大老板赞成还是不赞成。

还如，你有项目要向大老板要钱，或要人。此时大老板就会问："给了你钱或者人，你的产出是什么？"

如果投入产出比高，那么不用担心，他自然会给你钱。不论你提的是什么要求，首先自己都得先盘算盘算，自己有什么能和老板交换到想要的资源。如果对产出没信心，那也别去要资源。

就如同何好德一样，如果不注意同这些大老板们的谈话技巧，那么不仅得不到自己想要的结果，甚至还非常容易把事情搞糟。不过杜拉拉就深谙此道，不但能够让大老板很开心，而且能够确切地衡量出自己所做事情的成功率，以及用何种方式做会更好。

7. 保证努力工作但也不默默无闻

踏踏实实做工作，自然没有错。但是就现在的职场来说，抱着只要是金子就会发光的态度，那么极有可能被埋没，而且自己做的工作也得不到充分的肯定。这种影响可能不仅会损害自己，还会波及自己的团队。

【案例】

杜拉拉其实心里一直都十分明白：做下属的就要多为上司分担压力，少给上司添麻烦，如果能自己摆平各种困难，就不要去给上司找事，否则上司要你这样一个下属有什么用呢？

因为杜拉拉一直以来这样想，就使得她总是很少麻烦自己的上司李斯特，有很多棘手的难题，都被自己咬着牙流着血和泪，悄无声息地解决了。

但杜拉拉在装修问题上碰到这么大困难之后，也慢慢悟出来一点：就是因为她平时与上司李斯特的沟通不足，遇到事情自己都任劳任怨地默默干了，这导致了李斯特根本就没有意识到这个过程中发生过多少问题，有多少工作量，有多大难度。所以，他也理所当然地不认为承担这些职责的人是重要的，一旦他不认为你是重要的，那么他就不会对你好，有时候，他甚至可能会对你不好。

而销售总监王伟干的销售工作却不同于杜拉拉干的行政工作。销售工作非常容易量化，业绩好就是好，卖出去多少就是多少，赚了多少钱，赢得了多少客户，一张表格，就再清楚不过了，但自己却不一样。所以，她决定，以后同李斯特工作，一定要好好沟通，让李斯特明白自己的工作会涉及哪些人，会碰到哪些困难，以及这些工作的重要性。

杜拉拉分辨清楚了她的工作和王伟的工作的区别，而她也下决心，如果是自己干的工作，而且是重要的工作，那么就要让上司李斯特看到，至少让他明白工作是一个什么样的过程，需要多少人手，占用多少资源，而不至于让上司一无所知，后来又责怪自己。

杜拉拉语录

（1）不怕被利用，就怕没人用。

（2）EQ（情商）在斗争中成长得最快。

（3）大学里，能化解的恩怨最好及时化解。走出校门，人脉就是财富。

（4）多参加集体活动，能增加良性进程。

（5）和上司建立一致性。

（6）与其他部门沟通，尽量考虑周到，避免麻烦。

（7）面对变化的时候，大局势看清楚，再决定。

（8）通知老板大项目的重要阶段进程。

（9）用好昔日的竞争者，稳住重要的核心队员，是新经理要过的第一关。

（10）新老板到任，做下属的就该表决心呀。

（11）秘密知道得太多的人，最后的下场往往是被人干掉了。

（12）做老板的，自己要像个老板，下属才会尊重你，拿你当老板。如果你自己做得不恰当，也就别怪人家想利用你。

（13）遇到难题拿着解决方案去找老板开会。使老板了解工作中困难的难度和出现的频率，自己的专业素质，以及积极主动解决问题的态度和技巧。

（14）邮件和面对面说话不同，听不到声音，看不到表情，又可以被转发，所以更要慎重，避免引起误会，感叹号让人感觉到一种强烈的情绪，不利于工作交流，慎用为好。

（15）第一，客户需求是可被引导和培养的，或者说被制造的；第二，为了引导和培养客户需求，前期的适当投入是合理和必须的。

（16）就是因为自己和李斯特沟通不够，遇到事情都是自己默默干了，所以他根本没有意识到发生过多少问题，有多少工作量，难度有多大。于是，他就不认为承担这些职责的人是重要的。鉴于他不认为你是重要的，他就不会对你好，甚至可能对你不好。

（17）认可要及时。认可不及时，鼓励不及时，乃用人管理之大忌。在她最想要的时候给她，才能起到最好的作用，等到她都皮了，你再给她，就不会有现在给的激励效果了。

（18）谈问题的时候要有 star（situation，task，action，result，情景，任务，行动及结果，指完整的事件背景），做主管的应避免评价这个人怎么样，而该把要点放在说这件事是怎么回事。

案例点评

【案例 1】

大二暑假的时候，小容、季敏和一大帮同学在一家快消品公司做实习生。当时公司为他们这群实习生还制订了详细的培养计划。这些实习生就像一窝小虫子一样，涌进了这家跨国公司，几乎遍布公司的所有部门。那时的他们，都处于同一起跑线，每天的工作无非就是没完没了地发快递，没完没了地搜信息，没完没了地印材料，没完没了地发牢骚。

在这些实习生中，季敏总显得很特别。她比大多数实习生来得要晚两个星期，而且来的那天还穿着一身校服，也不爱跟人说话。公司将实习生们安排在单独的一间小屋子里工作，大家都调侃说这就是他们的“小黑屋”。而季敏也常常进出于“小黑屋”，但是显得比较的安静。

不久，公司安排各地分公司各派一名代表来总公司进行培训。这些区域同事就被安排在“小黑屋”旁边的玻璃房子里上课培训，只有到了吃饭时间才会结对出来。

实习的那段时间里，小容她们下了班就不厌其烦地去逛商场。听着商场的音响里，不厌其烦地用英语、日语、韩语广播着各种商品打折的广告语，小容她们就不时地抱怨自己的工资是多么的低，连件打折的名牌衣服都买不起。但是大家发现，季敏却很少和她们一起出来逛街。

区域公司的同事在总公司待了两个月。所有的实习生都在自己的组里忙，有的忙着盯销售额度，有的忙着做渠道规划表格，有的忙着做各种报告，有的在外面跑着看店面。只是在中午吃饭的时候，大家才有聚在一起的时间。吃饭的时候，小容她们私底下常常控诉这家公司对实习生有多苛刻。很多同学都表示暑假一结束，她们就打算辞职。这样的日子与她们理想的工作实在相差甚远。有些同学义愤填膺地表示：“自己的才华、文采、能力，在这家公司没有丝毫施展的余地。”不过有好几次，大家在吃饭的时候，都看见季敏总是夹杂在区域同事的中间打饭，她和区域同事有说有笑的，感觉很熟的样子。

暑假结束之后，有一大半的实习生都选择了辞职。只有小容和季敏等几个实习生申请留在了公司。某天，小容他们几个在小屋里闲聊，只听外面有人喊了一声：“区域的同事要走了，各部门的同事都出来送一下啊。”小容他们就都站在了“小黑屋”门口，对，就是在“小黑屋”门口。反正他们又不认识区域的同事，区域同事也不认识实习生。只见区域同事和公司那些正式员工们握手、拥抱告别，小容他们也做做样子向那些同事挥手再见，本想着这就该完了。但是当小容他们回身准备离开时，看见季敏夹杂在一拨区域同事的中间从楼道里走了出来，季敏一边走还一边热烈地和区域同事交流着。小容不知道季敏和他们交流什么，因为她根本不知道能和这些区域同事说什么，只是在最后的时候听见季敏特别有感情地喊了一声：“各位哥哥姐姐！你们要常来啊！”

【案例2】

工作一段时间后，公司开始安排小容季敏他们跑店面，看看超市的新货有没有摆在显眼的位置上。其实就算超市没将公司的商品摆在好的位置，小容一个实习生能如何呢？无非就是回来将自己看到的情况，原原本本地报告给领导罢了，难道她还能跟超市吵架让他们重摆吗？小容心说：我就是个实习生，我一直记得这一点，超市谁会听我的呢？

某天中午，小容在一个很小的社区超市里买点东西，顺便看看他们公司产品的摆放位置。突然就看见季敏在超市的一个角落里，张牙舞爪地吵着什么。小容赶走几步来到近处，才听明白原来是季敏在因为公司产品的摆放位置，和超市的人吵了起来。

小容问季敏怎么了，季敏指着眼前摆在货架栏最靠边的商品说：“我这条线吧，虽然没什么竞品，但是也不能放角落里啊！这顾客进来怎么能看得见啊，起码要摆在靠中间的位置。”季敏对小容控诉了一番，然后又转身指着一排货架跟超市的人喊道：“我就是××公司的，中间位置的商家给了你们多少钱，就给这样的位置？我们公司的货是哪个业务员给你们发的？”

通过这件事，小容一直在思考一个问题：领导从来没有告诉过我们，超市货物的摆放还有这么大的学问。我就是来超市例行公事地看一看，然后回去将我看到的情况原原本本地告诉领导。我从来都没想过我是否还有别的事情可以做，也从来不敢想自己能代表公司，和超市谈些什么。我一直认为超市的产品摆在哪个地方，顾客都能同样地看见。

毕业的时候，小容、季敏等一些熟悉朋友里，季敏的工资是最高的。更令人心里感到不平衡的是，季敏所签的公司的毕业生标准价格并非与她们一样的价格。小容她们几个好奇地问季敏为什么，她说：“我从大二就开始踏入社会了，在这期间认识了不少人，也做过不少事儿。虽然我那会儿还只是个实习生，但是我打赌我比正式员工做得更多，了解得更深入。所以我拿的薪水必须比别人的高，不给这个价儿，我是不会干的！”

点评：

同是一块出来的实习生，季敏之所以能比其他同学更加适应职场，体现了以下几点。

1. 把公司的事当成自己的事

季敏是那种很能将一件事情做到极致的人，而小容她们就不是。大多数的实习生总是觉得自己只是实习生，不用太努力，出事儿有领导扛着，怪谁都怪不到自己头上来，即便有了这么一把保护伞，都不敢保证自己一定能留在公司，因此公司的很多事不需要那么较真。因此什么事都不需要一个劲儿往前冲，不用着急认识新同事、新领导，也不用考虑建立什么商业合作关系，甚至只会将公司的一些故事当做八卦新闻，作为日常的谈资。但是季敏却做到了别人做不到的事情。她就是那种自来熟，别人不熟她先熟，别人不热她先热。季敏在那个暑假和区域同事吃了一个月的饭，便迅速熟悉了活生生的公司区域销售渠道，而这些知识和内容，是学生们在大四的课程上才会读到的。当大多数实习生后知后觉地一次次重新回到起跑线出发的时候，季敏这样有远见的有心人，早已跑到很远很远、不需要跟其他人比的地方了。

2. 善于抓住机会

很多实习生进入一家新的单位，每天都在喊着工作太累，公司不把自己当人看，这不是自己理想的公司，因此抱怨的同时也就白白浪费了这样一个工作机会。有句话叫“当机会来临时要想法抓住它”，还有一句古话叫“机会总是留给有准备的人”。季敏的故事告诉我们，机会是不能等着它自己来了以后再去抓的，机会是要靠自己每时每刻的抢先一步夺来的，是靠自己不断的认真积累换来的。当别人不认真、不负责、不上心的时候，便是最好的下手时机。只见老板第一次吵，剩下的都由自己吵，这样的员工才能得到领导实实在在的赏识。

素质拓展

周某，在毕业后一年，光荣担任国内某知名健身器材的区域销售经理。周某的业务能力一流，销售业绩的表现非常抢眼，而在周某进入公司参加的第一次全年销售工作会议上，他以销售业绩全国第一被公司隆重表彰，企业董事长还亲自给他颁发了奖状和现金奖励。不过，世事难料，就在颁奖的一个多月后，周某却突然收到公司的一纸公文，宣布将其免职解聘。公司的理由如下："周某无视公司规章制度，多次在公开场合对公司的销售绩效考核制度表示不满和攻击。并且不尊重上级领导，私下散播领导的流言蜚语，并且有严重的越级报告行为。经销商管理不力，经常有经销商对其进行投诉。"周某在经受这次打击后，并没有吸取教训，而是扬言要对做出解聘行为的上级领导进行报复。当周某找到董事长时，董事长语气平淡地跟他说，"要不是你的上级领导念在你销售有功，早就去法庭起诉你的这些行为了。"然后董事长派人把搜集的一些铁证摆在周某的面前，周某哑口无言。

周某个人能力突出，但职场情商却极其低下。请同学们分析一下，周某到底触犯了哪些职场的大忌？如果你遇到这些问题，你将如何培养自己的职场情商，让自己不再重复周某的老路？

第 8 章 就业权益保护

8.1 求职过程中常见的侵权和违法行为

刚毕业的大学生多急于就业，一门心思地物色各种工作，一旦觉得有希望就会奋勇而上，往往忽视了对工作职位所在单位的客观审视。很多用人单位恰恰是抓住了求职者的这种心态，在招聘过程中设下各种侵权和违法的陷阱。这种行为不仅会让初入社会的学生对社会产生恐惧感，还会给学生造成精神或者物质上直接的伤害或损失。

所以，大学毕业生切忌在求职过程中因为求职心切而掉以轻心，要谨慎对待，做到客观审视，以求在求职过程中维护自己的正当权益。下面就来列举求职过程中常见的侵权和违法行为。

1. 招聘单位宣传不实

某些用人单位为吸引人才，发布的招聘信息与实际情况脱离，比如夸大公司实力、虚设职位、虚构发展前景、虚拟高薪待遇等。这些单位为达到自己的目的，利用毕业生就业时期望“三高（高薪、高福利、高职位）”的求职心态，侵犯毕业生的知情权，有的甚至构成了严重的恶意欺骗。

【案例】

某高校毕业生王明一直想找个体面的职业，把就业底线定在了“三高”基准上。他给很多大公司投了简历，也在很多人才网站上上传了自己的简历，但这些“三高”的大公司从来没有给过他回音。偶尔接到一些房地产公司打来通知面试的电话，不过都是要招聘从基层做起的业务人员，这离王明的理想岗位目标相差太远了。不久，他接到了一家外资保险公司的面试电话，他本来想直接挂掉，但听到对方说招聘“储备干部”时，立刻产生了兴趣。通过面谈得知，只要按他们的工作流程来，月薪可达万元，王明没多想，很快就入职这家外资保险公司。进了保险公司以后，王明才发现“储备干部”要做的事其实就是普通的寿险业务员要做的事：每天都要出去拉保险，每周都要打增员电话。所谓的工作流程，就是指按销售保险的流程来销售保险：培训—拜访熟人—跟进—促成；所谓的高薪也是建立在有业绩的前提下，没业绩就一分钱不会有；所谓的干部就是先得忽悠其他人进公司成为你的下线后，才能升格成为干部，而在忽悠到人之前，你只能是“储备干部”。这与之前的宣传是有较大偏差的。王明终于明白，要当个真正的“干部”，是很不容易的。

2. 廉价试用期

每一个初入职场的大学生都会经历一段工作试用期。新《劳动法》规定：试用期最长不得超过 6 个月。一些用人单位会打着“试用期”的幌子，拖延试用期时间，或者试用期满后以不合格的名义苛扣试用者的工资甚至解雇试用者，这都是违法的行为。另有一些用人单位利用试用期是正常的招聘行为，而在试用期间向毕业生收取培训费用，这也是违法的行为。所以，广大毕业生在求职时一定要避免这些情况的发生，维护好自己在试用期的权利。

3. 不正当的合同签署

不正当的合同签署犹如设下的陷阱。其中常见的有以下几种。

（1）口头约定

【案例】

毕业生李华试用期满后，发现公司并没有照之前所说的给自己转正。考虑到自己工作期间未曾出现任何失误，更没有给公司带来损失，她鼓起勇气向领导一探究竟，哪知道领导竟然说“我们并未签订任何合同，所有的安排都是为了公司更合理的发展”。李华一时懵了，为了保护自己的合法权益，她找到了当地的劳动局。根据李华的具体情况，劳动部门很快给出了解决方案，帮李华申请到了合法的劳动权利。

在这里，要提醒广大毕业生，劳动合同的签订是必须的，就算是就业协议也不能代替它，及时地签订劳动合同能更好地维护我们自身的权益。

（2）威胁性合同

带有威胁性质的合同，俗称“霸王合同”。这类合同一般是以某个条件为威胁，迫使就业者在违背自己真实意愿的情况下签订。

【案例】

某毕业生毕业于一所高等技术学校，通过自己的勤奋，并借助在公司的短暂磨炼，很快成为了一名优秀的技术员。这时，该企业允许他介绍自己的亲戚朋友过来上班，并与该技术员的亲戚朋友先后签订了劳动合同。之后，公司便以不解雇其亲戚朋友为条件强迫该技术员与其签订不公正的劳动合同。

这位技术员经历的就是“霸王合同”，面对这样的事情时，要通过相关部门来争取自己的权益。

（3）非自由合同

非自由合同相当于卖身合同，表现为一些用人单位在合同中要求就业者必须一切行动都服从公司的安排。此合同一旦生效，就业者就如同失去了自由身的奴隶一般，在工作中将无条件地接受加班和其他一切指令，甚至工作之余的一切行为都要到严格的限制。这不仅剥夺了就业者的休息权、休假权，有的甚至还出现了任意辱骂、殴打、拘留就业者等严重问题。

【案例】

震惊全国的“富士康跳楼”事件中，经披露富士康员工在就业时皆签订了此种合同。

部分员工跳楼自杀之前曾遭到保安人员的殴打。多数人被断定为因不堪此种约定，而选择死亡。当然，富士康在合同中关于死亡的高额死亡赔偿金也是一种不堪生存的诱因。

事实表明，非自由合同的签订不仅剥夺了就业者的自由，还紊乱了他们的思想。

（4）泄露隐私

【案例】

张倩是一位刚走出校门的学生，她满腔热情地去迎接即将到来的新生活。就在这时，她在一家工厂门卫处看到这家工厂正在招聘办公室人员，通过与门卫的简单谈话，她留下了自己的电话号码。

第二天，她便接到了面试通知。当张倩按照约定的地点赶到面试现场后，却发现并不是自己之前看到的那家公司，眼前的这家公司以提供商务娱乐为主，并开出高薪条件询问张倩是否愿意在此做酒水推销人员。刚毕业的张倩一口回绝了，但她百思不得其解，这里怎么会有自己的电话号码。

在这里，要提醒我们广大毕业生，在求职时不要轻易将个人资料及联系方式等留给不可靠的单位。用人单位在招聘时，可以合法获得毕业生的资料档案，但有义务对其进行保密，否则将构成侵权。还有一些毕业生在通过网络求职时，会在网络上留下自己的信息资料，虽然这些信息属于个人隐私，不经本人同意不得公开，但网络的不稳定性，比如工作人员疏职、网络软件不安全性、不法分子蓄意而为等，很可能让这些信息成为侵害当事人或谋求商业利益的一种工具。所以，在面临借用网络来投放简历时，要选择安全级别高的可靠网站，同时注意设置保密选项。

另外，在现场面试过程中，用人单位如提出于工作无关的恶意问题，毕业生是有权利拒绝回答的。

（5）盗用知识产权

一些用人单位在招聘时，会以验证个人才华为由向毕业生索要个人作品、工作设计等，获取毕业生的智力成果。

【案例】

张勇毕业于计算机专业，择业时在报纸上看到某软件公司在招聘计算机研究生，便赶去面试。面试结束后，他接到了一份应聘者考卷，试卷内容为设计某个项目。张勇花费了很大的精力和时间完成了工作设计，并通过电子邮件发了过去。但之后，他的应聘结果却迟迟没有出来。不久，他发现该软件公司在未通知他本人的情况下，盗用了自己的设计成果。他感到愤怒，急忙赶往该公司与其理论，但该公司并不予理会。张勇只好拿出自己的邮件发送记录找到了当地劳动部门，在劳动部门的帮助下，张勇成功地拿回了自己的作品并获得了相应补偿。

广大毕业生在求职时，不要让用人单位轻易复制自己的作品，如需交付作品，必须要求用人单位立下字据，以便在事情不乐观时作为证据来维护自己的合法权益。

（6）中介陷阱

随着大学毕业生的增加，就业压力越来越大。社会上随之滋生出一些不法机构，其中不少中介公司就是不法分子为牟取暴利而设立的机构。他们通过对外宣传，虚设一些企业信息及招聘岗位，对求职者收取中介费用后，敷衍了事甚至人间蒸发。

8.2 劳动合同的法律效用与签订原则

劳动合同是劳动者与用工单位之间确立劳动关系，明确双方权利和义务的协议。

1. 劳动合同的基本内容

根据《劳动合同法》的规定，劳动合同的内容可以分为两个部分：必备条款和普通条款。必备条款也叫做法定条款，就是在劳动合同中必须具备的内容，不可缺少法定条款又分为一般法定条款和特殊法定条款。

（1）一般法定条款

一般法定条款包含 7 个方面的内容。

① 劳动合同的期限。就是合同开始的时间和结束的时间。如 2009 年 3 月 20 日被录用开始工作，工作时间为 10 个月，那么合同的期限一般规定为：本劳动合同从 2009 年 3 月 20 日生效，到 2010 年 1 月 20 日结束。

② 工作内容。就是规定就业者在该单位做什么工作，如在装修公司做木工，那么合同中应该注明工作的内容是“木工”，具体承担木制家具制作、装修工作的一些木工活等。

③ 劳动保护和劳动条件。如建筑工人应该发放安全帽，高空作业有哪些保护措施等。

④ 劳动报酬。就是工资给多少，怎么算，什么时候发工资等。

⑤ 劳动纪律。如上班时间不得私自外出，如何请假等。

⑥ 劳动合同终止的条件。如合同到期终止，或者就业单位出现破产停业等情况终止合同，或者就业者出现特殊情况要求终止合同等，以及终止合同时双方应该承担的责任。

⑦ 违反劳动合同的责任。就是规定签约双方的任何一方违反了合同中的规定时，应该怎么办等。

（2）特殊法定条款

是由于某些劳动合同的特殊性，法律要求某一种或某几种劳动合同必须具备的条款。例如，中外合资经营企业和私营企业的劳动合同中应该包括工时和休假的条款。如果因为用人单位的原因签订了不完整的劳动合同，之后对就业者的权益造成了侵害，用人单位应当承担法律责任。

（3）补充条款

也叫做商定条款，可有可无，是双方当事人在签订合同时，互相商量定下的条款。补充条款是法律赋予双方当事人的权利，但是，补充条款的约定不能与国家的法律法规相抵触，不能危害国家、组织或个人的权益。

劳动合同范文

劳动合同

甲方（用人单位）：　　　　　　　　　　　　　　　法人代表：

乙方（学生）：

公司（以下简称甲方），现聘用（以下简称乙方）为甲方劳动合同制职工，甲、乙双方本着自愿、平等的原则，经协商一致，特签订本合同，以便共同遵守。

第一条　合同期限

合同期限为　　年，从　　　年　　月　　日至　　年　　月　　日止。其中试用期为　个月，从　　　年　　月　　日至　　　年　　月　　日止。

第二条　工作岗位

甲方安排乙方从事　　　　　　　　工作。甲方有权根据生产经营需要及乙方的能力、表现调整乙方的工作，乙方有反映本人意见的权利，但未经甲方批准，乙方必须服从甲方的管理和安排。乙方应按时，按质，按量完成甲方指派的任务。

第三条　工作条件的劳动保护

甲方需为乙方提供符合国家规定的、安全卫生的工作环境，保证乙方人身安全及在人体不受危害的环境条件下从事工作。甲方根据乙方岗位实际情况，按照甲方的规定向乙方提供必要的劳动防护用品。

第四条　教育培训

在乙方被聘用期间，甲方负责对乙方进行职业道德、业务技术、安全生产及各种规章制度的教育和训练。

第五条　工作时间

甲方实行每周工作 5 天，40 小时，每天 8 小时工作制。上下班时间按甲方规定执行。乙方享有国家规定的法定节假日、婚假、丧假、计划生育假等有薪假日。甲方确因生产（工作）需要乙方加班时，按照有关规定给予乙方一定的经济补偿或相应时间的补休。

第六条　劳动报酬

按甲方现行工资制度确定乙方月基本工资为　　元。其余各类津贴、奖金等发放按公司规定及经营状况确定。甲方实行新的工资制度或乙方的工作岗位变动时，乙方的工资待遇按甲方规定予以调整。甲方发薪日期为每月　　日，实行先工作后付薪。

第七条　劳动保险和福利待遇

乙方因生、老、病、伤、残、死，甲方按国家有关规定处理。甲方按照国家有关规定按期为乙方缴纳养老、医疗、失业、公积金等社会保障。

甲方在生产经营状况良好的情况下，为乙方购买的商业保险，在保险期内，甲方有权变更或撤销险种。

乙方因病或非因工负伤需治疗的，按照《××省（市）劳动合同规定》之规定，给予相应的医疗期。乙方在医疗期间的工资待遇、医疗费用等按照国家和××市及甲方的有关规定处理。

第八条　劳动纪律

乙方应遵守国家的法律、法规及甲方依法规定的各项规章制度。乙方应遵守甲方规定的工作程序、保密规定等制度。乙方违反劳动纪律和甲方的规章制度，甲方可按奖惩规定给予批评、教育、处罚，直至解除劳动合同。

第九条　劳动合同的解除与不得解除的规定

经甲、乙双方协商一致，劳动合同可以解除。乙方有下列情形之一的，甲方可以解除合同：

（1）试用期间，发现不符合录用条件的；

（2）严重违反劳动纪律或者甲方的规章制度的；

（3）严重失职、营私舞弊，对甲方利益造成重大损害的；

（4）依法被追究刑事责任或劳动教养的。

有下列情形之一的，甲方可以解除劳动合同，但是应当提前 30 日以书面形式通知乙方本人：

（1）乙方患病或者非因工负伤，医疗期满后不能从事原工作，也不能从事由甲方另行安排适当工作的；

（2）乙方不能胜任工作，经过培训或者调整工作岗位，仍不能胜任工作的；

（3）劳动合同订立时所依据的客观情况发生重大变化，致使原劳动合同无法履行，经当事人协商不能就变更劳动合同达成协议的；

（4）甲方濒临破产进行法定整顿期间或者生产经营状况发生严重困难，确需裁减人员的。

有下列情形之一的，乙方可以通知甲方解除劳动合同：

（1）试用期内的；

（2）甲方以暴力或者非法限制人身自由的手段强迫劳动的；

（3）甲方未按照劳动合同约定支付劳动报酬或提供劳动条件的；

（4）乙方因其他情况需要辞职，需在一个月前以书面形式通知甲方。

乙方有下列情形之一的，甲方不得随意解除劳动合同：

（1）病或负伤，在规定的医疗期内的；

（2）女职工在孕期、产期、哺乳期内的；

（3）法律、法规、规章、规定的其他情形。解除劳动合同的经济补偿，按《××省（市）劳动合同规定》执行。对于乙方在本合同期内由甲方出资培训，乙方因个人情况辞职或离职，在培训期内的按培训费的 100%赔偿，并退还任职最后 3 个月薪金；在培训结束后的，将酌情减免培训费的赔偿金额。

第十条　双方需约定的其他事项

乙方若因病不能上班时，可凭医院出具的有关证明，享受甲方规定的 1 年内 7 个工作日的有薪病假。当有薪病假日累计超过 7 天后，甲方将按规定从乙方工资中扣除相应金额。

第十一条 违反劳动合同的责任

甲、乙双方任何一方违反劳动合同，给对方造成经济损失的，应根据损失情况和责任大小，依据国定的有关法规和企业依法制定的规章制度及双方约定的事项，承担一定的经济补偿。

第十二条 劳动争议

甲、乙双方履行本合同和因辞退、除名、开除乙方而发生劳动争议时，可由甲、乙双方协商解决。若双方不能协商解决的，可由争议的一方向企业所在地的劳动争议仲裁委员会申请仲裁。不服从仲裁裁决的一方，可在收到仲裁裁决书之日起十五天内，向甲方所在地人民法院提出诉讼。

第十三条 其他

本合同一式两份，甲、乙双方各执一份，经双方签字盖章后生效，两份具有同等法律效力。本合同未尽事宜，按照《劳动法》、《××省（或市）劳动合同规定》和甲方的有关规定执行。本合同条款如与国家法律、法规和政策相悖时，以国家法规政策为准。

甲方（盖章）： 联系电话：

年 月 日

乙方（签字）：

年 月 日

2. 劳动合同的法律效力

劳动合同经双方当事人签字或盖章后就发生法律效力。

根据《劳动法》第十八条的规定，违反法律、行政法规的劳动合同和采取欺诈、威胁等手段订立的劳动合同都是无效劳动合同。劳动合同的无效，由劳动争议仲裁委员会或者人民法院确认，引起无效的原因大体有以下几种。

（1）合同主体不合格。如受雇一方提供了假的学历、学位、专业技术资格证书，聘用单位不具备招聘资格等。

【案例】

陈超鹏是全日制高职院校毕业生，他在求职的时候发现，仅凭自己的大专学历，很难觅到一份较好的职业，特别在有些企业，起步就需要本科生。尽管他再三强调他有能力，有真才实学，可是依然屡屡碰壁。有一天，他看到某企业招聘一名技术人员，但要求本科学历，除了学历，他觉得自己哪方面都比较适合，他不想再失去这次机会了。于是，他决定铤而走险，按街上贴的小广告上的电话，违法购买了一张假文凭。凭借这份假学历证明，经过笔试、面试，他成功应聘进了该企业，并约定试用期3个月。

在他工作了2个月后，该企业发现他的文凭系假文凭。这时陈超鹏只得承认自己为了应聘成功，不得以撒谎欺骗了企业的事实，他请求企业看在自己的工作能力和工作态度上能够予以谅解。但该企业管理层认为，企业一再强调员工应该诚信，陈超鹏却以欺骗的方式达到与企业签订劳动合同的目的，为惩戒和杜绝此类行为的发生，立即解除了与陈超鹏签订的劳动合同。陈超鹏后悔莫及。

（2）合同内容不合法，即劳动合同有悖法律、法规及善良风俗，或是损害了国家及社会的公共利益，如约定制造冰毒、假钞等。内容不合法的劳动合同不受法律保护。

【案例】

李冰学的是图书出版专业，大学毕业后，因为某私营企业待遇优厚，吸引了他的加盟。与该公司签订了劳动合同。合同中规定李冰必须无条件服从公司的决定，听从公司的工作安排。如果不服从公司安排，违约最高需要支付公司1万元违约金。

单纯的李冰没有看出来合同上的问题，欣然签约。谁知道工作半个月后，李冰发现公司之所以待遇优厚，是因为该公司涉嫌印制盗版图书。当李冰熟悉工作之后，公司安排李冰扫描某正规出版社出版的图书，欲制成胶片印刷出版，牟取暴利。因为担心自己被牵扯进去，李冰提出来辞职，公司于是拿出合同，指出李冰未服从公司安排，需要支付1万元违约金。

回到家里后，李冰闷闷不乐，被父亲发现，父亲询问他后方知原委，便让李冰把那份合同带上，一起找做律师的姑姑咨询一下。姑姑看完合同后，告诉李冰完全不用担心，因为该公司与李冰签订的合同有悖于法律，而且损害了他人的利益，不受法律保护。于是，李冰才放下心来，另外找工作单位上班。

（3）违背真实意愿。劳动合同是双方合意的产物，应该是当事人真实意思的表示。采取欺诈、威胁等手段订立的劳动合同，违背一方的真实意愿，因而是无效的。

【案例】

小文是2010年毕业生，自2010年8月1日起应聘于一家建筑公司。应聘及签约单位均为总公司（国企），但工作于其北京第二公司（私人挂靠）。签约时，由于没有经验，在“一边倒”的合同（无试用期，实习期一年，签约5年，违约金5万）上签了字，但当时小文提出不同意该份合同，公司人事承诺修改合同，但至今毫无音信。现在，小文提出要与公司解除合同，公司让小文支付违约金。公司的这种行为是否属于欺骗行为，是否合法？

小文遇到的问题其实是一个普遍的社会问题，它正是劳动者弱者地位的真实写照。由于劳动者与用人单位相比，处于相对弱势地位，加之现在的劳动力市场是供远大于求的状况，所以，一些劳动者为了得到一份工作，来挣钱维持自己的生计，在求职时面对用人单位单方制定出的劳动合同文本，心里可能有很大的意见，但因怕得不到工作，不敢提出自己的意见，即使个别人委婉地提出意见，往往被用人单位拒绝后，也不敢再坚持己见，只好委屈求全地在合同上签了字，先得到这份工作再说。

但是从法律角度上来看，劳动者在劳动合同上签字，是表示自己对这份合同认可、并愿意遵守和履行这份合同的行为。如果拿不出用人单位在签合同时，采用了胁迫或欺诈的证据的话，就只能被认定为这是自己的真实意思所为，就不能说这是一份无效的劳动合同。

（4）合同形式不合法。这是指劳动合同没有采取书面形式、当事人也未实际履行主要义务，或者依法应当事人要求应当鉴证的劳动合同没有鉴证等。在一般情况下，只要当事人采取补救措施，使合同形式上合法化，就可以认定合同有效。

【案例】

杨芬大学毕业后，应聘进一家电子商务公司做平台销售。当她工作了近半年之后，公司以其仍在试用期为由，不仅不给她应有的业务提成，还给她发放比其他职工工资低15%的实习工资。为此，杨芬向公司递了辞呈，并且要求公司按照《劳动合同法》的规定，支付她双倍月薪。

《劳动合同法》第八十二条规定：用人单位自用工之日起超过一个月不满一年未与劳动者订立书面劳动合同的，应当向劳动者每月支付两倍的工资。

公司后来向杨芬承认了错误，鉴于杨芬业绩不错，遂请求她签订劳动合同，补发她应得的工资和提成。双方达成协议后，杨芬收回了辞呈。

3. 劳动合同签订的基本原则

劳动合同的订立，是指劳动者与用人单位之间为建立劳动关系，依法就双方的权利义务协商一致，设立劳动合同关系的法律行为。订立劳动合同的原则是指劳动者与用人单位订立劳动合同时必须遵循的基本准则。

《劳动合同法》规定，签订劳动合同要遵循平等、自愿、协商一致的原则，不得违反法律和行政法规的规定。劳动合同依法订立，即具有法律效力，当事人必须履行劳动合同规定的义务。

（1）平等原则

是指订立劳动合同的双方当事人法律地位平等。因此，毕业生应该依据《劳动合同法》的规定，理直气壮地要求与用人单位签订劳动合同。在合同上签字前，要仔细阅读合同条款，对内容含混的条款要坚持改写清楚，对不合法的内容要据理力争，以维护自己的合法权益。

【案例】

小华刚刚应聘到一家公司上班，当初公司与小华签订了为期一年的劳动合同，规定的试用期为一个月。可是该公司却经常性地要求员工加班，而且劳动强度非常大。因此小华上班半个月后，就不想干了。谁知，小华的辞职请求却被公司拒绝。小华咨询了律师，想问问该公司有没有权力强迫自己继续工作。

律师意见：该公司无权阻挠小华解除劳动合同。《劳动合同法》第37条规定：劳动者在试用期内提前三日通知用人单位，可以解除劳动合同。虽然小华已经与公司签订了一年的劳动合同，但目前依然是在试用期内假如发现用人单位工作不利于自己将来的发展，不必有什么顾虑，可以断然行使解除劳动合同的权利。并且，处于试用期的劳动者不必向用人单位说明任何原因和理由，只要提前三天通知用人单位即可，而用人单位也无权阻挠劳动者离开。

（2）自愿原则

是指劳动者要完全出于自己的意愿签订劳动合同，用人单位不能强迫或欺骗劳动者签订劳动合同。

【案例】

2010 年，在山西省教育厅的统一安排下，太铁技校二年级学生全数被转移至某公司实习上班。技校学生经过一天的体检、分配宿舍和工种，一切安排妥当，准备第二天签订劳动合同。

第二天，所有学生云集会议礼堂，准备与该公司签订劳动合同。合同中一项规定引起了学生们的不满，很多学生准备离开会场。谁知，学生们走到礼堂门口，被保安阻拦住去路，当时会场气氛一度非常紧张。之后，信息部的学生，因不满公司对待他们的态度，开始在会场里摔打板凳，而保安也开始用暴力手段对待学生，双方矛盾进一步激化。

随后，陆陆续续的有大批学生开始返回宿舍。这中间，有一名学生与保安发生了口角，以致后来发展到了推搡。旁边有几个同学出于好心，想上去拉开双方。谁知，保安对上来劝架的学生动起了手。一石激起千层浪，学生们与该保安发生了身体冲突，随后该保安打电话叫来另外几名保安，一个个手持铁棍、砍刀，扬言谁要是敢出大门就砍死谁。随之学生们一拥而上，将几名保安赶跑。

中午就餐时，饿了一天的学生们集体来用餐，谁想餐厅服务人员对学生们的态度很是嚣张，愤愤不平的学生又开始打砸食堂，表达自己的不满。

此事在当地引起了很大的社会影响，最终学校将这 2000 多名学生带回学校，此事算是有了最后的了结。

该公司以近乎强迫的手段，让学生与其签订不平等合同，本身对其企业形象就是莫大的损伤。保安极不可取的做法，更是在社会上引起了不小的负面影响。在此提醒大学生就业者，遇到强迫签订合同的情况时，绝对不可妥协，要维护自己的利益。

（3）协商一致原则

是指劳动合同的各项条款是经过平等协商、取得一致意见后签订的。

【案例】

文慧应聘进一家化妆品公司做销售工作，当初她和公司签订劳动合同时，为了避免自己的权利受到损害，文慧叫上了做律师的舅舅把关。当遇到不合理的条款时，他们就和公司进行交涉，最终意见取得一致后才签了约。比文慧先来的同事都后悔，当初没有像她这样找个把关的人来，白白地损失了自己的利益。

（4）合法原则

是指签订劳动合同的双方不得违反法律和行政法规的规定，也就是说，订立合同的主体和内容必须合法。

【案例】

柳芳大学毕业后，找工作屡屡碰壁。究其原因是自己学校没有名气，而且专业也不吃香。再加上自己来自农村，没有什么特长，她又想留在上海这座大都市工作。找工作的压力令她只好将就业目标暂时定向在体力劳动上，为此，她经常出现在人才市场的门口。

有一天，一位打扮入时的大姐张某停留在她的身边，问明柳芳的具体情况后，张某说她家需要一个保姆，问她愿意不愿意去做，每个月工资 5000 元。在上海，这个工资不算高，但也够生活。于是，柳芳决定把张某的家作跳板，以后有了好工作再离开。

谁知道张某的打算是想让柳芳做代孕女子。她和丈夫打拼了 15 年，终于在上海有了一席之地，却发现自己不能生育，于是她想到了代孕。虽然法律上不合法，但是，在她周围私下里还是有一些夫妻选择了农村来的大学生作代孕对象。在张某家里，当张某向柳芳说明了自己的真正目的后，柳芳并没有同意。张某说让她想几天，先做着保姆的活，并且承诺代孕后如果是男孩，将支付她 100 万元代孕费，如果是女孩支付 80 万元代孕费，同时，生完孩子后还可以将其送到外国留学，其留学期间的生活费也由张某出。

柳芳经过两天激烈的思想斗争，终于抵制不住金钱的诱惑，同意与张某签订代孕合同。签完代孕合同后的第三天，张某的丈夫出差归来，张某精心安排他俩晚上同住一间房，但是，在最后关头，柳芳还是决定放弃代孕。她不想用自己的身体为自己赢得未来。

当柳芳向张某摊牌时，张某恼羞成怒，以代孕合同上的如果毁约赔偿 5 万元人民币的条款，要柳芳赔偿他们的损失 5 万元。柳芳答应酬钱赔偿，但是，她在回校后便去咨询了律师。律师告诉她代孕生子在中国目前是不合法行为，因此所签的合同是无效合同，同时告诫柳芳要努力通过双手赚钱，不要贪慕虚荣。

虽然案例里的张某所拟定的代孕合同并非是合法合同，柳芳因此也不用对张某进行赔偿。但是通过以上案例，提醒大学生就业者，虽然《劳动合同法》是大学生保护自己权益的信任保障，但是不可因金钱私欲签订劳动合同，因为法律不会为违法合同提供保护。

8.3　就业协议的作用与签订

1. 就业协议的作用

就业协议是《全国普通高等学校毕业生就业协议书》的简称，又叫三方协议（见表 6-1）。它是明确毕业生、用人单位、学校三方在毕业生就业工作中的权利和义务的书面表现形式，能解决应届毕业生户籍、档案、保险、公积金等一系列相关问题。协议在毕业生到单位报到、用人单位正式接收后自行终止。就业协议一般由国家教育部或各省、市、自治区就业主管部门统一制表。

《全国普通高等学校毕业生就业协议书（简称就业协议书）》，是对毕业生、用人单位、培养院校均有约束力的文书契约。现行的就业协议书是由教育部高校学生司统一制表、省毕业生就业主管部门统一印制。按《普通高等学校毕业生就业工作暂行规定》（见表 6-2）和教育部的有关规定，为维护毕业生就业工作的严肃性、公正性和公平性，就业协议书明确规定了毕业生、用人单位和培养院校三方在毕业生就业工作中的权利和义务。凡被用人单位正式录用的毕业生均需签订就业协议书，凭就业协议书办理全国普通高等学校本专科毕业生就业报到证。

【案例】

罗强学的是文秘专业，毕业后取得了专科学历。在一次招聘会上，他与市里一家中等规模企业签订了就业协议书，约定违约金为5000元。于是，罗强便不再找工作，等待企业通知前去报到的日期。

该企业在后来的一次网络招聘上，发现另一名学生赵凯迪比罗强的综合素质要好，最重要的是赵凯迪是本科生，为此，有了和罗强解约并和赵凯迪签约的意向。当该企业通知罗强前往该企业时，罗强还以为去报到，谁知道是办解约手续，心里有些难过。他便向该企业索要违约金5000元，却遭到拒绝，该企业声称罗强一天班都没上，凭什么给他5000元。

后来，罗强带了父亲找的律师陈先生来到该企业进行交涉，最后，该企业决定继续聘用罗强，不再解约。于是，罗强用法律武器为自己争取了应得的权益。

2. 就业协议的签订

签就业协议的程序如下。

（1）毕业生先按协议书的“说明”，填写好协议书中由毕业生填写的基本内容（一式三份同时填写）见图8-1和图8-2。

（2）毕业生与用人单位达成就业协议后，毕业生在协议书上签名或盖章，用人单位在协议书上签署意见并盖公章。

（3）用人单位报上级主管部门审批、签署意见、加盖公章。

（4）用人单位在与毕业生签订协议书之日起的十个工作日内将协议书寄送学校就业指导中心。

（5）学校就业指导中心签证后加盖公章，将协议书反馈给用人单位和毕业生本人，同时列入就业建议方案。

备注：

编号： NO.

全国普通高等学校毕业生就业协议书

毕 业 生 ____________

用人单位 ____________

学校名称 ____________

教育部高校学生司制表

图8-1　就业协议书第1页

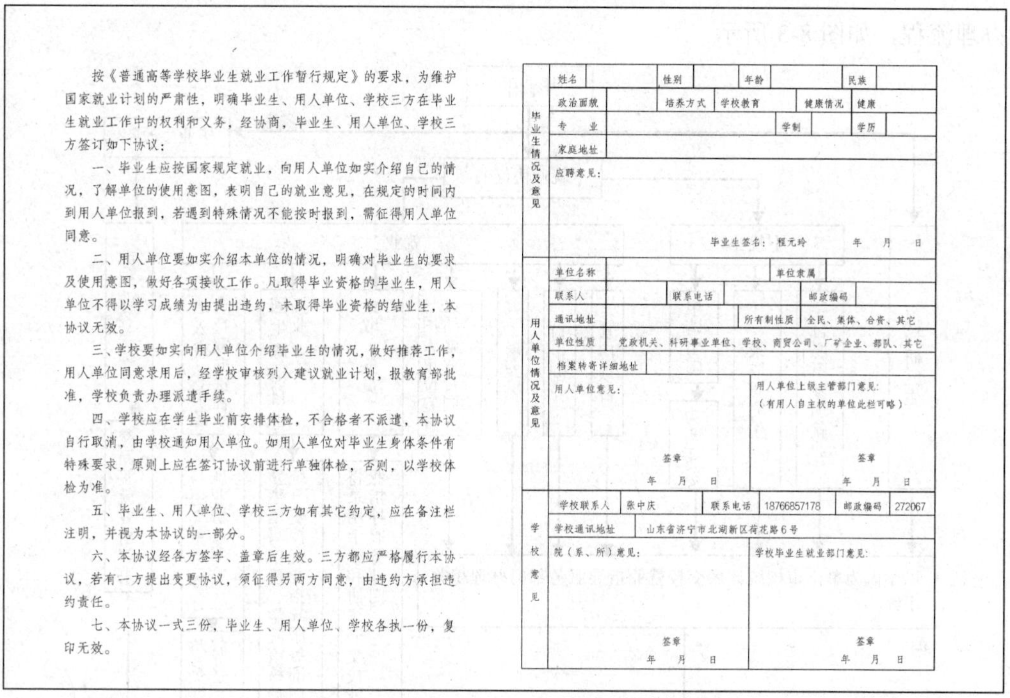

按《普通高等学校毕业生就业工作暂行规定》的要求，为维护国家就业计划的严肃性，明确毕业生、用人单位、学校三方在毕业生就业工作中的权利和义务，经协商，毕业生、用人单位、学校三方签订如下协议：

一、毕业生应按国家规定就业，向用人单位如实介绍自己的情况，了解单位的使用意图，表明自己的就业意见，在规定的时间内到用人单位报到，若遇到特殊情况不能按时报到，需征得用人单位同意。

二、用人单位要如实介绍本单位的情况，明确对毕业生的要求及使用意图，做好各项接收工作。凡取得毕业资格的毕业生，用人单位不得以学习成绩为由提出违约，未取得毕业资格的结业生，本协议无效。

三、学校要如实向用人单位介绍毕业生的情况，做好推荐工作，用人单位同意录用后，经学校审核列入建议就业计划，报教育部批准，学校负责办理派遣手续。

四、学校应在学生毕业前安排体检，不合格者不派遣，本协议自行取消，由学校通知用人单位。如用人单位对毕业生身体条件有特殊要求，原则上应在签订协议前进行单独体检，否则，以学校体检为准。

五、毕业生、用人单位、学校三方如有其它约定，应在备注栏注明，并视为本协议的一部分。

六、本协议经各方签字、盖章后生效。三方都应严格履行本协议，若有一方提出变更协议，须征得另两方同意，由违约方承担违约责任。

七、本协议一式三份，毕业生、用人单位、学校各执一份，复印无效。

毕业生情况及意见	姓名		性别		年龄		民族	
	政治面貌		培养方式	学校教育		健康情况	健康	
	专　业				学制		学历	
	家庭地址							
	应聘意见： 毕业生签名：程元玲　　年　月　日							
用人单位情况及意见	单位名称				单位隶属			
	联系人		联系电话			邮政编码		
	通讯地址			所有制性质	全民、集体、合资、其它			
	单位性质	党政机关、科研事业单位、学校、商贸公司、厂矿企业、部队、其它						
	档案转寄详细地址							
	用人单位意见： 签章 年　月　日				用人单位上级主管部门意见： （有用人自主权的单位此栏可略） 签章 年　月　日			
学校意见	学校联系人	张中庆	联系电话	18766857178	邮政编码	272067		
	学校通讯地址	山东省济宁市北湖新区荷花路6号						
	院（系、所）意见： 签章 年　月　日				学校毕业生就业部门意见： 签章 年　月　日			

图 8-2　就业协议书第 2 页

8.4　其他就业手续的作用和办理

就业手续一般包括《毕业生就业推荐表》、《就业协议书》、《报到证》。

1.《毕业生就业推荐表》的作用

（1）它是应届毕业生身份的证明材料，必须真实可靠。

（2）它是用人单位向人事审批部门申报户口的重要材料。

2.《报到证》的作用

（1）应届毕业生转户、转档的重要凭证；

（2）个人身份的重要认定材料；

（3）人才市场的准入证、档案流动的通行证；

（4）用人单位接收的重要凭证；

（5）转正定级、职称评定的重要材料。

3. 毕业生就业手续办理流程图

若用人单位不能解决户口，则没有必要签订三方协议，毕业生可与用人单位签订双方《就业意向书》（毕业后再签订《劳动合同书》），并按照“签订劳动合同”去向在就业指导中心办理就业手续，其户口档案将二次分配回生源地，详细流程参照灵活就业去向就业手续办理流程，如图 8-3 所示。

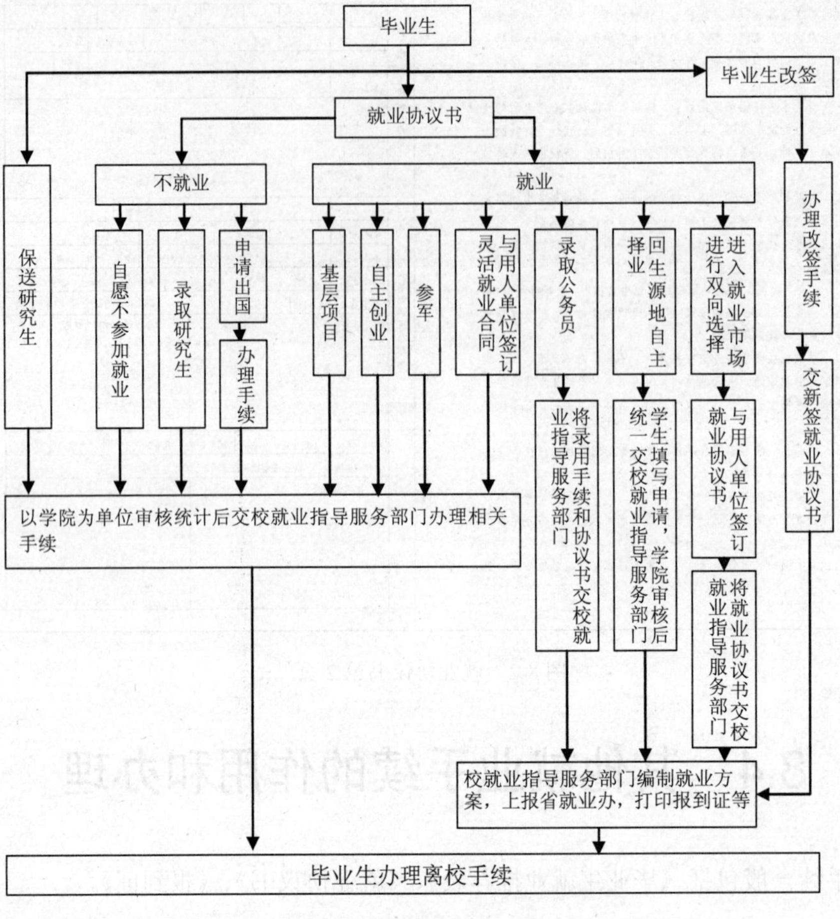

图 8-3　就业手续办理流程图

8.5　违约与劳动争议

1. 违约责任

（1）劳动合同文本中未载明必备条款或者用人单位未将劳动合同文本交付劳动者，给劳动者造成损害的，应当承担赔偿责任。

（2）用人单位应在用工一个月内与劳动者签订劳动合同，否则支付双倍工资。用人单位自用工之日起，超过一个月不满一年未与劳动者订立书面劳动合同的，应当向劳动者每月支付两倍的工资。

（3）试用期违规约定，应支付赔偿金。

（4）用人单位违规扣押劳动者居民身份证等证件的，应限期归还劳动者。

（5）未按照劳动合同的约定或者国家规定及时足额支付劳动者劳动报酬、加班工资及补偿金的，应限期支付，否则加付赔偿金。

（6）用人单位违反规定解除或者终止劳动合同的，向劳动者支付 2 倍赔偿金。

（7）用人单位用强迫手段给劳动人身心健康造成损害的，应当承担赔偿责任。

（8）劳动者违反规定解除劳动合同，或者违反劳动合同中约定的保密义务或者竞业限制，给用人单位造成损失的，应当承担赔偿责任。

【案例】

徐扬在毕业前的招聘会上和一家用人单位签订了劳动合同，岗位为计算机编程人员。但是在他入职一个月后，一次公司体检，查出他是乙肝病毒携带者，公司便提出与他解除劳动合同。徐扬感到非常痛苦，自己又不是从事国家规定的特殊行业（如食品制造），从而不允许是乙肝病毒携带者。早在 2008 年 1 月 1 日就开始实施的《就业促进法》虽然没有提到乙肝病毒携带者的具体字眼，但在第三十条却作了概括性规定，用人单位招用人员，不得以是传染病病原携带者为由拒绝录用。因此，他认定公司单方面和自己解除合同是违约行为。为此，他寻求了法律的帮助，追究了公司的法律责任，为自己以及其他乙肝病毒携带者维护了正当权益。

这是一个典型的劳动合同纠纷案例。该用人单位以非法律规定的理由，拒绝与劳动者签订劳动合同，那么劳动者就有权依靠法律规定，要求用人单位对自己做出赔偿。

2. 劳动争议

（1）定义。

劳动争议又称劳动纠纷，是指劳动关系当事人之间因为劳动权利与义务发生的争执。

（2）范围。

因开除、除名、辞退职工和职工辞职、自动离职发生的争议；

因执行国家有关工资、社会保险和福利、培训、劳动保护的规定而发生的争议；

因执行、变更、解除、终止劳动合同发生的争议等。

（3）处理程序。

劳动争议处理程序为“一调一裁两审”制，主要包括：劳动争议调解、劳动争议仲裁、劳动争议审理。

8.6 人事代理与社会保险有关知识

1. 人事代理

人事代理，在我国是指在社会主义市场经济条件下，经组织人事部门批准或授权指定的人才服务机构，受单位和个人委托，运用社会化服务方式和现代化手段，按指定的法律和政策规定，为其代办的有关人事业务。简单地说，就是把“单位人”变成“社会人”，实现人事关系管理与人员使用分离，即单位管用人，而一些具体的人事管理工作，如档案管理、计算工龄、评定职称、社会保险等，由人才交流中心代管。

2. 人事代理的内容

目前，全国各地人事代理发展迅速，代理内容不断丰富，代理形式趋于多样化，概括起来主要包括以下四个方面。

- 围绕人事档案管理进行的低层次的人事代理，包括存放或转递人事关系、调整档案工资、评定专业技术职称、办理因私因公出国政审、出具各种人事证明等。
- 围绕社会保障进行的新形式的人事代理，包括失业保险、养老保险、医疗保险等。
- 围绕人力资源开发进行的深层次代理，包括人才招聘、人才测评；人事诊断、人才考核和人才发展规划。
- 围绕信息咨询进行的服务性代理，如发布人才供求信息、代发招聘广告和公司形象设计、工薪制度咨询、就业指导、职业咨询等。

3. 社会保险

社会保险是国家为了帮助公民抵御各种生活危险而建立的一种社会保障制度。社会保险的项目一般包括养老保险、医疗保险、失业保险、生育保险、工伤保险，见表 8-1。

表 8-1　社会保险说明

社会保险项目	相关规定
养老保险	实行社会统筹和人人账户相结合的模式。用人单位的缴费比例为工资总额的 20%，个人缴费比例为本人工资的 8%并记入个人账户。养老保险累计缴满 15 年达到法定退休后才能领取养老金
医疗保险	实行社会统筹和人人账户相结合的模式。用人单位的缴费比例为工资总额的 8%，个人缴费比例为本人工资的 2%并记入个人账户
失业保险	所有组织及其职工必须缴纳失业保险。用人单位的缴费比例为工资总额的 2%，个人缴费比例为本人工资的 1%。失业保险缴满 1 年符合规定才能享受失业保险待遇
生育保险	生育保险费由用人单位缴纳，职工个人不缴费。生育保险主要支付生育发生的医疗费用和产假期间按月发放的生育津贴
工伤保险	工伤保险由用人单位缴纳，职工个人不缴费。工伤保险主要支付工伤医疗费、伤残补助金、抚恤金、伤残护理费等

案例点评

2008 年年初，紫晴偶然进入出版业，在 CXBW 科技发展有限公司做策划编辑，虽然之前公司一直没跟她签劳动合同，但由于紫晴比较喜欢这份工作，在这个岗位也学到很多知识，所以也没有提出异议，反而更加勤奋地工作。因为她觉得靠自己的努力一定会得到公司的认可。

直到紫晴工作 8 个月后，公司为了应付工商检查，提出补签劳动合同，这令紫晴欣喜不已，心想养老保险的事也该有着落了，而且凭她的业绩，到了年底还会有一笔可观的提成，这个年可以好好过了。

可她万万没有想到 3 个月后，她永远记得这一天——小年前一天（北方的小年是农历腊月 23），当紫晴以为年底了终于可以拿提成的时候，却被突然告之已被公司解聘。紫晴什么都没说，拿了当月的工资立刻收拾东西准备走人。当她坐到电脑前，整理文件的时候她才突然明白过来——计算机里的工作文件全部被转移了，她的工作盘 E 盘成了空盘。呵呵，紫晴心颤地笑着，5 万多元的提成也打水漂了。没有多说话，她复制了自己的东西到 U 盘里后，拿了工资就离开了公司。

这个年，紫晴没有过好，因为赶上了金融危机。好在紫晴的工作能力不错，过完年，紫晴从网上投简历，走进了新东家 SDX 公司的大门。

就在朋友们以为紫晴会告原公司 CXBW 的时候，紫晴反而没有告。她不告的原因是：公司的提成一说根本没有任何书面的证据。公司签订了劳动合同，虽然是应付检查的，但事实如此了，所以最多只有保险的补偿金，可是保险的补偿金也不过几千元。紫晴认为她从 CXBW 学到了出版业的很多知识，就当自己是交学费了。于是，没有去追究。

2009 年 11 月 17 日注定是个特别的日子。下午，紫晴刚刚开完会，正在办公室里休息，忽然接到 SDX 公司武会计的电话，离开公司已经 4 个月了，诧异来电的同时，还是镇定地接听了电话：

“喂，你好！”

“紫晴，你怎么没来呀？我来给你送钱来了。”武会计微笑着说道。

“嗯？什么意思啊？”紫晴装傻，继续问：“送什么钱啊？”

武会计笑着说：“你不是把公司给告了吗？我来给你送钱来了，1.5 万元。快来吧，我在仲裁厅等你呢。”

“哦，知道了，那我半个小时后到！”

挂断电话，紫晴立刻给她的代理律师打电话，说明事情的经过后，俩人约好在仲裁厅见面。

10 分钟后，紫晴先到了。这是她第一次来仲裁厅，因为紫晴不想跟原公司碰面，因此之前几乎所有的工作都委托给律师处理了。呵呵，紫晴忽然觉得很轻松，事情终于有了结果，而且，比预期要快，证明了紫晴的判断，一贯的准确。

紫晴为何告公司？紫晴怎么告的公司？

1. 开两份证明

2009 年年初，紫晴来到 SDX，开始新的工作和生活，没有试用期，直接上岗。呵呵，紫晴很庆幸，自从大学毕业后，她的试用期就没有超过半个月过。紫晴是这家公司唯一的一位策划编辑，很受老板器重。紫晴觉得发展平台和空间都不错，直到发工资的时候，她才发现问题。

紫晴是老板直接面试的，工资也是由老板直接跟财务交代的，连负责人事的副总都不知道紫晴的工资是怎么安排的。本来谈的时候是基本工资 3000 元，可发工资的时候紫晴发现，基本工资变为 2850 元，饭补 150 元，除此以外，没有其他的福利，而且公司是现金发放工资的，不知道除了避税以外，是不是还有其他原因。也正是从这个时候起，紫晴才开始有所警惕。于是又过了一个月的时候，紫晴以申请银行信用卡需要出具工资证明为由，让公司出具了一个证明，加盖公司的章！大意是：

紫晴（身份证号：××××××1984××××××××），于 2009 年 2 月 2 日开始在北京 SDX 图书有限公司工作，工资 3000 元，即叁仟圆整。特此证明！

紫晴找到财务盖好了公司的章以后把这份证明收好了，同时又复印了几份。

紫晴在工作了快 6 个月的时候，被另外一家公司挖走，于是紫晴递交了辞呈。由于在职期间紫晴代表公司签署过几分合同，于是紫晴又要求公司出具了一份离职证明，加盖公司的章！大意是：

紫晴（身份证号：××××××1984××××××××），于 2009 年 2 月 2 日至 2009 年 8 月 9 日，在北京 SDX 图书有限公司工作，职位为策划编辑，于 2009 年 8 月 10 日起离职，今后该公司各项业务均与紫晴无关，特此证明！

2. 拍照片

SDX 很注重凝聚力及公司企业文化的推广工作，因此公司会议室整个墙上都是公司的架构图和公司相关信息，于是紫晴用数码相机拍下了公司的架构图。

3. 用手机录像

紫晴一直很注意与同事之间的相处，尤其是与财务的关系一直很好，于是在去领最后一个月工资的时候，去工资单上签字领工资时假装忙着看手机信息。其实紫晴是用手机在录像!!事实证明，这个在作为证据使用的时候效果最大！

其实，紫晴做这一切，都只是为了预防万一。有了前车之鉴，这一次紫晴只是不想再被剥削。这一系列的准备，其实目的很简单，只是要证明自己在公司工作过，工资是多少，工作了多长时间。

经历了这两家公司后，紫晴已经明白了事情的原委。为何 CXBW 会在后来补签劳动合同，那是因为原来一位被解聘的同事将公司给告了，理由就是未按劳动法签订劳动合同。也正因为如此，紫晴才会选择隐忍，不告 CXBW。而即便是紫晴炒了 SDX，她依然告公司，原因很多，其中一条重要的原因就是，紫晴想要 SDX 的老板明白，人不可以那么不厚道。

当紫晴在律师的协助下，拿到赔偿金的时候，紫晴当场支付了剩余的律师费。这次的官司一共得到了 1.5 万元的赔偿，律师费 3500 元。紫晴这个官司接受调解了，没有往后打，因为她不想拖太久，也不想做太绝。

劳动仲裁厅调解的时候，第一次 SDX 同意赔偿 1 万元，紫晴没有同意，跟她的律师说至少 1.6 万元，第二次调解的时候，SDX 同意赔偿 1.3 万元，紫晴跟律师讲，最低 1.5 万元，如果不同意，就走下一个程序。以紫晴对 SDX 老总的了解和他对紫晴个性的了解，紫晴觉得这是一个彼此都可以接受的结果。果然，第二天就调解成了。

点评：

（1）紫晴是否有权利起诉所供职过的第一家单位 CXBM？

紫晴是在该单位已工作八个月后，单位才与其签订了劳动合同，之后又工作 3 个月后遭到了单位的辞退。也就是说紫晴在该单位总共工作有 11 个月的时间。根据《劳动法》规定，工作未满一年时间，遭到用人单位单方面解除合同的劳动者，有权要求用人单位给予劳动者双倍工资。因此紫晴是有权利起诉 CXBM 的。

（2）饭补等补贴能算作基本工资的一部分吗？

对于饭补、车补等员工福利补助，究竟应不应该算做基本工资的一部分，法律上并没有强制性的规定。简单来说，假如饭补等福利补助，是以现金方式发放，就应当算进基本工资内。假如不是以现金方式发放，就应当算作辅助工资，不该计算在基本工资内。

（3）紫晴为什么要让单位开那么多的证明？

对于与用人单位发生劳动纠纷的就业者来说，维护自己的权益，首先要掌握足够多的证据，比如你的总共工作期长度，工作种类以及其他各种相关手续，只要能起到证明作用的证据，都应当及时保存。切莫因一时的大意，为将来可能发生的纠纷埋下伏笔。

素质拓展

【案情】

申诉人：李某，男，23 岁，某私营鞋厂工人。

被诉人：某私营鞋厂。

法定代表人：王某，某私营鞋厂厂长。

2011 年 10 月 27 日，李某与被诉人签订一份劳动合同。合同规定：乙方（李某）每天工作 12 小时，每小时工资 4 元；工作期间乙方因病、因工或非因工负伤均自行承担相关费用，公司不负责；合同期 2 年，乙方每提前一年解除劳动合同，均要支付 5000 元/月违约赔偿金。另外，李某系临时性合同工，正式合同工待遇是每日工作 10 小时，每小时工资 8 元。公司加班从不征求工人意见，该公司亦未组建工会组织。

2012 年 8 月 27 日，申诉人李某以用人单位劳动条件恶劣和工资太低为由要求终止双方劳动合同。被诉人拒不同意，以要求王某支付 1 万余元违约金阻拦。李某不服，向当地劳动争议仲裁委员会申诉。

法院判决：

（1）双方签订的劳动合同无效；

（2）补付工资及加班工资 20000 元；

（3）被诉人要求予以驳回。

请同学们根据本模块所学内容，对本案件予以点评，并对以下问题进行回答和分析。

① 为什么法院判定李某与该鞋厂签订的是无效合同？法律依据是什么？

② 为什么法院裁定鞋厂为李某补发工资？法律依据什么？

第 9 章　创业基本知识与创业实践

就目前国内的就业形势而言，大学生选择创业之路，无疑是解决就业紧张的有效方法之一。若想让自己的创业之路走得更加平坦顺利，就必须提前了解和学习创业方面的基础知识，同时还要加强自己的创业实践，从而帮助自己更快速地进入成功创业的道路。

9.1 创业概述

1. 创业的含义

（1）创业的定义

创业，指的是创业者利用自己所拥有或者努力尝试拥有的资源进行优化整合，继而凭借个人能力和团队能力创造出更大的经济或社会价值的行为过程。企业是某个人或者某个群体通过有组织的努力，以创新、独特的方式追求机会、创造价值和谋求增长，是着重于一种创新活动的行为过程，也就是创业者通过创新的手段，将资源更有效地利用，为市场创造出新的价值。创业者应该努力积极寻求机会，进行创造性资源利用、资源开发，从而创造出更高价值，服务于社会。

（2）创业要素

对创业来说，最至关重要的要素就是创业机会、创业团队和创业资源。它们贯穿于创业的始末，并且作用于企业成长和发展成熟阶段。

新创立的公司往往具备着一般公司所不具有的创造力和想象力。但是由于它们相对脆弱，因此会有很多因素制约着它们的成长和发展，所以新创业者对创业机会、创业团队和创业资源，应学会充分利用和发挥。很多科技创新大企业在公司进入轨道后，都希望能够将公司重新带入创业阶段，重新获得那种激情和快速发展的动力。

（3）创业过程和阶段划分

创业过程，是一个有阶段性的过程，它包括大学生创业者从发现机会，产生创业想法到创建新企业并获取回报。其中涉及寻找机会、组建团队、寻求融资等主要内容。

创业阶段可以根据创业过程大致划分为四个主要阶段：机会识别、资源整合、创办新企业、新企业生存和成长。

① 机会识别。机会识别，是创业活动的第一阶段。没有机会也就没有什么创业可言。大学生创业者在通常情况下，都对未来充满了热情，往往在这种情况下会失去理性思维，

对机会的识别不能准确把握。所以对机会的识别和筛选，也能体现出一个优秀创业者的潜质来。

② 资源整合。资源整合，是指创业者将创业所需要的各种资源进行充分利用和配置的过程。例如融资、组建团队和寻找创业条件，然后将这些因素有机地结合在一起。资源整合是个彻头彻尾的苦力活，它考验着一个创业者的智慧、毅力和耐力。资源整合进行得充分，那么创业机会就能够得到有效发挥，企业未来的发展也会更加合理和顺利。

③ 新企业创办。首先创业者需要确定创业方向，其次对资源进行整合，当这一切都准备充分后，那么就是创办新企业的时候。这个过程里，需要创业者同各级政府和有关部门沟通，做好新企业开张的各种准备活动，这些活动是冗繁的，但又是必不可少的。能够好好配合政府和有关部门，企业才能够顺利开办起来。

④ 新企业生存和成长。俗话说“打江山易，守江山难”，企业生存要比创办企业难得多。这也是创业活动的最后一个阶段。而经过这一阶段，新创企业也就正式走向成熟和稳健，形成新的一套发展趋势和规律。

2. 创业者与创业团队

（1）创业者

① 创业者的基本概念。从词源来看，创业者英文为 entrepreneur，和企业家为同一单词，意为在没有或拥有较少资源的情况下，锐意创新，发掘并实现潜在机会价值的个体。对创业者的定义有很多种，1880 年，法国经济学家萨伊首次给出了创业者的定义，他将创业者描述为“将劳动、资本、土地这三项生产要素结合起来进行生产的第四项要素，是把经济资源从生产率较低、产量较少的领域转移到生产率较高、产量较大的领域的人”。香港创业学院院长张世平是这样定义的：“创业者是一种主导劳动方式的领导人，是一种需要具有使命、荣誉、责任能力的人，是一种组织、运用服务、技术、器物作业的人，是一种具有思考、推理、判断能力的人，是一种能使人追随并使追随的人获得利益的人，是一种具有完全权利能力和行为能力的人。”

创业者与职业经理人的区别在于，创业者是指一种开办或经营自己企业的人，他们既是员工，又是雇主，对经营企业的成功与失败负责；职业经理人通常不是他们所管理公司的所有者，而是被雇来管理公司日常运作的人。

② 创业者的素质与能力。大学生若想成为一名成功的创业者，必须具备以下基本素质：

- 胸有抱负，目标明确

只有拥有远大抱负、目标明确的人才能创业成功。你未来 5 年的目标是什么？未来 10 年的目标又是什么？创业者必须对这些有着详细的计划。正所谓有志者立常志，无志者常立志。只有朝着既定的目标前进，所有的努力才不会偏离自己目标，最终才能取得成功。而没有目标的人，则很难成功。

- 善于创新，独辟蹊径

要想成功创业，必须富有创新意识。只有创新，才能使事业独树一帜。即使和别人做同样的事，也要另辟蹊径，走出一条与众不同的经营之路，靠特色赢得成功。

● 自信乐观，百折不挠

创业者还必须有抗挫折的能力。做任何一件事都不可能平平坦坦就走向成功，在前进的路上虽然有荆棘和困难，但只要自信乐观，把困难当作磨炼，就能走向成功的彼岸。

● 团队精神，善于合作

一个优秀的创业者，更要具有团队精神，一个人的智慧是有限的，众人拾柴才能火焰高。要想成功，更要掌握与人交往、与人合作的能力。一个善于合作的创业者，会事半功半倍。

● 诚信正直，精力充沛

诚信是立身之本，没有诚信作根基，就无法赢得客户的信任，同样也无法获得合作伙伴的信赖。强健的体魄、充沛的精力也是创业者必不可少的素质之一。在创业的初始阶段，资金、人力往往不足，这时创业者有可能一个人要承担几个人的工作量，没有强健的体魄，就难以保证创业的成功。

● 勇于承担，灵活应变

在纷繁复杂的经济环境中，机会和风险并存，在捕捉商业机会的同时，也会遇到各种风险和各种意想不到的困难，如市场风险、资金周转困难、业务不好、员工管理不到位等。创业者不仅需要有充分的思想准备，敢于承担风险和压力，不被困难击倒，更要从实际出发，顺应环境的变化，积极主动对创业活动作出调整。

● 坚韧不拔，超强忍耐

古人说："成大事者，必先苦其心智，劳其筋骨。"许多创业者都有极强的忍耐力和超强的意志。他们为了成就自己的目标，经常挑战自己身体和心理的极限，因为能忍受成功前的寂寞和挫折，所以能成功创业。

● 眼界开阔，不断提升

广博的见识，开阔的眼界，会缩短创业者走向成功的距离。因为眼界开阔，他必然少走弯路。埋头拉车容易走进死胡同，边走边看边想，才能走上最近的路，避免不必要的精力和财力的浪费。

（2）创业团队

① 创业团队的基本概念。创业团队是指由两个或两个以上具有一定利益关系的，彼此间通过分享认知和合作行动以共同承担创建企业责任的，处在新企业高层主管位置的人共同组建形成的有效工作群体。

如今，团队创业成功的概率要高于个人独自创业。

② 创业团队对创业的重要性。一个好的创业团队对企业的成功起着重要的作用。主要体现在以下几个方面：满足创业需要、获取外界投资、激发创业者的斗志和灵感、缓解创业初期矛盾。

● 满足创业的需要

在创业的过程中，可能会涉及资金运转、客户来源、技术攻关和产品销售渠道等诸多问题。想要一个人独立完成这一系列的工作，客观来说压力是巨大的。而创业团队的存在，能够发挥各自的所长，将这些创业相关事宜高效率、高质量地完成。

创业要成功，就要具有专业技能、经营管理能力、处理人际关系的能力等不同方面能力，但一个人很难拥有这些能力，因此，组建创业团队，具有不同知识结构和专业背景的人共同创业，才能满足创业项目运行的需要。

- 获取外界投资

简单来说，个人独自创业的创业者去寻找投资者，投资者很可能兴趣不大。但如果告诉投资者自己有一只高水平的创业队伍，那么投资者很有可能多给这位创业者一些机会。因为客观上一个团队比个人更有创造价值的潜力。

- 激发创业团队的斗志和灵感

创业团队的存在，一方面无形中给创业领导者一种压力，因为创业领导者在考虑自己的同时，也要为团队成员的未来考虑。因此领导者必须时刻保持高昂的斗志，才能带动整个团队的氛围。另一方面，在团队遭遇困难时，团队成员之间群策群力，产生灵感火花，并通过互相鼓励和支持，迅速摆脱困境，并实现新创企业的快速增长。

- 缓解创业初期矛盾

创业初期免不了会遭遇各种的问题，例如，人手不够、组织结构不完善、职能划分不明确等现实问题。而创业者个人的能力总是有限的，组建一支创业团队，能够使这些的问题得到有效的解决。团队成员各尽其能，以别人的长处弥补自己的短处，从而提升自身的创业效率，帮助创业者少走弯路。

③ 创业团队的优劣势分析。

- 创业团队的优势分析

创业团队的优势主要体现在，一个好汉三个帮，一群人同心协力，集合各自的优势，共同创业，其产生的群体智慧和能量，将远远大于个体。创建团队时，最重要的是考虑成员之间的知识、资源、能力和技术上的互补，一般来说，团队成员的知识、能力结构越合理，团队创建的成功性越大。

- 创业团队的劣势分析

创业团队主要的劣势就是对成员个性的压抑。相较于创业者个人，创业团队在管理与发展上，更注重成员之间的平衡发展。为了追求这种成员之间的平衡，就需要为团队设定一些条条框框来规范发展的标准，这种条件的制定，或许就会与某些团队成员的情况发生一定的矛盾，例如，限制了其个性的张扬或是让成员感到有约束感。

3. 创业机会与创业风险

（1）创业机会

① 创业机会的识别。

能否准确识别创业机会，这是关乎到是否能创业成功的重要前提之一。从创业的角度说，它是创业的起点，也可能是创业的终点。在一个错误的机会里谋求发展，那你所做的一切努力都注定是徒劳的。尤其是对于大学生创业者，本身它们所能支配的创业资金就非常有限，而且大多都是借贷来的，如果将这有限的创业资本投入不合时宜的创业项目里，那失败对于大学生创业者的打击，将会被放大很多倍，甚至从此失去再次创业的信心。因此，那些希望自主创业的大学生，事先必须对所出现的创业机会有比较客观准确的甄别。

大学生对于创业机会的选择，通常可以从以下几个方面考虑。

● 创业时机是否成熟

每个创业者对于时机的把握，是具有很大主观性的，这需要创业者首先对自己有个全面客观的认识，因此在选择创业之前，不妨先问问自己这样的几个问题。

你了解你将要介入的行业吗？

你有不同于竞争对手的特点吗？

你所能协调各种资源能满足这个项目的需求吗？

你是否充分做好了吃苦耐劳的心理准备？

你是否能接受创业带给你的各种失败的打击？

假如这5个问题你的答案都是肯定的，那你就具备了把握创业时机的主观条件。在创业的过程中，你可以自信地许下承诺，即便失败也有接受这种现实的能力。

● 对市场信息和变化规律的掌握是否充足

市场环境往往决定了你的创业构想是否可行。创业者必须做到随时掌握市场的动态信息，才能长久地立足于不败之地。特别是对于大学生创业者来说，在学校所学到的只是一些常规知识，而市场里大多考验的是创业者随机应变的能力。跟不上市场变化的节奏，就很有可能会被市场无情地淘汰。因此，掌握市场动态信息和其变化规律，也是识别创业机会的必要参考。

● 创业机会的选择是否实际可行

假如以上几条因素你都已具备，但是你所看中的创业机会却大大超出了你所能承受的最大范围，在不切实际的创业选择上一意孤行，这样的创业无异于飞蛾扑火。创业者憧憬成功的同时，也应该考虑到可能到来的失败。

② 创业机会的评价。

现今我国的大学生创业成功率，远远低于欧美发达国家。根据2011年的数据统计，我国大学生成功创业的比例仅为3%～4%，而同期美国的这一比例却高达20%～25%，我国与美国在大学生成功创业上，有着近7倍的差距，不得不令教育机构开始重新重视起对大学生创业的教育和指导。

总体来说，对创业机会的评价，可从风险评估、市场评估和效益评估3个方面进行分析。

● 创业机会风险评估

对于大学生创业者来说，对创业风险的评估，主要应从宏观和微观两个方面分析。

宏观风险评估：自美国次贷经济危机爆发以来，全球各大经济体都受到了不同程度的影响，这也必然会改变普通消费者的消费理念和消费方式。

微观风险评估：所谓的微观风险评估，就是将创业中所能遇到的各个环节上的风险进行估计。

项目盲目性评估：大学生创业之前，一定要亲自去做市场调研和分析。仅凭空泛的想象，那只能是盲目创业。了解了市场的行情，才具备创业的基础。大学生一般不具有深厚的经济基础，因此，建议大学生创业者选择那些需要启动资金不高、人员配置不高的小项目做起。

技能风险评估：另外，需要考虑的就是，大学生缺乏技能实践的现实。真正的技术只有通过实践才能检验出来，而这样的技能是在学校的实验室里学不到的。

竞争力风险评估：眼光长远的创业者，一定是着眼于将来自己的企业能够发展壮大。而企业是否具有竞争力决定了企业的发展。

管理风险评估：虽然有些大学生无论是在理论，还是技术上都有着十足的把握，但是缺乏管理企业的经验，导致创业最后还是以失败告终。因此，建议大学生可以从一些网店，或者家庭创业的方式做起，慢慢锻炼自己的管理能力，积累管理企业的经验。

（2）创业风险

创业风险，是指企业创业过程中所存在的各种风险。由于创业过程中，存在着各种不确定性和未知性因素，例如，环境的不稳定、创业机会的复杂、创业团队实力的参差不齐，导致创业的结果也是截然不同的。那么作为作为大学生创业者，究竟该如何识别创业风险呢？

① 创业风险的主要类型。

创业风险是指在企业创业过程中存在的风险，是指由于创业环境的不确定性、创业机会与创业企业的复杂性，创业者、创业团队与创业投资者的能力与实力的有限性而导致创业活动偏离预期目标的可能性。

从创立企业的功能上，将创业风险分为五大类，即创业管理风险、创业市场风险、创业财务风险、创业技术风险和创业环境风险。

- 创业管理风险

创业管理即创业者对机会、资源、团队三者的协调管理，它要求企业管理层如何延续注入创业精神和创新活力，增强企业的战略管理柔性和竞争优势。一名优秀的创业者，可以不具备优秀的个人技术，但他一定是名优秀的管理者。

创业管理风险，即创业者对机会、资源、团队三者任何一方面都有可能出现协调管理不当的风险。创业管理更强调团队中不同层级员工的协同创业，而不是单打独斗式的创业。

- 创业市场风险

创业市场风险，是指在市场实施期间，由于市场环境的变化，而导致创业失败的情况。简单来说，新企业在创业之初，总会推出一些新型产品吸引消费者。可大部分消费者因为对于新产品的陌生，会采取观望态度。假如这种情况长时间持续下去，往往会使企业半路夭折。又或者创业者对产品价格定位的失误，导致产品的销售业绩长时间徘徊在低位，也会导致创业的失败。

- 创业资金风险

创业风险中，最致命的恐怕要数资金风险了，因为创业中投入的资金极有可能会血本无归。大学生在创业初期，缺乏资金是最普遍存在的问题。例如，创业销售型企业，资金短缺有可能导致货源供应不上。如此一来就有可能流失自己的客户源。或者是创立某高科技技术企业，资金一旦供应不上，导致高科技技术无法转化成现成的产品，时间一长辛苦研究的技术就会迅速贬值，最后的结果是前期的投资都付之东流。

- 创业技术风险

技术创新与产品生产之间存在着天然的鸿沟，并不是所有技术的上的创新都可以在实践中转化为产品。一旦新技术在产品生产过程中出现障碍，那么掌握新技术的创业者极有可能要面对失败的结局。

- 创业环境风险

影响创业的因素很多，包括市场需求变化，政治、政策、法律法规的调整以及突发自然灾害的发生等。这些因素共同购成了创业的大环境，而其中任一因素的改变，都有可能会对创业者带来致命的打击。因此，大学生创业之前，必须重视创业环境的分析和预测，从而将自己的创业风险降至最低。

② 创业风险的防范措施。

- 做好创业前期的准备

创业将来是否成功，很大程度上取决于创业前期的准备工作是否充足。前期准备不充足，本身就为创业埋下了很大的隐患。通常大学生创业前期，要客观判断自己是否具备创业相关技术和技能素质。同时要衡量产品所需资金是否在自己可承受范围内。其他准备工作还包括市场定位调查、产品销售渠道、创业团队构成分析等。

- 强化风险识别意识

创业者应该明白这样一个市场原则——在创业过程中，风险是如影随形的。大投资有大风险，小投资有小风险。树立正确的风险意识，并强化自己的风险嗅觉，只有这样才能以最小的代价面对风险的危害。

- 拓展融资渠道，科学管理资金

资金的多少是决定项目发展的决定因素。确定企业运作项目后，创业者要明确资金的来源是否充足可靠。同时不应将资金来源单一化，多元化的融资渠道能够大大降低创业风险。同时对资金做到科学化管理又是很有必要的。创业者应在企业内部建立良性运转的资金管理制度，保证创业资金合理利用，避免出现资金浪费等不良现象。

- 积极利用社会资本

社会资本是个广泛的概念，它包括你的师生关系、合作伙伴关系以及客观关系等。大学生创业者的根本问题是经验的困乏，这时不妨就利用自己的各种关系，从他人的身上学习一些创业经验。或者创业者以良好诚信优质的服务，牢牢抓住自己的客户，客户也能客观分担创业者的风险。当然在如今这个提倡合作共赢的经济时代，通过与上下游企业的纵向合作，也不失为降低风险的好措施。

4. 商业模式与创业资源

（1）商业模式

① 商业模式的内涵。

什么是商业模式？商业模式的概念引进的很早，1997 年 10 月，亚信总裁田溯宁到美国融资，美国著名的投资商罗伯森问他："你们公司的商业模式是什么？" 当时田溯宁被问的一头雾水。罗伯森举例说："一元钱进入你们公司，绕着你公司转了一圈，出来的时候变成了一块一。商业模式指的就是这多出的一角钱是从哪来的？" 其实罗伯森这一对商业模式的描述，重点突出的是企业内在逻辑，更偏向于企业赚钱的过程，而忽视了为客户创造价值。

如今学术界对商业模式有着更全面客观的定义，商业模式是指为了能实现客户价值最大化，将企业内在和外在所有要素进行整合，从而形成高效率且具有独特核心竞争力的运行系统，并且通过推出的产品和服务，达到持续赢利目标的组织设计的整体解决方案。其中，"整合"、"系统"、"高效率"是先决条件和基础，"核心竞争力"是方法和手段，"客户价值最大化"是主观上的目的，"持续盈利"才是最终的检测结果。确定企业的商业模式，不仅仅是告诉你企业的努力方向，更加指明了通往方向的路。

② 商业模式的赚钱逻辑。

- 发现商业价值

或许很大大学生创业者都会有这样的商业理念："我只要生产出来产品，就会有顾客前来购买。" 这种商业理念是错误的，产品的价值在于核心竞争力，如果绕过这一价值发现，创业者就会陷入错误的思维逻辑，这也是许多创业失败的重要原因之一。

- 匹配商业价值

新创立的企业，不可能同时拥有满足客户需求的所有资源和能力，这就造成企业常常要独自面临着巨大的机会成本风险。而商业模式的确定，可以为企业明确商业合作伙伴，从而降低创业风险，满足客户需求。

设想你创立的企业，拥有一两家可靠的原料供应商，从而能帮助你的企业更快速的发展。假如没有这些原料供应商的支持，那你就不得不付出高昂的库存成本、库存成本的提升，你的产品就无法在产品价格上取得优势。假如你能稳定的从供应商那里订单，供应商将成为你忠实的合作伙伴，不仅可以为你节省库存成本，还能大大降低成本风险。而明确与企业价值相同的商业合作伙伴，就是匹配商业价值。

- 获取商业价值

获取商业价值和产生商业价值并非一个概念。企业最大的商业价值就是产品创新，目前许多新创企业能够做到创新的开拓者，并且利用创新产生较大的商业价值。但是因为创业者不懂得推销自己的创新产品，导致最后无法享受创新成果。成功的商业模式可以为企业获取这样的商业价值。无视商业模式的企业，也就等于忽视了商业价值的获取，最终造成"竹篮打水一场空"的尴尬局面。

（2）创业资源

① 创业资源的内涵。

创业资源是创业者在创业过程中运用的所有资源的总称。它们是一家新创企业在创立和运营过程中的必要条件。

创业资源主要包括有形资源和无形资源，有形资源是一种不可持续性资源，它是创业者维持创业活动的命脉，如资金、场地、设备、人才等。无形资源则是一种可持续性资源，它往往是撬动有形资源的重要杠杆，如商标、技术、营销能力、管理制度、企业文化、人脉关系等。

如果创业者能够利用好创业资源，并且有效地整合它们，那么，在创业的过程中，创业者则会比竞争对手占取更多优势，使创业活动更加平稳和快速发展。寻求和获取创业资源的过程其实也是创业者们磨炼创业能力和提升创业技巧的过程。

② 创业资源与一般商业资源的异同。

- 创业资源与一般商业资源的相同点

创业资源作为商业资源的一种，具有商业资源的普遍特征。

首先，两者都有稀缺性。资源相对于创业需求是稀缺的，与成熟企业相比，新企业缺少时空上的资源积累，即在给定的时间内，与创业资源的需求相比，其供给量相对不足。

其次，两者包含内容相同。创业资源和商业资源从包含内容上来讲都涵养了资金、场地、设备、人才等有形资源，以及商标、技术、营销能力、管理制度、企业文化、人脉关系等无形资源。

- 创业资源与一般商业资源的不同点

相比于一般资源来说，创业资源有三大特殊性。

创业资源多为外部资源。新企业创业资源短缺，企业直接控制的内部资源不足。例如囤积不了过多的商品、招聘不到过多的技术人才等。而这时创业者努力获取外部资源来弥补内部资源的不足，例如寻找战略联盟伙伴，出让股权，专业化协作、信用贸易等方式，则有助于企业更快地发展。利用外部资源的增长，能降低内部资源缺乏给企业带来的风险。

人才资源在创业资源中举足轻重。人才资源包括两方面——创业者和企业招聘人员。创业者是最重要的创业资源，创业者的意图和决定，直接关系到新企业将来的成型和发展之路。而新企业所招聘的人才素质的高低，则关系到企业运营的成本与产出等问题。高素质的人才队伍，肯定会比臃肿的低素质团队成本投入小、发展快。

专有技术和知识资源在创业资源中至关重要。知识资源具有独特性、隐蔽性和不可交易性等特点，它是新企业进行差异化经营的基础，也是新企业核心竞争力的根源，可为新企业在某些方面建立一定的竞争优势。

③ 创业资源的作用。

创业资源对创业成长具有重要的支持作用，无论是有形创业资源还是无形创业资源，它们都直接或间接影响到创业活动的发生和发展。

资金、人才、设备等有形创业资源，是创业活动的基础和根本，没有它们，创业就无从谈起，而这些资源的匮乏也会严重阻碍创业快速发展；技术、营销能力、管理制度、企业文化、人脉关系等无形创业资源，能够对有形创业资源起到很好的吸引和积聚作用，它们能够使创业活动事半功倍，使新创企业快速成长。

在创业过程中，创业者的工作重点应当放在如何有效地吸收更多的创业资源并且进一步整合到企业的竞争优势上。

④ 获取创业资源的关键。

获取创业资源的方式有两种：一种自身资源，它包括资金、技术以及场地等；另一种是外部资源，除了资金、技术、场地外，还有人脉、政策等。这里着重谈获取外部创业资源的关键。想要吸引外部的创业资源，其一，创业者要有能够打动投资者的创业计划书，详细描绘创意的内容、个人愿景、长期计划、未来目标，以及投资者所能得到的好处；其二，依靠创业者个人魅力、个人能力、个人技术、人脉关系吸引人才、资金、政策优势等。

⑤ 创业融资。

创业融资，是指创业者根据其创业计划，运用一定的技巧方法，从不同渠道筹集所需资金的财务活动。任何人想创业，都离不开资金。因此，大学生创业者想要使自己的企业正常运营，融资是最重要的一步。对于大学生创业者来说，创业融资不仅能解决企业的生存问题，而且能够帮助创业者更深入的理解金融市场。

9.2 创业与职业生涯发展

1. 创新创业型人才素质要求

（1）迅速掌握新知识的能力

知识的积累，有助于创业者对机会信息的识别和利用。而新知识又通常被视为隐性知识。这种隐性知识可能来自以往的工作经验，也可能来自专家的建议。不同的创业者对不同新知识的学习能力，决定创业者是否具有创新性创业的潜力。

（2）开创性运用知识的能力

对于创新创业型人才来说，学习更丰富的新知识，比掌握较多已有知识更重要。我们不能用过去的标准，以掌握知识量的多少，以及过往专业经验的多少来评价人才。对创新人才来说，当以是否善于创造性运用知识为评判标准。

（3）更强的风险承担能力

创业本身就是一种具有较高风险的活动。而创新型创业则意味着要推出新的产品、服务或是新的工艺等，顾客能不能接受还未曾可知，其风险性自然可想而知。因此创新型创业者需要具备承受这种高风险的心理素质，同时加强自己对信息搜集的能力，才能保证自己的创新项目成功实施。

2. 创业教育、创业精神培养对大学生职业生涯发展的意义和作用

（1）增强自我认知

很多学生会苦恼于无法得知自己有哪些特长，或者是无法客观评价自己。而创业教育则可以促使学生主动寻求自己与他人在生理和心理的差异，主动探求和发现自己的特长和缺点，并且在创业的过程中扬长避短，从而更清楚地认识真实的自己。

（2）帮助学生确定自己的理想

相当一部分选择创业的大学生，其动机并非是为了找到工作而创业，更多的人是为了实现自己创业的崇高理想。他们希望通过创业活动施展自己的才华，体现自己的人生和社会价值。而创业教育，培养创业精神，正可以满足大学生这种对理想的追求和渴望。

（3）引导学生主动进行职业探索

职业生涯规划并非是一成不变的，它只是个体在自我认知的基础上，对自己未来职业的前瞻性和全局性考虑。但是客观世界无时无刻都在变化着。尤其是如今这个知识经济时代，新兴职业不断涌现，那些跟不上时代变化潮流的人，往往会被社会迅速的淘汰。而创业教育则有助于引导学生主动适应这种客观变化，在职业生涯的发展过程中，不断地调整自我、更新思想、完善计划，从而达到职业生涯规划与社会发展产生互动。

（4）培养学生的创新意识

美国著名管理学家德鲁克认为："创业就意味着创新，创新就意味着突破，这才是创业精神的核心因素。"我国当代的大学生一般具有良好的知识结构和敏捷的思维能力，而创业教育则能加强学生的自主性和创新性，从而引导他们发现客观世界的一些新认知，最终走上创新型创业的道路。

"家电清洗"的创业之路

大学暑假的时候，李克为了挣点生活费，于是在连锁店避风塘做起了服务员的工作。由于李克工作非常卖力，老板也特别器重他。以致暑假结束，老板硬是拉着李克不让走。不仅提升他为领班，而且还同意让李克上午上学，下午上班。

李克在这家连锁店担任领班期间，手下管着30几名员工。正是这段经历，为李克积累了丰富的管理经验。于是大学毕业后的他，以连锁店为模型，在学校门口也开办了一家茶餐厅。DIY的室内设计，良好的成本控制，只经过四五个月，茶餐厅就开始盈利了。

一天，一个人提着80万元来找李克，希望在茶餐厅注资，和李克共同经营这家茶餐厅。为了自己的茶餐厅能有更大规模的发展，李克当然是欣然应允。可没想到，日后李克发现这位合作伙伴，和自己的经营理念完全背道而驰，而且这人的占有欲特别强，几乎是无时无刻在想着排挤李克。由于内讧，造成餐厅生意日见冷清。终于有一天，李克带着当天的300元钱营业额，几乎是净身出户。随后的日子里，李克又分别开过饭店和烟酒店，都算是小投资，但是最后都以失败告终。

正所谓"天无绝人之路"。一次李克无意中看到一条居民寻找家电清洗的广告，让李克觉得这里大有商机。家电清洗是个新兴行业。虽然对这行李克也是个"门外汉"，但是勤奋的李克先是研究了整个行业的发展趋势，随即又辗转多个地方进行了详细的市场调

研。在确定了项目之后，李克便一头扎进了当地一家家电维修部工作，从最基本的学起。

在维修部学习了大半年，李克基本掌握了家电维修的技术。但是目前李克手里根本没有创业的资金。于是李克吸取了上次创业失败的教训，找了一个志同道合的出资人。双方利用合同，明细了责任义务分配等问题。2006 年，李克创立的蓝清公司开始营业。

公司开办初期，白天李克和仅有的三名员工跑市场，烈日当头，李克几乎每天在大街上、居住区发传单，夜里，李克还得抓紧时间看营销光盘，做计划和总结。因为创业初期资金肯定是很紧张的，自己只有尽量亲力亲为，才能节省成本，这样自己的企业才能在困难的初期阶段存活下来。这样的生活虽然很累，但是李克却是乐在其中。经过一个月的努力，李克迎来了第一笔生意——40 台空调的清洗单子。虽然钱不是很多，但是这让李克更加坚定了自己的信心。

李克又是一个善于总结的创业者。例如在接到第一笔单子后，李克就做了许多总结。例如，他会询问客户是如何联系上他们的？客户有哪些建议？客户还需要他们提供哪些服务等问题。随着业务的增加，他们所积累的经验也是愈加丰富。后来李克还逐渐将业务和技术领域分开，如此一来便提高了工作效率，增加了中央空调清洗、通信电力设备带电清洗等业务。把单独订单的业务量，从千元直接拉升到了万元，有时甚至是几十万元。

如今蓝清的综合实力已经名列全省榜首，而李克的目标是在自己 40 岁之前，让蓝清上市，成为该行业的领袖位置。

校园卖杂志一年能赚 30 万

方贺兵，浙江传媒学院 2007 届毕业生，曾在学校担任过学生会主席职务，是学校出了名的优材生。大学毕业的时候，学校老师给他联系了企业实习单位，另外还有几家电视台争着想签他。但是方贺兵始终怀揣着一个自己创业的心。凭着满腔的激情，毕业之后的方贺兵也带着团队做过其他行业，例如，他和朋友合伙开个网店，最后被人给骗了。后来也尝试做过美国的一种节油剂生意，但是发现收效甚微，甚至后来还做过影视发行，但由于经验和资金的困乏，他们的项目没多久就以失败而告终。并且这次失败几乎让他血本无归。

残酷的现实不得不让方贺兵反思自己过去。思来想去，他认为还是干他的老本行——“传媒”最靠谱。本身自己就是这个专业出身，相较其他行业自己心里更有底。重新确定了方向，但是另一个问题又出来了。经过上次的失败，方贺兵已拿不出什么资金出来。好在这时过去认识的一位企业老总打电话询问方贺兵的近况。方贺兵将自己的不如意如实地告诉了这位企业家，企业家也不免有些可惜。三天后，这位企业家给方贺兵推荐了一位投资商。投资商经过企业家的介绍，很欣赏有拼劲的方贺兵。而方贺兵承诺自己只需要 50 万元，就可以重新振作起来。于是投资商答应给方贺兵投资 200 万元，并且说只要一年后账面上还是原来的 200 万元，以后什么都好说。

这种好的机遇不是谁都能遇到的，所以方贺兵格外珍惜这次机会。起初他先做的是家居杂志。后来一次偶然的机会他将目光又盯上了杭州的大学生市场。自己本身就是大学里出来的，校园里的学生每天都需要各种信息的积累，才能让自己更有方向的成长，为什么自己不好好利用这样的商机呢？于是经过一段时间的研究运作，第一本《尚大学》出版了。方贺兵的设想是在校园里免费赠送《尚大学》杂志，盈利的渠道则是在收取杂志上的广告费。

杂志创办初期，广告是很难拉得到的，毕竟一本新杂志又没有什么知名度，哪个企业单位愿意在这种陌生的传媒上做广告。若想吸引广告商，首先得让自己的杂志能有更多的学生愿意看。为了吸引学生的目光，《尚大学》里汇聚了校园生活、社团活动、励志故事、求职消费信息等，这些都是学生最需要也最爱看的东西。并且《尚大学》还刊登有很多大学生自己的文章，学生们在传媒上能看见自己的故事，当然就喜欢看《尚大学》杂志。

随着《尚大学》在校园的知名度越来越高，也带来了首批广告商的到来。如今经常是广告商主动来找方贺兵他们，而且还有了不少的回头客。成功的运作，给方贺兵带来了30万元的利润。而那本《尚大学》，也曾为方贺兵成功创业的一个见证。

80后女孩创业打造个性喜糖

1985年出身的许燕是个典型的80后。2006年许燕去青岛参加一个好朋友的婚礼，桌子上的喜糖让她惊喜不已。她看到的喜糖制作精美，而且外面那个富有个性的小盒子尤其惹人喜欢。这么个性的喜糖让许燕是爱不释手。于是她特意将盒子带回家里作为装饰品摆放。

后来只要参加朋友婚礼的时候，许燕都会想到那个个性的喜糖，朋友里也有很多人纷纷表示喜欢，但是大多数人都不清楚哪里有卖的。于是，许燕就产生了经营喜糖的想法。

2007年，许燕的经营喜糖公司的想法，立即得到了两个同学的响应。几个人东拼西凑了两万元钱，成立了巧媳妇艺术家居生活馆。

所谓的个性喜糖主要是指外包装，一个普通外包装价格从0.8元到几元，里面的糖果客户可以自由选择品牌和数量，价格也因此不等。因为资金有限，许燕他们需要与鲜花店、婚庆公司等单位合作，通过这些单位代销喜糖。但是很多人都觉得这喜糖不实惠，利润又低，于是很多婚庆公司都不怎么感兴趣。

为了引起更多客户的注意，许燕决定可单卖喜糖的包装。但是这招却不怎么灵，一个月下来，连个咨询电话都没有，订单就更别提了。整天忙得脚不沾地，却并没有什么回报。几个人难受得恨不得哭。

但是后来许燕迎来了转机。那年她的一个同学结婚。许燕将600盒个性喜糖作为结婚礼物送给这个朋友。谁知她的个性喜糖在婚礼上引起了不少的轰动。来参加婚礼的人都对这些喜糖是夸赞不断。当天就有很多亲朋和当天的司仪，留下了许燕的联系电话。这给了许燕莫大的信心。随后2008年情人节这天，他们又推荐咖啡厅购买个性糖果当礼物送给就餐者。价格低廉包装精美的糖果受到了咖啡厅的欢迎，销量非常不错。

此后的日子里，询问个性糖果的咨询电话不断增加，自然也就有了第一个上门看样品的客户，并接了第一笔订单。如今她们的客户越来越多了，平均每个月都有几笔订单。他们也开始尝试与饭店合作，希望将她们的个性喜糖加入到婚宴当中去。“一盒装有六块品牌糖果的个性喜糖最便宜的是1.6元，一桌只需16元就可以增加婚礼气氛，同样可以吸引客源。”

除了普通的个性喜糖外，结婚的新人还可以在喜糖外包装上加入自己的照片和签名，也可以定做由喜糖制作的花束摆放在家里作为观赏品。这喜糖可视为新人当初美好时刻的一种见证。这无疑给喜糖注入了一种新的意义。

9.3 创业实践

1. 寻找创业机会

（1）从“需求”中挖掘机会

创业的根本目的是满足市场和客户的需求。优秀的创业者能及时发现这样的问题存在，并且利用这样的问题作为自己的创业项目。例如，四川绵阳有一位大学毕业生发现远在郊区的本校师生，因为每天需要往返于市区和郊区之间，交通十分不便利。于是这位大学生就创建了一家客运公司，这就是把问题转化为创业机会的成功案例。

（2）从“变化”中把握机会

但凡是市场结构和需求发生重大变化时，必然就会产生一些市场空白。而这些市场空白就是可利用的最佳的创业机会。世界著名的管理大师彼得·德鲁客曾经说过，“成功的创业者，就是那些善于在市场上寻找变化，并能随着这种变化作出及时积极回应的投资人”。这种变化或许来自国家政策的调整，也或许来自某行业的结构调整，市场重新整合，人口结构的变化，以及人们精神上的需求变化等。例如，随着私人轿车拥有量的增加，衍生出代驾、汽车销售和保养维修、二手车买卖等诸多创业机会。

【案例】

20 世纪中期，美国一大城市曾塑有一座巨大的铜质女神雕像。当地许多居民都以拥有这座雕像而为自己的城市自豪。但是随着政府城市重新规划的实施，这座雕像不得不接受被推倒的厄运。为此当地许多人都为此深深叹息，他们为以后再也看不见这座雕像而感到伤感，似乎这座雕像就是他们的精神寄托。

而一位在当地上学的大学生，敏锐地发现了这里面蕴藏的巨大商机。他四处筹钱，从政府手里，以非常低廉的价格购买下了雕像残骸。然后这名大学生租用了一家冶炼厂的车间。他将雕像上的废铜烂铁重新入炉，制作出一个个和原来雕像一模一样的小像人进行兜售。而且还利用雕像上面的铜，制作出了一套女神雕像纪念币发行。为了增加销售效果，这位大学生打出广告：“您花上一点点的钱，买下一座小像人，就能将女神永远的留在您的家里。购买一套纪念币，就能将您曾经的美好回忆永远的保存”。果然，这样的宣传方法确实起到了巨大的效果，短短的三个月，小像人和纪念币被当地人抢购一空，而这位大学生也因此狠狠地赚了一笔。

（3）自主发明创造机会

如今是一个高速发展的时代，各类行业的创新产品都在源源不断地涌入市场。假如你自信自己有这样的实力和潜力，关注一下创新行业，在创新产品上多下一番工夫，这也不失为一种不错的创业选择。

这方面最典型的大学生创业案例，当属曾经的世界首富比尔·盖茨。盖茨在哈佛大学就读时，电脑也还只是一个新兴行业。而盖茨却疯狂地迷恋上了这个当时的“新鲜玩意”。索性大学还未毕业，盖茨就主动退学开始了自己的创业之路。这才有了后来的电脑王国——微软公司。

比尔·盖茨靠着自身的发明创造，造就了自己的商业帝国。但是在此提醒在校大学生们，每个人的成功都是有特定的时代、地域、人文背景的。比尔·盖茨的成功，不仅仅因为他是个电脑天才，而且是因为他所在的时代背景和环境，不是人人都可以成为比尔·盖茨的，也不是所有人都可以像他一样未完成学业就可以去创业的。

（4）从竞争中“劫取”机会

同一行业的参与者，必然有水平高下之分，又或者在业务水平和经验上时参差不齐。一个有实力的创业者，面对行业竞争者时，能吸取竞争对手的长处，弥补自己的短处，便能逐渐拉大自己与同行的优势。不妨看看自己的同行，他们能给客户提供哪些更优质、更迅捷的服务，这些是否自己能做到。如果自信的你觉得没问题，或许你已经发现了一个相当不错的创业机会。

（5）新生知识、新生技术里藏有机会

随着现代化的生活要求和水平的日益提升，人们对于各自的生活质量又有着更高的要求。而伴随而来的，就是产生了许多新生知识、新生技术的开发，如生态环保、资源再造利用等，这些关系我们每个人生活的新兴行业里，藏有大量的有待开发的创业机会。

【案例】

安璇是一名刚大学毕业的学生，她不像大多数的毕业生那样，一头扎进就业大军中，而是开始一门心思捣鼓自己的事业。由于社会经验不足、资金有限、没有进行市场调查等因素，她好不容易开起来的一家创意玩偶店，只开业短短三个月的时间，惨淡的经营业绩让她几乎失去撑下去的勇气。

一次，70 岁的外婆戴着老花镜，边看报纸边狐疑的问“妞妞，你那个店里有最近很流行的‘神马’吗？明儿也带来让姥姥看看”。明知是网络用语的安璇为了不让外婆失望，斩钉截铁地说，“有！”

可是连安璇也没见过的“神马”到底是什么样子的。一回到家，安璇立马到网上搜寻，原来这个“神马”是最近流行的网络用语。有些网友甚至发挥自己的想象力，给“神马”设计出了一个样子。她灵机一动，依葫芦画瓢，立马手缝一个活灵活现的“神马”！当安璇第二天带着可爱的“神马”到外婆家时，被小表妹看到了，平时就爱稀奇古怪的玩意她非央求着要带着“神马”到学校去。

次日，表妹就告诉安璇一个好消息，同学们太爱这个“神马”了，都想买一个回去。可数量太多，十分为难的安璇躺在床上辗转反侧，一个想法在她的脑海里闪现。后来，安璇找到一家玩偶生产厂家，经过和厂家细致的沟通，安璇一口气订了 1000 只“神马”，标码 50 元的玩偶刚出炉就被一抢而空，偿到创业甜头的安璇，又赶紧加急订了一批，这次她设计了男女两个角色，这给本来就抢手的玩偶更是加了一把力！

细心的安璇注意到最近几个月的销售数量，有了明显的下滑，在调查中有不少人反映玩偶太过单一，为了改变现状，安璇开始在网上找了更多的网络名字：鹳狸猿（管理员）、萌萌等。这下，安璇的小店又开始火红起来了，现在的她，在网络上广发英雄帖，征集网友们笔下的各种神兽，一旦被选中，还会获得奖金。这样，源源不断的创意玩偶层出不穷，也给安璇带来莫大的财富！

2. 确定商业模式

（1）开发产业链空白区

创业者可通过审视产品或者客户服务的价值链，从而发现价格链的哪个阶段，能够以其他方式增加价值。或者从产业链中寻找经营空白区，从而利用这种空白区制定商业模式，来达到获取利润的目的。

（2）差异化经营战略

大多数的创新想法，都是源自一种差异化的经营策略。而寻找这种区别，实际上就是一种差异化的经营。

（3）树立品牌核心价值

对于创业者来说，掌握资源的多少往往制约着企业的发展。因此商业模式一定要向客户展示企业的核心能力和关键资产的价值所在。

① 核心能力：这是企业战胜竞争者的优势所在，包括独特的产品制作设计能力、企业创新能力等。核心能力有四大特征。

- 独特的服务和技术：如联邦快递的服务口号——“我保证这辈子都不迟到，如有延误，原款退还”。
- 体现客户价值：如利郎商务男装所说的“忙碌不盲目、放松不放纵，张弛有度。”
- 不可被模仿：如伊云矿泉水所突出的“矿泉水中的奢侈品”。
- 可向新行业新机会转型：如手机销售企业可随时转型为手机电池经营。

② 关键资产：是企业所拥有的稀缺、有价值的事物，包括品牌、工厂设备，独特的合作关系等。例如，某企业拥有“中国驰名商标”品牌，或者有行业领先的技术设备，这都属于企业的关键资产。

（4）连纵伙伴网络发展

再大的企业，一般都不会具备执行所有任务所需求的资源，需要通过合作伙伴的帮助，从而一起完成整个供应链的各种活动。合作伙伴越多，表明企业可利用的资源越多元化。网络化的合作伙伴，能保证企业的供应链稳定运转。

3. 撰写商业计划书

（1）商业计划书易犯的错误

① 过分强调所熟悉的业务而刻意忽略不熟悉的部分。例如，强调技术功能，而忽视市场行销。

② 对市场占有率做大而化小的粗略假设。

③ 如何保证这份商业计划书能被有效地执行以及收回投资资金容易被忽视。

（2）商业计划书的拟写原则

① 呈现竞争优势与投资利益。

② 呈现经营能力。

③ 市场导向：分析显示对市场现状的掌握与未来发展预测的能力与具体成就。

④ 一致：前后基本假设或预估要相互呼应。

⑤ 实际：数字要客观、实际，切勿凭主观意愿估计。

⑥ 明确：要明确市场机会与竞争威胁，并尽量以具体资料作证。

⑦ 完整。

（3）投资人想从商业计划书中得到什么

① 该公司或公司项目有什么独特之处？

② 该公司是是如何做的，如何保持盈利？

③ 风险资本家会给该公司带来什么样的好处？

④ 该公司的管理能力是否足以执行商业计划书中描述的商业计划？

⑤ 财务预算是否合理？

⑥ 投资者是否能够退出？

（4）商业计划书书写规划程序

① 进行创业可行性分析（见图 9-1）。

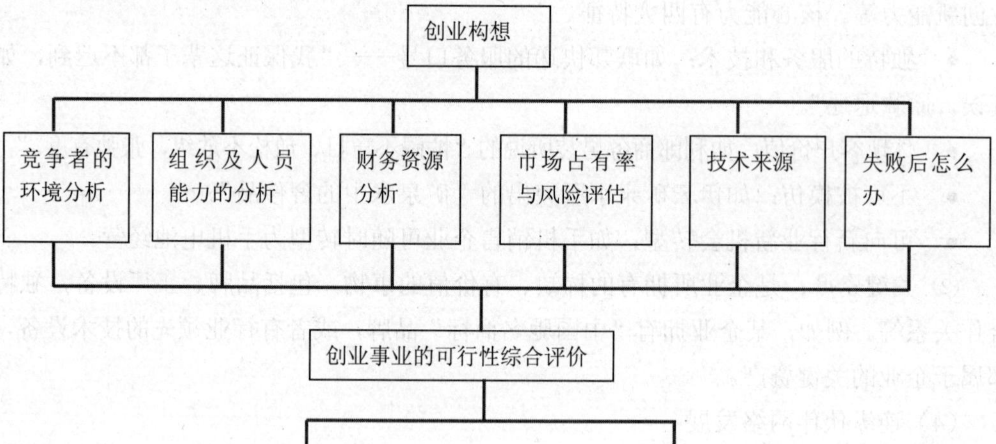

图 9-1 创业可行性分析流程

② 商业计划书的写作阶段：现状分析和评估阶段、计划形成与制定阶段、计划实施与执行阶段。

（5）商业计划书的写作阶段

① 第一阶段：现状分析与评估。

项目启动→商业环境分析→竞争状况分析→资源与能力分析→企业过往业绩分析→

初步综合评估。

商业计划的现状分析规划图，如图 9-2 所示。

<table>
<tr><th>商业环境分析</th><th>竞争状况分析</th><th>企业资源与能力分析</th><th>企业以往业绩分析</th></tr>
<tr><td rowspan="2">A. 宏观环境
政治及政策
经济
技术
社会
B.市场及行业环境
市场规模及潜在空间
消费者行为及地位
供应商及其地位
销售渠道
价格走势
需求价格弹性分析</td><td>直接竞争者
潜在竞争者
供应商的前向整合
客户的后向整合
替代产品分析
市场进入障碍分析
客户转换成本分析</td><td>设计开发能力分析
生产能力分析
营销能力分析
融资能力及财务状况分析
管理能力及组织效率分析
其他社会与政治资源发动能力分析</td><td rowspan="2">企业现行生产
产品及价格定位分析
企业现行发展战略分析
财务报表分析</td></tr>
<tr><td colspan="2">自身优势与劣势</td></tr>
<tr><td colspan="2">行业关键成功要素/外部商机与威胁</td><td colspan="2">现行战略及以往业绩</td></tr>
</table>

图 9-2 商业计划的现状分析规划

② 第二阶段：商业计划形成与制定阶段

定义企业战略目标→提出多样战略选择→战略选择之评估→确定最后战略。

（6）完成商业计划书的步骤

第一阶段：商业计划构想细化。

第二阶段：客户和竞争者调研。

① 客户调研。

② 竞争者调研。

第三阶段：文档制作。

① 市场、目标和战略。

② 运作（哪些是最关键的成功因素）。

③ 团队。

④ 财务（一份对公司的完整财务分析，包括对公司的价值评估）。

第四阶段：答辩陈词和反馈。

素 质 拓 展

请同学们独立或是分组，分别撰写创业计划书和商业计划书，小组成员对各自的计划书进行点评，从中认识到计划书对于创业和开办企业的重要性。

第10章 创业计划

创业计划对于创业者来说，就像是一块“敲门砖”。一份好的创业计划能够让大学生创业者事半功倍。如果创业之前，没有经过充分准备，就匆忙上阵，盲目行事，那么得到的结果很有可能是一败涂地，从此再也找不到创业的激情和勇气。所以大学生创业者需要认真对待，做好充分准备，制订一份有价值的创业计划。

在这里，大学生创业者需要认识到创业计划的具体作用、基本内容和结构、信息收集方法以及撰写商业计划的方法，便于在今后从事创业时开展工作。

10.1 创业计划的作用

创业计划既是创业的行动指导和规划图，又是创业者同外界沟通的基本依据。一份好的创业计划能够让创业者清楚创业的行动方向，能让创业者在未来少犯错误，并且可以帮助创业者顺利找到投资或合作伙伴。好的创业计划不是凭空想象，不是肆意妄为，它需要有现实依据，需要创业者付出劳动。

1. 为创业者行动提供指导和规划

在通过创业计划进行融资前，创业计划首先应该是给创业者自己看的。大学生创业者普遍年龄都不大，社会经验相对不足，他们很有热情，也很容易气馁和放弃；这时候，又都离开学校和老师的指导以及父母的庇护。他们分不清深浅和轻重，对待创业这个问题，态度容易走极端。所以，他们非常需要一个行动纲领，指引他们向前发展，这就是创业计划的第一个作用。

大学生创业者应该认真对自己所有的资源、已知的市场情况和初步的竞争策略做出尽可能详尽的分析，并提出初步的行动计划，以做到心中有数。对于初创的风险企业来说，创业计划的作用显得尤为重要，由于在酝酿计划的时候，通常都是很模糊的，创业者通过制订创业计划，把优劣都书写下来，再逐条进行推敲，就能对这一项目有更加清晰的认识。

【案例】

刘琴毕业后从事了一段时间的销售工作，她销售的主要是一些护发类产品。在工作期间，总是有顾客向她咨询头发湿蒸设备有没有的卖，以及在哪里买。问的人多了，她就发现这是一个非常好的市场。于是多方打探这种设备的成本以及利润情况，在确定了这是个非常好的创业项目之后，她果断地把工作辞了，决定创业。

当然，她没有盲目创业，在创业前，她制订了一份创业计划。在计划中，将自己的想法以及可行性做一些分析，确保以后的创业活动能够按照计划所指导和规划的进行。

她知道，前老板那里库存不够，所以她销售这些产品，可以和前老板形成伙伴关系。前老板有客流量，可以通过给需要头发湿蒸设备的客户介绍设备把其店里的客流量转换为自己的销售量。她根据自己的想法把这些方案都写进了创业计划里，并且规定了销售额的目标、运营成本、人员招聘、公司管理以及未来的发展和转型等。

有了这份创业计划后，她就不再是盲目创业，而是有计划的创业。在她开办了公司开始销售后，创业计划在很大程度上帮助了她，只要根据计划来，赚钱是肯定的，发展也有了方向。她的目标在努力之下一步一步实现。

创业计划书是指引创业的导航仪，刘琴非常清楚这个道理，所以她在有工作经验、了解产品市场的前提下，没有立刻行动，而是认真地做了一个创业计划。有了这个创业计划，她就能知道每走一步处于哪个阶段，在这个阶段，自己的目标和实际是不是相符，自己的方向正确与否。正是这份创业计划给她提供了依据。

2. 使创业者降低犯错误的成本

创业者犯错误是难免的。如果大家创业都没有风险，都不会犯错，那创业也不会具有这么多魅力，让很多人趋之若鹜。但不能因为它在客观上存在这种特征，创业者们就以此作为失败的借口。创业计划应对企业可能面临的风险做出分析并设计出规避措施，对突发事件的应对也进行相应的设计，这些都有助于新企业在面临危机时很快找出相对应的解决方案。

【案例】

小钟毕业后，决定自己创业，但项目的选择让她有些左右为难。

后来她向一些老板请教经验，并做了市场调查，发现煎饼果子加盟店是个不错的选择，于是她找到加盟商正式咨询加盟事宜。加盟商热情地接待了她，当然也给她描绘了加盟创业赚大钱的美好前景。

加盟商越是说得神乎其神，小钟越是觉得心里发毛。“如果这么容易就赚钱了，那大街上卖煎饼果子的不都成富翁了。”小钟心里盘算着这件事。后来，她在几家煎饼果子的加盟店前蹲了十几天的点，经过实地考察，发现煎饼果子的销售主要还是集中在早餐这个时段，很少有人在中午和晚上吃煎饼果子。紧接着一个问题就出现在她的脑海里——中午和晚上煎饼果子店应当做什么生意呢？

为了解决这些问题，也为了对创业行为有一个理性预估，小钟决定写一份创业计划书，指导自己创业。小钟从营业时间、客流量预估、成本核算（水电费、煤气费、原材料费、加盟费等）、营业点周边影响因素等方面考虑，制作出一份创业计划书。计划书完成时，她对煎饼果子加盟店的优、劣势有了比较清晰的认识。加盟店的优势在于有品牌效应，操作规范，原材料供应不用自己担心；也有一些劣势，如经营内容单一，只有煎饼果子一种。

创业计划书的完成，实际上相当于一场想象中的“练兵”。小钟开始考虑怎样发挥煎饼果子加盟店的优势，如何应对劣势。几经思考，小钟选定了自己的创业项目，决定把项目改为营养早餐店，不做煎饼果子加盟店，但参照加盟店的服务标准，引入鸡蛋灌饼和热饮这两种产品。就这样，小钟开始了创业实践。刚开始时，真有点手忙脚乱，不过一个月过去后，慢慢熟练了，顾客都说她的煎饼味道很不错，而她也尝到了赚钱的滋味。

小钟梦想着创业赚钱，但并没有因为对财富的渴望而失去理智，她清醒地认识到钱可不是好赚的。后来经过实地考察和创业计划的“演练”更证实了这个想法。最后，她决定不再多支出加盟费而把这笔钱用在引进其他产品上，这样既增加了顾客的选择，又减少了成本支出，避免了浪费，可谓一举两得。

3. 为创业者与外界沟通提供依据

现在，商业越来越成熟，它再不是一个封闭的场所，而是一个需要各个方面精诚合作的市场。只要利益一致，那么就有合作的意义。如何去衡量合作有没有意义，就要靠创业者去推销创业计划，推销自己的点子以及个人素养。它的作用具体表现在：①寻求战略性合作伙伴和签订大规模的合同；②寻求风险投资；③吸引优秀管理人员；④获得银行资助。

【案例】

宋发准备辞掉手头的工作然后创业，他想做的项目是移动互联网产品。他的这份工作是毕业后的第一份工作，他在这个职位上做互联网产品有一年时间，积累了不错的经验。虽然是个新人，但他有着比常人高的才能。他觉得，眼下正是互联网创业的好时候，很多热钱都瞄准有创意的新项目，所以大有可为。

他不可能马上就把公司办起来，先要去融资。想要融资就必须要用一个很能吸引人的创业计划去跟投资方谈，去说服对方。用行业里的一句话来说就是“你得讲一个好听的故事”。于是他就把自己的想法、产品的思路、融资的规模和资金运转的方式、公司的管理、人才的引进以及公司未来的发展都写进了创业计划里，再根据市场环境对计划做了一些调整后，就去找投资人。

在接触过几个风险投资者后，宋发没想到所有投资者都对他的创业计划非常感兴趣，因为这份创业计划内容非常详尽，把公司发展的每个阶段都做了介绍，把产品的创意和创意的实际价值以及风险和困难也给投资者讲明白了。宋发本来以为不知道要碰多少次壁才能拉到钱，没想到因为他的创业计划和讲的故事，钱很快就来了。现在是宋发大展宏图的时候了，他得好好感谢自己做了这么好的一个创业计划。

宋发如果没有把他的创业计划告诉别人，相信不可能吸引到那么多的风险投资商。没有好的创业计划，就没有好的创意和好的故事，这样当然无法打动人。宋发能够积极地同对方进行沟通，积极地去推销自己，这都是后来能够取得成功的重要保障。这些经验都非常值得大学生去学习。

10.2 创业计划的内容

创业计划包括产品（服务）创意、创意价值合理性、顾客与市场、创意开发方案、竞争者分析、资金和资源需求、融资方式和规划以及如何收获回报等内容。

一份好的创业计划书能够服务于内容，起到支撑创业计划的作用，让创业计划看起来更具有可信度和实效性。而创业者也能够更有效地利用它们完成创业的每个阶段。

1. 产品（服务）创意

创意是创业的核心结构，它所蕴含的内容很多：包括产品和服务的创意本身、创意价值合理性和创意开发方案。

一个好的创意，在不同人的手中所能产生的价值也不一样。而创意开发方案是指创业者怎么把创意变成实际的能产生价值的东西。这些都是创意不可或缺的。

【案例】

纪坤是个程序员，毕业之后他服务于一家知名互联网企业。在工作半年后，纪坤准备开始他的创业之旅，他把自己的想法都写进了创业计划中。纪坤选中的创业项目是互联网社区，他想做一个爱漂亮、爱购物的女生分享网购经验的社区网站，纪坤希望这个社区能够变成国内最大的购物分享类网站，而这个网站最大的特色就是网站设计。在网站的首页，会有一些形象气质极佳，或者风情比较另类的女生，这些女生都是来自一些模特服务公司，纪坤和她的团队会和这些女生展开合作，将她们的穿衣心得和购物心得分享在网站的首页，就可以起到一个吸引大家来参与的作用。这样，大家不仅可以分享自己和他人的心得和购物经验，还可以对其他人的心得和购物经验做评价。另外，在这个社区活跃程度非常高的用户，还能够获得各种名牌打折的机会。而很多服装品牌销售商才可以在这里投放广告。投放广告的类型，会根据用户打开页面的不同而出现各种差异。这个创意，在国内有几家网站正在做，但是评价度都不是很高，原因是他们在一般情况下，设计的主页直接分享的是普通用户信息等，而她们对待时尚的看法又不是非常好，所以造成用户对网站的品位和眼光都产生质疑。但纪坤做的网站却会给用户带来不一样的感觉。

纪坤有着一个不算好也不算差的创意。不算好是指，他的创意并不是非常的新，并非全球第一人，但不算差是指他懂得如何让一个创意升值。让这个创意变成一个能够获取利益，能够让新创企业不断发展的创意。这些对于创业者来说，都是非常重要的。很多了不起的企业，都不是某一个行业的先驱者，但是他们有着能把一个创意的价值无限放大的本事，这些都是大学生创业者亟待学习的地方。

2. 创意价值合理性

创业者的创业计划中，总免不了要详细地列举一些具有创意的方案，以此来打动投资商。但是创业者的新创意必须能够为其购买者或是最终使用者合理“增加价值”，价值是判断创意可行性和合理性的有效途径。如当绝大部分消费者对现有产品感到满意，创新产品被消费者接受的难度就会很大。此外，如果一个创意过于颠覆消费者以往的消费行为的话，往往也会让投资商对该创意生疑，从而使他们避开这种创意。

3. 顾客与市场

顾客和市场对于一份创业计划来说，是很重要的部分。因为顾客和市场是一个企业的衣食父母。没有它们，再有创意，再有体力的企业也存活不了，尤其对新创企业。什么样的顾客可能会是自己的顾客，什么样的市场能让自己存活下来，这些都是创业者需要仔细去斟酌推敲的地方。

【案例】

叶婷准备开一家饰品店，专门卖一些精致的小饰品。但叶婷在开店之前，先是对这项生意做了一些分析，她想赚大钱，但她觉得也应该先做一份创业计划，不然马失前蹄可不好。她认为这一市场还是非常有发掘潜质的。为什么呢？试想一下，其实市面上已经有那么多的品牌的衣服可以选择了，为什么新品牌的衣服还是络绎不绝的涌现而且饱受大家欢迎呢？因为人们喜欢不一样的价值，不喜欢和别人一样，大家喜欢自己的风格是独一无二的。而这个道理也可以用在饰品上。现在市面上流通的饰品同质化现象比较严重，原因是商家想节约成本，只在本地进货。而她则要专门去广州、杭州等地批发款式比较独特，品质比较不错的饰品，这样就能够在当地形成市场上的差异化，而这种差异就会给她的店带来不一样的品位和气质。而顾客定位方面，叶婷瞄准的当然是那些愿意为美而舍得花钱的"小资"了，通常情况下，这些"小资们"选用的饰品都是非常独特的，她们不愿意跟别人一样。而她们本来形象气质上就比较好，通过她们能产生非常好的传播效应，一些穿衣打扮喜欢照着她们做的女生就会忍不住跟她们打听，饰品是在哪里买的，或者多少钱之类，这时候，这些仰慕者就会来光顾叶婷的店，叶婷的经营策略就开始起作用了。

叶婷在创业计划中，对顾客和市场做了详尽的分析。相信这份创业计划也是一份有质量的创业计划，能够帮助叶婷最后实现梦想。她在创业计划里对顾客的心理和行为也做了特定的分析，这是非常值得学习的。而一个好的创业者，尤其是做消费者领域，一定要对消费者的消费心理有所掌握，这里面也有很多技巧值得关注。

4. 创意开发方案

完美的创意只是成功的开始，将创意以书面的形式展示给投资商，从而验证创意方案的可行性则是最关键的。因此，为了使创意开发方案更具说服力，创业者需从创意的背景、市场调研、消费者需求、创意执行性等多方面，进行详细的阐述，以求吸引投资者，获取他们的投资。同时，为了降低投资者的顾虑，创业者必须把将来可能遇到的风险，以及规避风险的方法，甚至风险投资退出策略写明，如此一来可能更能获得投资者的好感。

5. 竞争者分析

竞争者分析在创业计划中也有着比较重要的地位。竞争者对于创业者来说，其实既是对手，又是利益共同体。他们既会去争夺共同的市场，又要维护这个市场的繁荣，而市场繁荣的条件则是市场中的所有竞争者都能提供好的产品和服务。所以竞争者分析对于一份创业计划来说，是一个难点。大学生创业者要理性看待竞争者，实现共赢要比恶性竞争强得多。这需要创业者的智慧、勇气以及胸怀。

【案例】

李荣早就看中了学校打印市场这块"肥肉"。

毕业之后，他把创业的目标锁定在了校内打印市场。根据他大学几年的经历，他明确地感受到，随着每年的扩招，打印是越来越难了。学生的人数在不断增加，但校内的打印社却还是两家，而且打印机数量也没有增加，一些校外的打印社都趁机来分一杯羹，自己如果开办一个打印社，应当是可以有发展的。

于是，他开始了校内打印社的创业之路。在创业之初，他知道新开打印社，校内的两家打印社必然会不悦，但自己创业也要生存，因此，在开业之际，他搞了开业酬宾的优惠活动，打印双面8分/张、单面1角/张，复印、装订也都有优惠。因为优惠力度大，所以一开业就生意兴隆。

不过这让另外两家打印社很不高兴，他们随之也搞起了自己的优惠活动。经过一个多月的时间，李荣的打印社知名度也有了，这时李荣主动找到另外两家打印社的老板沟通感情，并约定以后在经营上相互协作。两个打印社的老板，对他的举动表示出了好感。

后来，李荣又想扩大打印社的规模，不过这次他找到另外两家打印社的老板，请他们入股，虽然两个老板最终没有入股，但却维持了他们之间友好的关系。随着李荣的加入，学生们打印、复印也减少了排队等候的情况。

良性竞争，是李荣坚持的一个原则。市场竞争可以说是无处不在，但是他没有把竞争者看作是死敌，而是利益的共同体，在保证自己能够生存和发展的前提下，他十分注重保持与竞争者的合作关系。这样他市场的服务能力得到了提升，消费者得到实惠，而自己的事业也得以健康地发展。

6. 资金和资源需求

创业不是搭建空中楼阁，而是需要一定的资金、技术等资源基础，这也就是人们常说的创业的资金和资源需求。考虑资金需求时，创业者需要做一个财务预算，利益和现金流量预测，以及企业发展的损益表。最好是做个财务预测，看看要完成这些计划需要什么财务资源，这样的计划是否能吸引投资者。如果不能，计划可能要做出修改。

创办企业需要各种资源作为运营基础，其中就包括要素资源（如场地资源、资金资源、人才资源、管理资源、科技资源）和环境资源（如政策资源、信息资源、文化资源、品牌资源等）。这些资源需要在计划中列出明细单加以说明。特别需要注意的是，像原材料采购和招聘人才这些资源，会随着生产的进行追加需求，因此创业计划中对这些问题也不得不提前考虑在内。

【案例】

黄嘉毕业之后，想开一家家具店。成本不小，但是收益也应该非常不错。所以他在创业之前，就先做了一份创业计划，好好盘算一下资金还有其他资源从哪里来，以及怎么合理地使用它们，帮助自己成功。当然，他会先跟家里人要一些经济支援，然后根据国家有关扶持大学生创业的计划申请一些贷款；然后他还有一个关系不错的朋友，这个朋友也答应跟他一起合伙做生意，而朋友家正好有一个门面房，这个门面房也可以算作是资源的一部分。因为前期投资有限，再加上希望节省成本，他们就不打算再请员工。店里的活就由黄嘉、黄嘉朋友，以及朋友的弟弟三个人一起分担起来。这样的话，前期的投资基本上就可以全部用来当周转资金了。这些周转资金中，三分之一用来进床、沙发和衣柜，三分之一进桌椅板凳、书架等，还有三分之一留做应急之用。大概需要半年，他们就可以把成本收回来。这时候，他们就在市里的家具城买下一个摊位，而家里的这家店则交给朋友的弟弟打理。他们再雇佣五个人，给朋友的弟弟留两个，然后他们带着另外三个就到家具城去打拼。再需要差不多一年时间，他们就可以把家具城的成本赚回来，这样，黄嘉和大家再齐心协力赚三年的钱，再找一个好一点地段，然后自己开个小型的品牌家具城，还包括销售装修材料。这就是黄嘉整体的资源需求和整合规划方案了。他相信，在他和朋友们的一致努力下，他们能够创造辉煌。

黄嘉没有一个人单打独斗，他有非常好的合作伙伴。当然，如果他的想法不是做家具店，而是一个小规模的创业项目，那么他也就不需要后来的这些合作伙伴，也不需要那些支付资金的场地。但正是因为有了这些需求，黄嘉才想办法来一一解决，让这些需求最后能转换成能量，帮助自己获得成功。

7. 融资方式和规划

融资是创业者根据创业的需要、资金拥有的状况以及公司未来经营发展的需要，通过科学的预测和决策，采用一定的方式，从一定的渠道筹集资金，以保证创业需要的行为。但是大学生创业者的融资渠道普遍比较单一，无非就是个人、亲朋好友和贷款等几种途径。在技术含量较高的领域，如今比较普遍的融资方式是风险投资，创业者在向风险投资商筹集资金时，必须认真做一份融资计划。融资计划的主要内容包括以下几个方面。

（1）创业者可出售公司股份（优先股、普通股）、债券，或是以贷款的方式征求到投资商的风险投资。

（2）企业目前的实际资金情况，包括全部债务情况的说明。

（3）获取风险投资的条件。

（4）企业投资收益和将来的二次投资相关事宜，要有提前的计划。

（5）取得风险投资后，双方对企业将来的所有权和利益比例的分配问题。

（6）风险投资后，投资资金的收支安排及财务报告的编制，注明编制的种类和周期（按月、季度、年）。

8. 如何收获回报

很多创业者，有好的想法，也有远大目标，并且也能找到投资和客户，但他们不知道怎么拿这个东西赚来钱。很多创业者在做创业计划时，算完之后发现这个生意根本不挣钱，或者挣的钱还没有“端盘子”多，他们就索性放弃了，这是一种不好的思考方式，用在创业中，害处很大。

这个世界上不存在没有回报的生意，存在的只是不懂得如何收获的创业者。只要有充足的智慧，以及完整的分析，都能够从一个行业里赚钱，所以大学生创业者也要认真去思考这个问题。

【案例】

包勇是个音乐发烧友，也是朋友们之间少有的对正版音乐抱有热情的人。毕业之后，他来到某音乐试听网站工作，在积累了一定经验之后，他想出来单干。一方面，他看不惯这家音乐试听网站对正版冷漠的态度；另一方面，他也发现，其实正版在国内，会有非常好的市场，只不过现在被低估了而已。不过首先，他得做一份创业计划，因为他需要用这份创业计划去拉到投资，没有投资，他再厉害，企业也办不起来。在这份创业计划中，最难的当然是如何获得回报。这对于版权产品来说，对于国内来说，回报一般都比较低，甚至没有。因为毕竟不用花钱的盗版很容易下到，而且正版的体验又非常差。所以他希望能够做这样一家网站，帮助中国的歌手销售自己的音乐。首先网站建立之初，音乐销量肯定不好，这时候可以用广告收入和风险投资作为补充。然后就做一个包装歌手的计划，先制造一些话题，让乐迷围绕着这些话题喋喋不休地讨论。接着设法让歌手跟乐迷们互动，来增加乐迷对歌手的好感，对正版音乐的好感。这时候，开始大力推广正版音乐，然后将盗版音乐和正版音乐相比对，突出正版音乐的超值体验。同时辅助一些摇奖计划，用5%的用户来撬动95%的用户，带动正版音乐的销售。最后再推出自己的移动设备软件，继而推出移动设备，这时候，音乐的销售就能够更上一层楼，同样，如果音乐做好了，就可以做出版物以及其他文化艺术类产品。包勇对自己的创业计划非常有信心，他相信他一定能打动投资者。

包勇有着远大的目标，也是一个有想法的人，他准备进入的这个行业可谓是凶险颇多。但如果他能够找到合适的营收方式，那么这里面大有可为。也许中国现在知识产权的保护还不是很完善，但随着法制的健全，社会文明的发展，正版音乐将日益得到普及。就像现在大家都喜欢正品衣服一样，这都是一个思维转变的过程。

世界上最大的互联网公司 Google 在很长一段时间里，都不知道怎么去赚钱，它有着非常大的流量，但这些流量最初都无法换取资金，不过后来得到了改变。而包勇也正在向这一方向努力，并且找到属于他自己的盈利方式，希望他能够成功。也希望大学生创业者能够像他一样找到自己创业项目的赚钱方式，最后获得成功。

10.3 创业计划中的信息搜集

创业计划的准备过程，其实也是创业者搜集信息的过程，是分析并预测创业项目所存在的问题，以及给出解决方案的过程。信息的搜集，关乎着一份创业计划是否能够成立，是否能够创造效益。

信息搜集分为两个部分：信息搜集的内容以及信息搜集的方法。

1. 信息搜集的内容

（1）经营环境

要了解经营环境所需要搜集的信息很多，它包括经营业务和开展项目的行业情况，政策和法律信息，这些信息对创业项目造成的影响，以及该项目的发展情况、发展趋势、行业规则和行业管理措施等。最重要的是，它是否具有相对可行的市场，市场的需求如何，自己的创业项目能否满足其需求。

【案例】

林树毕业后，回到自己出生成长的城市，准备开始创业。她对开饰品店，开服装店，开饭馆，都没有什么兴趣，却对手陶情有独钟。她上学期间曾经多次到一家手陶店，亲手制作手陶，还将手陶绘制好颜色和图案送给亲朋好友。她觉得这是个不错的项目，不过她对这个方案在自己所在的城市可不可行不是很确定，所以打算先根据想法写一份创业计划，然后对本地的经营环境、市场需求做好调查，搜集好信息后再做决定。于是她决定调查从以下几个方面进行。首先，这里的人对手陶感不感兴趣。她知道当地有插花培训和刺绣培训，尤其是插花培训特别受欢迎，所以她觉得当地人对艺术、对这种业余生活还是有追求的。手陶是大人与小孩、情侣之间可以协同进行的活动，对培养感情有非常大的帮助。其次，当地有一个上规模的商圈，现在处于招商引资的阶段，优惠政策比较吸引人，她也觉得这是一个非常好的机会，不能错过。她不想让店铺局限在一个小的空间里，这个商圈有一个商场的二楼，人流量比较多，有敞开式的摊位，价格也合适，非常方便来往的人观看制作过程，从而能带来生意。林树想进一步对这些情况进行详细的调查与核实。

林树在做创业计划时，搜集了市场需求和经营环境方面的信息。这些信息对她将来的创业有着非常大的帮助作用。经营手陶，在一线城市，可以说不算是非常新的项目。它是否具有市场，这需要创业者进行相关的调查、分析。

（2）销售策略

销售好不好，跟销售的人有很大关系，懂得销售的人通常情况下比别人厉害的就是有销售策略。创业者需要先通过调查，分析现有市场的销售策略是怎么样的，网上一些好的销售策略是怎么样的，然后要根据这些销售策略制定出自己的办法，这样才能够给创业者带来回报和收获。

【案例】

黄植毕业后在一家进出口贸易公司工作，他学习的是市场营销。在工作的过程中，他接触到一位客户——李某。李某是做挂画生意的，主要将世界名画的电子版精良打印后，配上好的画框，批发给销售商；这些销售商主要是在一些家居行业。目前没有一家正规的销售商专门做这个生意，因为这个生意不是非常好做。没有专门销售挂画的一个区域，消费者不可能长途跋涉到偏远的地方购买挂画，毕竟，它不是消耗品，可能很多客户一辈子只买这么一次也是有可能的。而李某的生意做得好，主要是因为他有庞大的客户群，不止本地的，还有外地的，他把利润也控制得很好，虽然单个商品利润少，但销量大了，生意就变得好做了。黄植的想法则是要把它做成一个网上店铺，这样就可以把货撒向全国各地，运输上，可以把包装做得好一点，结实美观一点。不过他对网上销售这种商品的策略不是非常了解，虽然搜集到一些信息，但这些信息不是非常全面。他希望能够从艺术、品位和质量方面去推广这个产品。首先他要在本地打开市场，然后依靠本地的销量拉动全国的销量。当然，打开市场没有非常好的策略，只能采取一家一家去拜访的方法。这个方法虽然笨拙，但是在初期，还是非常有成效的，而且他和李某关系不错，拿到的进价也比一般的家具市场要便宜得多。李某跟黄植商量过，如果黄植做得好，李某将和黄植成为合伙人，那么进价基本上就是成本价，以后的销售路线就更加清晰了。

黄植想要做的这个项目有比较大的风险，万一产品不好卖，出现货物积压的状况，那必死无疑。艺术品这种东西，它不是生活必需品，有好的销售策略，才能实现销售上的成功。黄植没有把目光限制在当地这样一个区域，而是面向全国，这是非常好的想法，同时要注意量力而行。

（3）竞争对手

对竞争对手的信息搜集，比较困难，这不仅需要观察，还需要实地考察，诸如价格、品牌质量、营销策略等。这有可能会触犯到竞争对手，所以请大学生创业者在进行这类信息搜集时，一定要有所节制，以后大家会在一个行业里做生意，影响自己的形象。

【案例】

蒋任在毕业后，准备做服装生意。家里人也支持他创业，不过家人建议他应该先去搜集一些关于市场情况的资料，然后写一份创业计划，他们希望蒋任能够有所准备，要敢闯但不能过于盲目，服装这一行，竞争比较激烈，不好好计划是不行的。

于是，蒋任在创业开始前遵照父母的意见开始做创业计划。他想认真对竞争对手调查一番，搜集到有效信息。既然是服装店，那么就不能开在没人知道的地方，应该开在人流量多的商铺群，当地正在开发地下步行街，租金也便宜。他把这里的竞争对手分为几类，一类是正面竞争者，他们的服装店跟蒋任想经营的品牌时尚服装店类型完全一样，只是款式和品牌有差别。这类服装店占步行街店铺的50%。这些店铺中，有80%经营的服饰款式都非常老气或者浮夸，都是在非常廉价的进货渠道拿到的，蒋任准备做的是精品服饰，所以在竞争力上来说，他们是完全不如蒋任的。剩下的20%则是精品服饰，这些服饰店的衣服都是品牌货，款式也非常好，这些店的生意也十分不错，这些竞争对手是蒋任主要学习的榜样，他要好好看看他们是怎么做品牌推广和促销计划的。另一类是剩下的50%的店铺，是一些经营其他商品的店铺，他们虽然不对蒋任的服装店直接构成威胁，但也有潜在威胁，为什么呢？因为人们口袋里的钱是有限的，如果花在别的方面，那么在蒋任的店里消费就会减少。所以蒋任既要和他们合作，又不能让自己的客流量有损失。这些都是蒋任在做创业计划时需要调查清楚并且搜集的内容。

蒋任经过对竞争对手的调查和搜集信息后，相信对今后的经营会更加有信心。知己知彼，方能百战百胜。他搜集的信息还是非常可靠的，而且对待竞争对手的态度也很正确。

2. 信息搜集的方法

（1）观察法

观察法是一种最常用的信息搜集方法。它非常方便，只需要创业者仔细对市场、环境、消费者进行观察就可以了。这种方法不只限于营业环境周边走动，还可以通过网络或者书刊获得。它是信息搜集方法里最主观的一种，实际效果比较有限。

【案例】

陈兰很久以前就想开一家甜品店了，苦于爸妈非要让她考公务员而没有实现；但公务员考试在毕业后一直杳无音讯，于是她打算实现当年的愿望，靠自己的能力开一家甜品店。她没有非常远大的抱负，类似要开全国连锁店之类的。她只是希望能实现自己的梦想就行了，不过这个梦想要能够养活自己才行，所以她准备先进行一番市场调查，搜集一些必要的信息，然后做一个创业计划。她打算把店开在学校附近，因为这里来往的大学生非常多，他们比较乐于消费这些甜品。有了这个想法后，她就仔细把学校周围同类型的店铺作了一些了解，经过观察，同一个街面上一共有4家店跟她形成竞争关系，两家奶茶店，一家鲜果榨汁店。他们的生意都异常火爆，尤其是下课或周末学生们出来吃饭的时候。陈兰还发现一个比较有趣的现象，就是很多同学并不太在意这些店的品牌，如果发现人多，就会立刻换一家，不会一直等着。那么这就说明，她的甜品店是一定有生意的。一定要注意同学们的等待时间，既要让门口有一定的顾客在等候，形成店铺生意好的景象，又要确保每位客户等待的时间不能过长，以免客户流失。

通过观察法，陈兰获得了一定的信息，相信这些信息能够在陈兰未来开店时帮助到她。如果她想要得到更好的效果，建议能够将以下几种方法综合起来运用。

（2）访问法

访问法主要是创业者和创业伙伴通过对潜在消费者的调查，搜集信息的方法。它能带给创业者的反馈是情绪上的，也许不是非常真实，但能够让创业者跟消费者有一个接触的机会，而这样的机会是没有什么敌意的，消费者不会有任何损失。

【案例】

张琪想要创业，她打算找一个项目做，不能被工作给锁死了。于是她逛了小商品批发商城，看到一个不错的店铺，这家店铺是卖DIY小家具的，成品的长宽高大概有30厘米，供选择的种类非常多。她发觉自己喜欢上这个项目了，脑子里充满了以后开店时的情景。即使她很冲动，但还是冷静下来准备先做个创业计划，不然万一失败了，不好跟家里人交代。她不想纸上谈兵，决定亲自去问一下，看看周围的人对这样一家店铺的反映到底好不好。她制作了一些问卷并配合一些小礼物询问来往的幼儿家长。她跑遍了当地几乎所有的幼儿园，表示非常喜欢的有28%，表示想看看别人是怎么做的有61%，还有4.3%表示没有兴趣，以及0.7%的人很质疑这些小家具会不会对小朋友的身体造成危害。经过这些调查后，张琪觉得这个项目还是非常有希望的，表示想看看别人是怎么做的，这些人就是潜在客户，如果产品和服务足够有吸引力，这个事情便可以做成。有一部分人觉得这个可能有些难，小朋友如果没有耐心做不完，会不会有受挫感。另一部分人则认为，拼几下就完了是不是有点过于简单。这时候，张琪想到了办法，那些认为手工过程非常难的家长，可以专门为他们准备一些简单一点的模型，而那些认为简单的家长，可以给他们教进阶一点的DIY，就是连木块形状切割和上色都需要自己动手来做的那种。经过这次访问式的信息搜集方式，张琪觉得心里更有底了。

张琪选择这样的信息搜集方式，跟她所想从事的行业不无关系。因为她可以确切地听到这些潜在消费者——孩子父母的一些真实想法。张琪最后跑了非常多的地方，相信她的收获也是非常大的。

(3) 试营法

试营法是这三种信息搜集方法中最好的一种，它完全是一种客观的信息搜集方法，不依赖于创业者的主观判断。一个好创意是不是好，检验一下就知道了。试营法需要创业者消耗资金和时间成本，还需要创业者能够有耐心，给自己定一个试营期限。在试营期限之内，最好不要随便下结论。

【案例】

白静毕业后成为了一名白领，朝九晚五的生活令她感到有点乏味，她想过创业，不过不知道做什么好。最近她在某商场看到有专门 DIY 香皂的，款式和颜色都可以根据自己想要的样子进行制作，因为那是商场的关系，所以价格蛮贵的，不过生意却异常好，很多情侣、一家三口都乐于享受这种情趣。她想到她家附近的一个商圈，客流量不错，完全没有这样的一家店，她觉得，非常值得一试。但白静不知道自己的想法是否可行，也没有别的渠道帮助分析和理解市场情况，所以白静准备先做一些市场调查，搜集一些市场信息，看一看，是不是如自己所想这个产品会在自己所在的商圈流行起来。如果可行的话，她也准备开一家这样的店，这样就可以告别枯燥的白领生活了。她跟商场里那家店的老板商量了一下，准备代销对方的成品，如果好的话，她想跟对方展开合作。对方明白了她的来意之后，欣然同意。白静亲自选了一些她觉得颜色和款式好的 DIY 香皂，抽出下班的时间，在自家附近的商圈试卖，看看市场反应如何。刚开始效果不是很好，很多人走过只是看一眼，鲜有人会问这是什么东西，白静很沮丧，都有点想放弃了，觉得这个生意根本不好做。3 天下来，问的人不超过 20 个，购买的人竟然 1 个都没有，可是每天从她的小摊走过的人何止上百啊。就在白静快要放弃的时候，突然有几个小姑娘过来问是什么东西，但她们得知是 DIY 香皂时，顿时惊呼起来，都说这东西真不错。她们一惊呼不要紧，引来了很多围观的人，大家你一言我一语，有些人还说在商场看到过，但太贵，这种成品价格还不错，质量也不错。然后就有人开始购买，这样就引发了很多人的消费冲动，香皂竟然在一天之内快卖完了。白静觉得市场很好，很值得尝试一下。

白静如果第一天就放弃了，那么就看不到后来光顾生意的几个小姑娘了。一个产品进入市场，实际上是有一个磨合期，谁都不愿意去当第一个吃螃蟹的人，如果有第一个人，并且反响不错，那么收获也会是巨大的。

10.4 撰写与展示商业计划书

商业计划书，是指创业者在创业初期根据自己的创业计划所制作的一份专业的书面文件。商业计划书是一份全方位的项目计划，它从企业内部的人员、制度、管理以及企业的产品、营销、市场等各个方面对即将展开的商业项目进行可行性分析。它是企业融资成功的重要因素之一，商业计划书还可使创业者有计划地开展商业活动，增加成功的几率。

商业计划书的起草过程是一个展望企业未来，探索生产运营具体思路，确认所需的各种必要资源，谋求所需支持的过程。它和创业本身一样是一个复杂的系统工程，不仅要对行业、市场进行详细的研究，还需要很好的文字功底。对于大学生创业者来说，撰写专业的商业计划书既是寻找投资的必备材料，也是创业者对企业自身现状及未来发展战略全面思索和重新定位的过程。

1. 撰写商业计划书的原则

（1）简明扼要。撰写商业计划书的目的是获得风险投资，或是向合作者展示企业的发展思路。所以，在表达时要直截了当，简明扼要。风险投资家没有兴趣和时间去看一些对他来说毫无意义的东西。另外，撰写商业计划书时不可塞入过多的技术术语和英文缩写，通常情况下，阅读商业计划书的人看重的只是这项计划能够创造的价值，而不是技术。

（2）条理清晰。良好的写作水平虽然不能挽救创业者不成熟的创业理念，但是思路不清晰的表达方式却很有可能会使一个很好的创意因无法有效地和阅读者交流导致夭折。所以说，清晰的材料可以使创业者在商业计划中所阐述的理念更具可信度，主要表现在商业计划书中所做的每一条主张都会有相对应的证据。

（3）客观公正。创业者在商业计划书中应实事求是地用数据来说明该创意存在哪些市场机会，而不是用夸张的措辞来炫耀市场是多么的巨大。只有对市场或是该创意有一个客观公正的评价，才能让阅读者相信你是对这个市场进行了深入的了解与分析的。

2. 撰写商业计划书时易犯的毛病

（1）急功近利而缺乏全盘考虑。商业计划书由一套关系密切的模块组成，无论从哪一个环节着手，都要坚持执行下去，不可急功近利。这些环节可以是目标市场、业务、概念、预测、策略、口号、愿景等。一旦急功近利就会满盘皆输。

（2）高估商业创意。创意的价值并不在于创意本身，而在于建立在创意之上的业务，创意本身不会打造出优秀的企业。

（3）忽略细节。计划需要关注细节，包括财务状况、重大事件、责任和截至时间等。现金流是最重要的。但是如何保证这份商业计划书能被有效地执行以及收回投资资金却是容易被忽视的问题。另外，有的商业计划书过分强调所熟悉的业务而刻意忽略不熟悉的部分。例如，强调技术功能，而忽视市场营销。

（4）不切实际的预测。没有人会相信不合理的虚高销售额预测。通常情况下，超高的盈利预测只会让阅读者觉得创业者对费用成本缺乏实际认识。

3. 投资人想从商业计划书中得到什么

（1）该公司或公司项目有什么独特之处？

（2）该公司是如何运作的，如何保持盈利？

（3）风险投资会给该公司带来什么样的好处？

（4）该公司的管理能力是否足以执行商业计划书中描述的商业计划？

（5）财务预算是否合理？

（6）投资者是否能够退出？

4. 商业计划书书写规划程序

（1）进行创业可行性分析

创业可行性分析如图 10-1 所示。

（2）商业计划书的写作阶段

分为现状分析与评估阶段、计划形成与制定阶段。

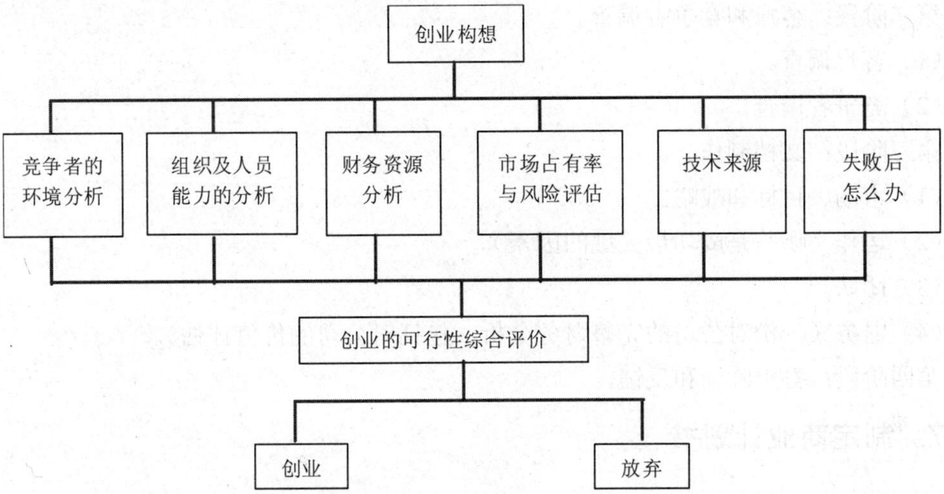

图 10-1　创业可行性分析

5. 商业计划书的写作阶段

（1）第一阶段：现状分析与评估

项目启动→商业环境分析→竞争状况分析→资源与能力分析→企业以往业绩分析→初步综合评估（见表 10-1）。

表 10-1　　商业计划的现状分析规划

商业环境分析	竞争状况分析	企业资源与能力分析	企业以往业绩分析
A．宏观环境	直接竞争者	设计开发能力分析	企业现行生产
政治及政策	潜在竞争者	生产能力分析	产品及价格定位分析
经济	供应商的前向整合	营销能力分析	企业现行发展战略分析
技术	客户的后向整合	融资能力及财务状况分析	财务报表分析
社会	替代产品分析	管理能力及组织效率分析	
B．市场及行业环境	市场进入障碍分析	其他社会与政治资源能力分析	
市场规模及潜在空间	客户转换成本分析		
消费者行为及地位	自身优势与劣势		
供应商及其地位			
销售渠道			
价格走势			
需求价格弹性分析			
行业成功关键要素/外部商机与威胁		现行战略及以往业绩	

（2）第二阶段：商业计划形成与制定阶段

定义企业战略目标→提出多样战略选择→战略选择之评估→确定最后战略。

6. 完成商业计划书的步骤

第一阶段：商业计划构想细化。

第二阶段：客户和竞争者调查。

（1）客户调查。

（2）竞争者调查。

第三阶段：文档制作。

（1）市场、目标和战略。

（2）运作（哪些是成功最关键的因素）。

（3）团队。

（4）财务（一份对公司的完整财务分析，包括对公司的价值评估）。

第四阶段：答辩陈词和反馈。

7. 制定商业计划书

（1）商业计划书

作者——创业者。

读者——投资人。

核心内容——你把钱投到我这个项目上肯定赚钱。

（2）商业计划书的主要编写格式

① 商业计划书摘要。商业计划书摘要是风险投资者首先要看到的内容，它是商业计划书之精华，反映了商业计划书之全貌，是全部计划书的核心所在。它必须让风险投资者有兴趣并渴望得到更多的信息。篇幅一般控制在2000字左右，主要包括以下几项内容。

a．公司概述。介绍公司过去的发展历史、现在的情况以及未来的规划。具体而言，主要有以下内容：公司概述包括公司名称、地址、联系方法等；公司的自然业务情况；公司的发展历史；对公司未来发展的预测；公司与众不同的竞争优势或者独特性；公司的纳税情况。

b．公司的研究与开发。介绍投入研究开发的人员和资金计划及所要实现的目标，主要包括：

- 研究资金投入；
- 研发人员情况；
- 研发设备；
- 研发的产品的技术先进性及发展趋势。

c．产品或者服务。创业者必须将自己的产品或服务创意向风险投资者作一介绍。主要有下列内容：

- 产品（服务）的名称、特征及性能用途；

- 产品核心技术及一般生产流程；
- 主导产品与产品系列结构；
- 产品处于生命周期的哪一阶段，产品的市场前景；
- 产品的技术创新、产品规划。

d. 管理团队和管理组织情况。风险投资商考察企业时，“人”是重要考察因素。从某种意义上讲，创业者能否成功，最终要取决于该企业是否拥有一个强有力的管理团队和人力资源队伍。包括以下几点：

- 公司的管理团队（公司管理团队的战斗力和独特性及与众不同的凝聚力）；
- 公司的组织结构，部门职能分工；
- 公司人力资源政策，关键的雇员与薪酬激励政策；
- 主要股东、董事，是否有经理人或者员工股票期权。

e. 市场环境与竞争分析。创业者为什么要选择进入这个市场（行业），要说明以下几点。

首先，基于对市场整体环境分析，作出有充分依据的判断。

其次，目标市场是企业根据自身资源、优势与外部机会选择的重点，市场细分是对企业的定位。创业者应该细分各个目标市场，并且讨论你想从哪里取得多少销售总量收入、市场份额和利润。同时估计产品真正具有的潜力。

风险投资家是不会因一个简单的数字就相信创业计划的，创业者必须对可能影响需求和市场策略的因素进行分析，以便潜在的投资者能够判断公司目标的合理性，以及他们将相应承担的风险，一定要说明是如何得出结论的。

行业环境与竞争分析，应该回答以下问题：

- 该行业发展程度如何？
- 现在发展动态如何？
- 该行业的总销售额有多少？总收入多少？发展趋势怎样？
- 经济发展对该行业的影响程度如何？
- 政策是如何影响该行业的？
- 是什么因素决定它的发展？
- 竞争的焦点可能是什么？创业者应取什么样的战略？
- 进入该行业的障碍是什么？创业者应将如何克服？

目标市场的阐述，应解决以下问题：

- 你的细分市场是什么？
- 你的目标顾客群是什么？
- 你的经营阶段（5 年）营运规模、收入和利润目标是什么？
- 你拥有多大的市场？你的目标市场份额有多大？
- 你的营销策略是什么？

在这个目标市场上，竞争分析要回答如下问题：

- 目标市场上的主要竞争对手？可能出现的潜在对手？
- 目前的竞争对手所占的市场份额是多少和市场策略是什么？
- 行业竞争可能出现什么样的变化？
- 创业者的策略是什么？
- 在竞争中公司优势、市场和地理位置的优势在哪里？
- 能否承受竞争所带来的压力？

产品（服务）价格、性能和质量在市场竞争中所具备的特有的市场营销策略，这是风险投资家十分关心的问题，创业者的市场影响策略应该说明以下问题：

- 营销机构和营销队伍；
- 营销渠道的选择和营销网络的建设；
- 广告策略和促销策略；
- 价格策略；
- 市场渗透与市场拓展计划；
- 市场营销中意外情况的应急对策的优势。

f．生产经营计划。生产经营计划主要阐述创业者的新产品的生产制造及经营过程。

这一部分非常重要，风险投资者从这一部分内容中要了解生产产品的原料如何采购、供应商的有关情况，劳动力和雇员的情况，生产资金的安排以及厂房、土地等情况。内容要详细，细节要明确。这一部分是以后投资谈判中对投资项目进行估值时的重要依据，也是创业者所占股权的一个重要组成部分。

生产经营计划主要包括以下内容：

- 新产品的生产经营计划；
- 公司现有的生产技术能力；
- 品质控制和质量改进能力；
- 现有的生产设备或者将要购置的生产设备；
- 现有的生产工艺流程；
- 生产产品的经济分析及生产过程。

g．融资需要。资金需求计划：内容包括为实现公司发展计划所需要的资金额，资金需求的时间，资金用途（详细说明资金用途，并列表说明）。

融资方案：内容包括公司所希望的投资人及所占股份的说明，资金其他来源，如银行贷款等。

h．财务分析。财务分析是一个需要花费相当多时间和精力来编写的部分。风险投资者将会期望从财务分析部分来判断未来经营的财务损益状况，进而判断能否确保投资获得预期的理想回报。财务分析包括以下3个方面的内容：

- 过去3年的历史数据，今后3年的发展预测。

主要提供过去3年现金流量表、资产负债表、损益表以及年度财务总结报告书。

- 投资计划内容具体如下：

预计的风险投资数额；

风险企业未来的筹资资本结构如何安排；

获取风险投资的抵押、担保条件；

投资收益和再投资的安排；

风险投资者投资后双方股权的比例安排；

投资资金的收支安排及财务报告编制；

投资者介入公司经营管理的程度。

i. 风险因素。详细说明项目实施过程中可能遇到的风险，包括技术风险、市场风险、管理风险、财务风险、其他不可预见的风险，提出有效的风险控制和防范手段。

j. 风险投资的退出方式。股票上市：依照商业计划的分析，对公司上市的可能性做出分析，对上市的前提条件做出说明。

股权转让：投资商可以通过股权转让的方式收回投资。

股权回购：依照事先商业计划的分析，公司对实施股权回购计划应向投资者说明。

利润分红：投资商可以通过公司利润分红达到收回投资的目的，按照本商业计划的分析，公司对实施股权利润分红计划应向投资者说明。

② 撰写商业计划书应注意的几个问题。撰写商业计划书应注意的几个问题如表 10-2 所示。

表 10-2　撰写商业计划书应注意的问题

自身定位	阶段定位	种子期
		成长期
		扩张期
	市场定位	国外
		国内
		区域
	特色定位	核心优势
		主要劣势
调查研究	竞争对手	工艺、成本、营销状况
	消费群	现在的结构、心理和未来的趋势
	市场活力与风险	
理清思路	到底想怎么干	第一步
		第二步
		第三步
写好摘要	（2000 字左右）	不可缺项
		要突出重点、亮点
		使投资人相信肯定赚钱

③ 保密条款。

a．在商业计划书中处理保密问题。

- 要求收件人在一份保密协议上签字。
- 在商业计划书中添加一段条款，对读者提出保密的约束。
- 尽量不把敏感信息写进文件（但是文件中必须包括充足的信息才能让人信服）。

b．保密条款的内容。

- 确定文件中所给信息的界限，并说明该信息非常重要，不能传递给未经授权的第三者。
- 明确要求商业计划书的阅读者承担以下几个方面的义务：

对该商业计划书（或其中的某个部分）进行保密；在其业务中不使用该商业计划书（或其中的某个部分）；只能传给他们的职员和顾问，同时要求他们承担本协议规定的相同的义务。

c．保密声明（样例）。

本商业计划书属商业机密，所有权属于北京××医药科技开发有限公司。其所涉及的内容和资料只限于有意向投资者使用。收到本计划书后，收件人应该即刻确认，并遵守以下的规定：

若收件人不希望涉足本计划书所述项目，请尽快将本计划书完整退回；

在没有取得北京××医药科技开发有限公司的书面同意前，收件人不得将本计划书全部和/或部分地予以复制、传递给他人，影印、泄露或散布给他人；

应该像对待贵公司的机密材料一样对待本计划书所提供的所有机密资料。

案例点评

【案例】

商业计划书

中联汇科担保公司未来5年的商业计划由经营计划、资金计划、理财计划和管理费用计划4个部分组成。

1. 经营计划

中联汇科担保公司是国内第一批担保企业，其发展历程大体上可分为创业期（1999年～2001年）、成长期（2002年～2004年）、成熟期（2005年及以后）3个阶段。创业期业务量较小，业务增长较快；成长期业务年增长率逐年减少，影响业务增长的主要瓶颈为资金。中联汇科担保公司上市后进入公司发展的成熟期。

根据中联汇科担保公司业务发展趋势，预计2001年年底公司业务规模（包括互助基金和分公司担保额）超过5亿元，到2005年达到168亿元，5年实现累计担保金额约336亿元。

中联汇科担保公司2001年～2005年经营计划如表10-3所示。

表 10-3　　中联汇科担保公司 2001 年～2005 年经营计划　　单位：万元

指标	2001 年	2002 年	2003 年	2004 年	2005 年	合计
一、运营资金						
计划（实际）担保金额	50 700	140 000	350 000	750 000	1 100 000	2 390 700
个人担保	25 350	70 000	175 000	375 000	550 000	1 195 350
履约担保	5 070	14 000	35 000	75 000	110 000	239 070
企业担保	20 280	56 000	140 000	300 000	440 000	956 280
互助基金担保金额	2 500	24 000	56 000	128 000	288 000	498 500
保证金外余额	5 263	11 096	8 385	108 896	103 415	237 055
可用理财资金	4 419	7 959	2 853	100 219	64 819	180 269
现金及流动资金	1 273	1 990	713	25 055	16 205	45 236
债券与开放基金	1 273	1 990	713	25 055	16 205	45 236
委托理财	1 273	1 990	713	25 055	16 205	45 236
当年长期投资	600	1 990	713	25 055	16 205	44 563
累计长期投资	1 110	3 100	3 813	28 868	45 072	81 963
二、收入合计	1 508	5 797	13 303	33 625	47 877	102 110
保费收入	760	2 800	7 000	15 000	22 000	47 560
配套服务收入	254	1 680	4 200	9 000	13 200	28 334
担保保证金利息	204	467	1 000	1 875	2 444	5 990
互助基金担保收入	25	240	560	1 280	2 880	4 985
理财资金综合回报	265	611	543	6 470	7 353	15 242
现金与流动资金收益	11	20	7	251	162	451
债券与开放收益	33	60	21	752	486	1 352
委托理财收益	88	159	57	2 004	1 296	3 605
长期投资收益	133	372	457	3 464	5 408	9 835

编制说明：

（1）担保业务量按个人贷款：履约担保：企业融资为 5：1：4 的比例计划；

（2）担保保证金与担保金额倍数按 2001 年取 5 倍，逐年递增 1 倍计算；

（3）担保费率平均为 2001 年 1.5%、2002 年～2005 年 2.0%；配套服务费率为 2001 年 0.5%、2002 年～2005 年 1.2%；互助基金代理费率为 1.0%；

（4）利息收入为用于担保保证金部分按年利息率 2%计算；

（5）投资收益指未用于担保保证金部分按综合回收率 6%计算；

（6）2001 年为根据 2001 年 3 季度实际报表预测实际发生数。

从经营计划表 10-3 中可以看到，担保及配套服务和担保投资是中联汇科担保公司收入的主要组成部分。担保及配套服务收入约为担保投资收入的 8 倍，充分体现了公司以担保及配套服务为主，担保投资为辅的业务发展战略。

2. 资金计划

因为行业特点的原因，中联汇科担保公司依靠借贷扩张业务，但发展又需要资金，所以公司选择通过股本扩张来融资，获得资金主要用于用于满足主营业务迅速增长的需要，同时兼顾公司的抗风险能力。

中联汇科担保公司 2001 年～2005 年资金计划如表 10-4 所示。

表 10-4　　中联汇科担保公司 2001 年～2005 年资金计划　　单位：万元

指标	2001 年	2002 年	2003 年	2004 年	2005 年
一、资金来源					
总股本（万股）	15 550	30 000	40 000	53 500	53 500
股本金	15 550	33 613	53 613	188 613	188 613
所有者权益	16 367	38 385	67 646	225 637	257 970
长期负债	500	4 000	8 000	16 000	32 000
二、资金用途					
担保保证金	10 140	23 333	50 000	93 750	122 222
个人担保	5 070	11 667	25 000	46 875	61 111
履约担保	1 014	2 333	5 000	9 375	12 222
企业担保	4 056	9 333	20 000	37 500	48 889
互助基金	500	4 000	8 000	16 000	32 000
可用理财资金	4 419	7 959	2 853	100 219	64 819
营运资金	1 273	1 990	713	25 055	16 205
长期投资	600	1 990	713	25 055	16 205
短期投资	2 546	3 979	1 427	50 109	32 409

表 10-4 数据显示，上市后大大提高了公司抗风险能力，随着资本的增加，担保业务获得大幅提升。从稳健经营的角度考虑，中联汇科担保公司在经营计划中选择了较低的增长速度，以便更好地控制经营风险。同时，将上市所获资本分 3 年投入主营业务，稳步发展。

3. 理财计划

中联汇科担保公司将担保保证金按现行存款利率存入银行。其他用于理财的资金平均分配到现金、债券、委托理财和长期投资 4 个项目上，年回报率分别按 1%、3%、8%、12% 计算，理财资金的综合回报率约为 6%。

中联汇科担保公司 2001 年～2005 年理财计划如表 10-5 所示。

表 10-5　　中联汇科担保公司 2001 年～2005 年理财计划　　单位：万元

指标	2001 年	2002 年	2003 年	2004 年	2005 年	合计
可用理财资金	4 419	7 959	2 853	100 219	64 819	180 264

续表

指标	2001 年	2002 年	2003 年	2004 年	2005 年	合计
现金及流动资金	1 273	1 990	713	25 055	16 205	45 236
债券与开放基金	1 273	1 990	713	25 055	16 205	45 236
委托理财	1 273	1 990	713	25 055	16 205	45 236
长期投资	600	3 100	3 813	28 868	45 072	36 381
理财资金综合回报	265	611	543	6 470	7 353	15 242
现金与流动资金收益	11	20	7	251	162	451
债券与开放收益	33	60	21	752	486	1 352
委托理财收益	88	159	57	2 004	1 296	3 605
长期投资收益	133	372	457	3 464	5 408	9 835

由于担保公司对现金需求量较大，因此中联汇科担保公司选择了变现性很强的投资组合，同时也为这一选择付出了较低资产回报率的代价。

4. 管理费用计划

中联汇科担保公司的管理费用较少，即使按照较高的增长率进行预测，这部分支出占经营收入的比重不会超过 12%。

中联汇科担保公司 2001 年～2005 年管理费用计划如表 10-6 所示。

表 10-6　　中联汇科担保公司 2001 年～2005 年管理费用计划　　单位：万元

指标	2001 年	2002 年	2003 年	2004 年	2005 年	合计
工资福利	100	130	180	250	410	1 070
办公费用	67	75	80	100	300	622
设备折旧	5	125	240	420	900	1 690
社会保险	8	15	26	32	93	174
律师、会计师费	20	65	80	150	500	815
私募上市费用	20	110	400	2 700	2 700	5 930
研发费用	30	50	70	100	200	450
其他	21	30	34	48	397	530
合计	271	600	1 110	3 800	5 500	11 281

中联汇科担保公司 2003 年成功上市后，将其上市产生的费用分 3 年摊销。中联汇科担保公司上市费用约为 8 100 万元，将分别在 2004 年、2005 年、2006 年摊销 2 700 万元。

中联汇科担保公司的商业计划包括经营计划、资金计划、理财计划和管理费用计划 4 个部分，这份计划深入分析了现状和发展趋势，确立的目标具有可行性，提出的分项计划有一定的依据，对指导企业发展有很大帮助。

（1）方案中的经营计划对各个阶段需要实现的目标都进行了数字化的预测，目标较为明确，但实现目标的措施和方法，不够深入细致，这样很难保证经营计划的顺利实现和企业运作的成功，应适当增强经营计划的可操作性。

（2）该商业计划书对项目的未来现金流动情况做了分析，结合行业发展特性，对现有资金的投资组合做了较为稳妥的安排。在上市资金的摊销方面，为了避免经营压力过大，采用了分年摊销的做法，也是较为可取的。

（3）在该商业计划书中，几乎没有涉及公司面临的经营风险、财务风险和系统风险方面的分析及防范措施，这将使投资者难以对商业计划风险做出准确评估，影响投资者的热情。

素质拓展

（1）请按如下情景设置制作一份餐饮公司创业计划书。

现拟创建一家股份制餐饮公司，通过现代化的管理，实现对社会资源的整合，在全国建立连锁川菜酒楼，为特定的客户群提供特色鲜明、个性突出的餐饮服务；目标市场为四川省外和国外对川菜情有独钟的高中收入阶层以及团体消费者；主要竞争者为四川省知名川菜企业在外埠开办的分店和连锁店；现有竞争优势——现代化的管理模式和管理手段以及川菜品牌的集合效应；现有资金30万元，需筹集资金20万元。

请同学分成若干小组，每组4～6人，制作创业计划书。每组按成员数量分配创业计划书任务，每人完成一个部分，共同制作创业计划书。

（2）请按如下情景设置制作一份母婴用品销售网站创业计划书。

现拟创建一个母婴用品销售网站；目标市场为城市年轻夫妇；主要竞争者为拥有母婴产品频道的各大电商及母婴用品实体店；现有资金2万元，需筹集资金3万元。

请同学分成若干小组，每组4～6人，制作创业计划书。每组按成员数量分配创业计划书任务，每人完成一个部分，共同制作创业计划书。

附录一　高校毕业生就业政策百问

一、鼓励企业特别是中小企业吸纳高校毕业生就业

1. 国家对鼓励中小企业吸纳高校毕业生有哪些政策措施？

按照《国务院关于进一步做好普通高等学校毕业生就业工作的通知》（国发〔2011〕16号）等文件规定：

（1）对招收高校毕业生达到一定数量的中小企业，地方财政应优先考虑安排扶持中小企业发展资金，并优先提供技术改造贷款贴息。

（2）对劳动密集型小企业当年新招收登记失业高校毕业生，达到企业现有在职职工总数30%（超过100人的企业达15%）以上，并与其签订1年以上劳动合同的劳动密集型小企业，可按规定申请最高不超过200万元的小额担保贷款并享受50%的财政贴息。

（3）高校毕业生到中小企业就业的，在专业技术职称评定、科研项目经费申请、科研成果或荣誉称号申报等方面，享受与国有企事业单位同类人员同等待遇。

此外，2012年2月1日，国务院常务会议研究部署进一步支持小型和微型企业健康发展，决定对小型微型企业招用高校毕业生按规定给予培训费和社会保险补贴。

2. 企业招收就业困难高校毕业生享受什么优惠政策？

按照《财政部、人力资源和社会保障部关于进一步加强就业专项资金管理有关问题的通知》（财社〔2011〕64号）规定，对各类企业（单位）招用符合条件的就业困难高校毕业生，与之签订劳动合同并缴纳社会保险费的，按其为就业困难高校毕业生实际缴纳的基本养老保险费、基本医疗保险费和失业保险费给予补贴，不包括企业（单位）和个人应缴纳的其他社会保险费。

根据《就业促进法》有关规定，就业困难人员是指因身体状况、技能水平、家庭因素、失去土地等原因难以实现就业，以及连续失业一定时间仍未能实现就业的人员。就业困难人员的具体范围，由省、自治区、直辖市人民政府根据本行政区域的实际情况规定。

企业（单位）按季将符合享受社会保险补贴条件人员的缴费情况单独列出，向当地人力资源和社会保障部门申请补贴。社会保险补贴申请材料应附：符合享受社会保险补贴条件的人员名单及身份证复印件、就业失业登记证复印件、劳动合同等就业证明材料复印件、社会保险征缴机构出具的社会保险费明细账（单）、企业（单位）在银行开立的基本账户等凭证材料，经人力资源和社会保障部门审核后，财政部门将补贴资金支付到企业（单位）在银行开立的基本账户。

3. 企业为高校毕业生开展岗前培训享受什么优惠政策？

按照《财政部、人力资源和社会保障部关于进一步加强就业专项资金管理有关问题的通知》（财社〔2011〕64号）等文件规定，企业新录用毕业年度高校毕业生与其签订6个月以上期限劳动合同，在劳动合同签订之日起6个月内由企业依托所属培训机构或政府认定的培训机构开展岗前就业技能培训的，根据培训后继续履行劳动合同情况，按照当地确定的职业培训补贴标准的一定比例，对企业给予定额职业培训补贴。

企业开展岗前培训前，需将培训计划大纲、培训人员花名册及身份证复印件、劳动合同复印件等材料报当地人力资源和社会保障部门备案，培训后根据劳动者继续履行劳动合同情况，向人力资源和社会保障部门申请职业培训补贴。申请材料经人力资源和社会保障部门审核后，财政部门按规定将补贴资金直接拨入企业在银行开立的基本账户。企业申请职业培训补贴应附：培训人员花名册、培训人员身份证复印件、《就业失业登记证》复印件、劳动合同复印件、职业培训合格证书等凭证材料。

4. 高校毕业生从企业到机关事业单位就业后工龄如何计算？

按照《国务院关于进一步做好普通高等学校毕业生就业工作的通知》（国发〔2011〕16号）等文件规定，高校毕业生从企业、社会团体到机关事业单位就业的，其按规定参加企业职工基本养老保险的缴费年限合并为连续工龄。

5. 高校毕业生到企业特别是中小企业就业可否在当地落户？

按照《国务院关于进一步做好普通高等学校毕业生就业工作的通知》（国发〔2011〕16号）规定，对各类企业招用非本地户籍的普通高校专科以上毕业生，各地城市应取消落户限制（直辖市按各自有关规定执行）。

6. 流动人员人事档案如何保管？

根据《流动人员人事档案管理暂行规定》规定，流动人员人事档案是指：

（一）辞职或被辞退的机关工作人员、企事业单位专业技术人员和管理人员的人事档案；

（二）与用人单位解除劳动合同或聘用合同的专业技术人员和管理人员的人事档案；

（三）待业的大中专毕业生的人事档案；

（四）自费出国留学人员的人事档案；

（五）外商投资企业、乡镇企业、区街企业、民营科技企业、私营企业等非国有企业聘用的专业技术人员和管理人员的人事档案；

（六）外国企业常驻代表机构的中方雇员的人事档案；

（七）其他流动人员的人事档案。

流动人员人事档案管理机构为县以上（含县）党委组织部门和政府人力资源和社会保障部门所属的公共就业和人才服务机构，其他任何单位不得擅自管理流动人员人事档案；严禁个人保管他人人事档案。跨地区流动的流动人员人事档案，可由其户籍所在地的公共就业和人才服务机构管理，也可由其现工作单位所在地的公共就业和人才服务机构管理。

高校毕业生到具有档案管理权限的机关、事业单位、国有企业就业的，由单位直接接收、管理档案。到无档案管理权限的单位（私营企业、外资企业等）就业的，可由各地公共就业和人才服务机构负责提供档案管理等人事代理服务。高校毕业生离校时没有就业的，档案可由学校统一发回原户籍所在地公共就业和人才服务机构保管。档案不允许个人保存。

7. 什么是人事代理？

公共就业和人才服务机构可在规定业务范围内接受用人单位和个人委托，从事下列人事代理服务：（一）流动人员人事档案管理；（二）因私出国政审；（三）在规定的范围内申报或组织评审专业技术职务任职资格；（四）转正定级和工龄核定；（五）大中专毕业生接收手续；（六）其他人事代理事项。

8. 高校毕业生怎样办理人事代理？

按照《人才市场管理规定》有关规定，人事代理方式可由单位集体委托代理，也可由个人委托代理；可多项委托代理，也可单项委托代理；可单位全员委托代理，也可部分人员委托代理。

单位办理委托人事代理，须向代理机构提交有效证件以及委托书，确定委托代理项目。经代理机构审定后，由代理机构与委托单位签订人事代理合同书，明确双方的权利和义务，确立人事代理关系。

9. 高校毕业生如何与用人单位订立劳动合同？

劳动合同法第七条规定，用人单位自用工之日起即与劳动者建立劳动关系。第十条规定，建立劳动关系，应当订立书面劳动合同。已建立劳动关系，未同时订立书面劳动合同的，应当自用工之日起一个月内订立书面劳动合同。用人单位与劳动者在用工前订立劳动合同的，劳动关系自用工之日起建立。

第八条规定，用人单位（企业、个体经济组织、民办非企业单位等组织）招用劳动者时，应当如实告知劳动者工作内容、工作条件、工作地点、职业危害、安全生产状况、劳动报酬，以及劳动者要求了解的其他情况；用人单位有权了解劳动者与劳动合同直接相关的基本情况，劳动者应当如实说明。

第九条规定，用人单位招用劳动者，不得扣押劳动者的居民身份证和其他证件，不得要求劳动者提供担保或者以其他名义向劳动者收取财物。

10. 什么是社会保险？我国建立了哪些社会保险制度？

社会保险是指国家通过立法，按照权利与义务相对应原则，多渠道筹集资金，对参保者在遭遇年老、疾病、工伤、失业、生育等风险情况下提供物质帮助（包括现金补贴和服务），使其享有基本生活保障、免除或减少经济损失的制度安排。

社会保险法第二条规定，我国建立基本养老保险、基本医疗保险、工伤保险、失业保险、生育保险等社会保险制度，保障公民在年老、疾病、工伤、失业、生育等情况下依法从国家和社会获得物质帮助的权利。其中，基本养老保险制度包括职工基本养老保险制度、新型农村社会保险制度和城镇居民社会养老保险制度；基本医疗保险制度包括职工基本医疗保险制度、新型农村合作医疗制度和城镇居民医疗保险制度。

11. 用人单位应该履行哪些社会保险义务？享有哪些社会保险权利？

（1）社会保险义务：一是申请办理社会保险登记的义务；二是申报和缴纳社会保险费的义务；三是代扣代缴职工社会保险的义务；四是向职工告知缴纳社会保险费明细的义务。

（2）社会保险权利：一是有权免费查询、核对其缴费记录；二是有权要求社会保险经办机构提供社会保险咨询等相关服务；三是可以参加社会保险监督委员会，对社会保险工作提出咨询意见和建议，实施社会监督；四是对侵害自身权益和不依法办理社会保险事务的行为，有权依法申请行政复议或者提起行政诉讼。此外，还有权对违反社会保险法律、法规的行为进行举报、投诉。

12. 参加社会保险的个人享有哪些权利？

高校毕业生依法缴纳社会保险费后，享有以下权利：

（1）有权依法享受社会保险待遇；

（2）有权监督本单位为其缴费情况；

（3）有权免费向社会保险经办机构查询、核对其缴费和享受社会保险待遇权益记录；

（4）有权要求社会保险经办机构提供社会保险咨询等相关服务；

（5）对侵害自身权益和不依法办理社会保险事务的行为，有权依法申请行政复议或者提起行政诉讼。

此外，还有权对违反社会保险法律、法规的行为进行举报、投诉。

13. 目前国家对用人单位及其职工和参保个人缴纳社会保险费的费率是如何规定的？

（1）用人单位及其职工缴纳社会保险费的费率。根据《国务院关于完善企业职工基本养老保险制度的决定》（国发〔2005〕38 号）、《国务院关于建立城镇职工基本医疗保险制度的决定》（国发〔1998〕44 号）、《失业保险条例》（国务院令第 258 号）规定，用人单位缴纳基本养老保险、基本医疗保险和失业保险的费率，分别是原则上为本单位工资总额的 20%、6%左右和 2%；用人单位缴纳工伤保险费按照《工伤保险条例》（国务院令第 586 号）规定实行行业差别费率和浮动费率，有关费率确定按照国家相应规定执行；用人单位缴纳生育保险费的费率按照《企业职工生育保险试行办法》（劳部发〔1994〕504 号）规定执行，由统筹地区政府根据实际情况自行确定，但不得超过用人单位工资总额的 1%。职工本人缴纳基本养老保险、基本医疗保险和失业保险的费率，分别为本人工资的 8%、2%和 1%。

（2）参保个人缴纳社会保险费的费率。根据《国务院关于完善企业职工基本养老保险制度的决定》（国发〔2005〕38 号）规定，无雇工的个体工商户和灵活就业人员参加职工基本养老保险的缴费费率为 20%，其中 8%计入个人账户；无雇工的个体工商户和灵活就业人员参加职工基本医疗保险的缴费费率，按国家有关规定，统筹地区可以参照当地基本医疗保险建立统筹基金的缴费水平确定。

（3）城镇居民参加居民医疗保险和农村居民参加新型农村社会养老保险及新型农村合作医疗，主要采取定额方式缴纳社会保险费。

14. 高校毕业生如何处理劳动人事纠纷？

发生劳动人事争议，可以通过协商解决。当事人不愿协商或协商不成的，可以向调解组织申请调解；不愿调解、调解不成或者达成调解协议后不履行的，可以向劳动人事争议仲裁委员会申请仲裁；对仲裁裁决不服的，除法律另有规定的外，可以向人民法院提起诉讼。

对用人单位违反劳动保障法律、法规和规章的情况，高校毕业生可向人力资源和社会保障部门举报、投诉。劳动保障监察机构将依法受理，纠正和查处有关违法行为。

15. 什么是服务外包和服务外包企业？

服务外包是指企业将其非核心的业务外包出去，利用外部最优秀的专业化团队来承接该业务，从而使其专注核心业务，达到降低成本、提高效率、增强企业核心竞争力和对环境应变能力的一种管理模式。

服务外包企业是指其与服务外包发包商签订中长期服务合同，承接服务外包业务的企业。

16. 目前服务外包产业主要涉及哪些领域及地区？

服务外包分为信息技术外包服务（ITO）、技术性业务流程外包服务（BPO）和技术性知识流程外包（KPO）等。ITO包括软件研发及外包、信息技术研发服务外包、信息系统运营维护外包等领域。BPO 包括企业业务流程设计服务、企业内容管理数据库服务、企业运营数据库服务、企业供应链管理数据库服务等领域。KPO 包括知识产权研究、医药和生物技术研发和测试、产品技术研发、工业设计、分析学和数据挖掘、动漫及网游设计研发、教育课件研发、工程设计等领域。

我国目前有服务外包示范城市 21 个，分别是北京、天津、上海、重庆、大连、深圳、广州、武汉、哈尔滨、成都、南京、西安、济南、杭州、合肥、南昌、长沙、大庆、苏州、无锡、厦门。

17. 服务外包企业吸纳高校毕业生有哪些财政支持？

按照《国务院办公厅关于鼓励服务外包产业加快发展的复函》（国办函〔2010〕69 号）、《人力资源和社会保障部、商务部关于加快服务外包产业发展促进高校毕业生就业的若干意见》（人社部发〔2009〕123 号）等文件规定，对符合条件的服务外包企业，每新录用 1 名大学以上学历员工从事服务外包工作并签订 1 年期以上劳动合同的，给予企业不超过每人 4500 元的培训支持；对符合条件的培训机构培训的从事服务外包业务人才（大学以上学历），通过服务外包业务专业知识和技能培训考核，并与服务外包企业签订 1 年期以上劳动合同的，给予培训机构每人不超过 500 元的培训支持。

服务外包企业吸纳高校毕业生参加就业见习的，享受相关财政补助政策。服务外包企业吸纳就业困难高校毕业生就业，享受社会保险补贴等扶持政策。就业困难高校毕业生参加服务外包培训可按规定享受职业培训补贴和职业技能鉴定补贴。

二、鼓励引导高校毕业生面向城乡基层、中西部地区以及民族地区、贫困地区和艰苦边远地区就业

18. 什么是基层就业？

基层就业就是到城乡基层工作。国家近几年出台了一系列优惠政策鼓励高校毕业生积极参加社会主义新农村建设、城市社区建设和应征入伍。一般来讲，“基层”既包括广大农村，也包括城市街道社区；既涵盖县级以下党政机关、企事业单位，也包括社会团体、非公有制组织和中小企业；既包含单位就业，也包括自主创业、自谋职业。

19. 国家鼓励毕业生到基层就业的主要优惠政策包括哪些？

按照《国务院关于进一步做好普通高等学校毕业生就业工作的通知》（国发〔2011〕16号）等文件规定：

（1）各地要根据统筹城乡经济和加快基本公共服务发展的需要，大力开发社会管理和公共教育、医疗卫生、文化等领域服务岗位，增加高校毕业生就业机会。要进一步完善相关政策，重点解决好他们在工资待遇、社会保障、人员编制、户口档案、职称评定、教育培训、人员流动、资金支持等方面面临的实际问题，鼓励和引导高校毕业生到城乡基层特别是城市社区和农村教育、医疗卫生、文化、科技等基层岗位工作。

（2）对到农村基层和城市社区从事社会管理和公共服务工作的高校毕业生，符合公益性岗位就业条件并在公益性岗位就业的，按照国家现行促进就业政策的规定，给予社会保险补贴和公益性岗位补贴。

（3）对到农村基层和城市社区其他社会管理和公共服务岗位就业的，给予薪酬或生活补贴，同时按规定参加有关社会保险。

（4）对到中西部地区和艰苦边远地区县以下基层单位就业并履行一定服务期限的高校毕业生，以及应征入伍服义务兵役的高校毕业生，按规定实施相应的学费补偿和国家助学贷款代偿。

（5）自2012年起，省级以上机关录用公务员，除部分特殊职位外，均应从具有2年以上基层工作经历的人员中录用。市（地）级以下机关特别是县乡机关招录公务员，应采取有效措施积极吸引优秀应届高校毕业生报考，录用计划应主要用于招收应届高校毕业生。

（6）对具有基层工作经历的高校毕业生，在研究生招录和事业单位选聘时实行优先。

20. 什么是基层社会管理和公共服务岗位？

所谓基层社会管理和公共服务岗位，包括大学生村官、支教、支农、支医、乡村扶贫，以及城市社区的法律援助、就业援助、社会保障协理、文化科技服务、养老服务、残疾人居家服务、廉租房配套服务等岗位。

2009年4月，人力资源和社会保障部下发《关于公布第一批基层社会管理和公共服务岗位目录的通知》（人社部函〔2009〕135号），向社会公布第一批基层社会管理和公共服务岗位目录，以指导各地做好鼓励和引导高校毕业生到基层就业的工作。这批发布的岗

位目录共分为基层人力资源和社会保障管理、基层农业服务、基层医疗卫生服务、基层文化科技服务、基层法律服务、基层民政、托老托幼、助残服务、基层市政管理、基层公共环境与设施管理维护以及其他等 9 大类领域，包括在街道（乡镇）、社区（村）等基层单位从事公共就业服务、社会保障、劳动关系协调、劳动监察、农业、扶贫开发、医疗、卫生、保健、防疫、文化、科技、体育、普法宣传、民事调解、托老、养老、托幼、助残、公共设施设备管理养护等相关事务管理服务工作的 50 种岗位。

21. 什么是其他基层社会管理和公共服务岗位？

在街道社区、乡镇等基层开发或设立的相应的社会管理和公共服务岗位。部分由政府出资，或由相关组织和单位出资。所安排使用的人员按规定享受相关补贴。

22. 什么是公益性岗位？

由政府开发、以满足社区及居民公共利益为目的的管理和服务岗位。对符合条件在公益性岗位安置就业的就业困难人员，按规定给予社会保险补贴和岗位补贴。符合公益性岗位安置条件的就业困难高校毕业生，可按规定享受公益性岗位就业援助政策。

23. 什么是公益性岗位社会保险补贴？

按照《财政部、人力资源和社会保障部关于进一步加强就业专项资金管理有关问题的通知》（财社〔2011〕64 号）规定，对就业困难人员的社会保险补贴实行“先缴后补”的办法。在公益性岗位安排就业困难人员，并缴纳社会保险费的，按其为就业困难人员实际缴纳的基本养老保险费、基本医疗保险费和失业保险费给予补贴，不包括就业困难人员个人应缴纳的基本养老保险费、基本医疗保险费和失业保险费，以及企业（单位）和个人应缴纳的其他社会保险费。社会保险补贴期限，一般最长不超过 3 年。

办理手续请见第 2 问。

24. 什么是公益性岗位补贴？

对在公益性岗位安排就业困难人员就业的单位，按其实际安排就业困难人员人数给予岗位补贴。公益性岗位补贴期限，一般最长不超过 3 年。

在公益性岗位安排就业困难人员就业的单位，可按季向当地人力资源和社会保障部门申请公益性岗位补贴。公益性岗位补贴申请材料应附：符合享受公益性岗位补贴条件的人员名单及《身份证》复印件、《就业失业登记证》复印件、发放工资明细账（单）、单位在银行开立的基本账户等凭证材料，经人力资源和社会保障部门审核后，财政部门将补贴资金支付到单位在银行开立的基本账户。

25. 为鼓励高校毕业生面向基层就业，实施学费补偿和助学贷款代偿政策的主要内容是什么？

按照《财政部、教育部关于印发〈高等学校毕业生学费和国家助学贷款代偿暂行办法〉的通知》（财教〔2009〕15 号）等文件规定，中央部门所属高校应届毕业生（全日制本专科、高职生、研究生、第二学士学位毕业生）到中西部地区和艰苦边远地区基层单位就业、服务期在 3 年以上（含 3 年）的，其学费由国家实行补偿。在校学习期间获得国家助学贷款（含高校国家助学贷款和生源地信用助学贷款，下同）的，补偿的学费优先用于偿还国家助学贷款本金及其全部偿还之前产生的利息。定向、委培以及在校期间已享受免除全部学费政策的学生除外。

26. 国家实施补偿学费和代偿助学贷款的就业地域范围包括哪些？

国家对到中西部地区和艰苦边远地区基层单位就业、并履行一定服务期限的中央部门所属高校毕业生，按规定实施相应的学费补偿和助学贷款代偿。这里涉及的地域范围主要包括：

（1）西部地区：西藏、内蒙古、广西、重庆、四川、贵州、云南、陕西、甘肃、青海、宁夏、新疆12个省（自治区、直辖市）；

（2）中部地区：河北、山西、吉林、黑龙江、安徽、江西、河南、湖北、湖南、海南等10个省；

（3）艰苦边远地区：由国务院确定的经济水平、条件较差的一些州、县和少数民族地区。（详情可登录中国政府网查询：http://www.gov.cn）

（4）基层单位：

① 中西部地区和艰苦边远地区县以下机关、企事业单位，包括乡（镇）政府机关、农村中小学、国有农（牧、林）场、农业技术推广站、畜牧兽医站、乡镇卫生院、计划生育服务站、乡镇文化站、乡镇劳动就业服务站等；

② 工作现场地处以上地区县以下的气象、地震、地质、水电施工、煤炭、石油、航海、核工业等中央单位艰苦行业生产第一线。

27. 学费补偿和助学贷款代偿的标准和年限是多少？

每生每学年补偿学费和代偿国家助学贷款的金额最高不超过6000元。在校学习期间每年实际缴纳的学费或获得的国家助学贷款低于6000元的，按照实际缴纳的学费或获得的国家助学贷款金额实行补偿或代偿。每年实际缴纳的学费高于6000元的，按照每年6000元的金额实行补偿或者代偿。

本科、专科（高职）、研究生和第二学士学位毕业生补偿学费或代偿国家助学贷款的年限，分别按照国家规定的相应学制计算。在校学习的时间低于相应学制规定年限的，按照实际学习时间计算补偿学费或代偿助学贷款年限。在校学习时间高于相应学制年限的，按照学制规定年限计算。

每年代偿学费或国家助学贷款总额的三分之一，三年代偿完毕。

28. 中央部门所属高校毕业生如何申请学费补偿和助学贷款代偿？

（1）在办理离校手续时向学校递交《学费和国家助学贷款代偿申请表》和毕业生本人、就业单位与学校三方签署的到中西部地区和艰苦边远地区基层单位服务 3 年以上的就业协议；

（2）在校学习期间获得国家助学贷款的，在与国家助学贷款经办银行签订毕业后还款计划时，注明已申请国家助学贷款代偿，如获得国家助学贷款代偿资格，不需自行向银行还款；

（3）高校负责审查申请资格并上报全国学生资助管理中心。

29. 地方所属高校毕业生到基层就业如何获得学费补偿和助学贷款代偿？

按照《财政部、教育部关于印发〈高等学校毕业生学费和国家助学贷款代偿暂行办法〉的通知》（财教〔2009〕15 号）要求，各地要抓紧研究制订本地所属高校毕业生面向本辖区艰苦边远地区基层单位就业的学费补偿和助学贷款代偿办法。地方所属高校毕业生到基层就业是否可以获得学费补偿或国家助学贷款代偿，以及如何申请办理补偿或代偿等，请向学校所在地政府有关部门查询。

30. 到基层就业如何办理户口、档案、党团关系等手续？

对到西部县以下基层单位和艰苦边远地区就业的高校毕业生，实行来去自由的政策，户口可留在原籍或根据本人意愿迁往就业地区；人事档案原则上统一转至就业单位所在地的县级政府人力资源和社会保障部门，由公共就业和人才服务机构提供免费人事代理服务；党团组织关系转至就业单位，在工作期间积极要求入党的，由乡镇一级党组织按规定程序办理。

31. 中央有关部门实施了哪些基层就业项目？

近年来，中央各有关部门主要组织实施了 4 个引导高校毕业生到基层就业的专门项目，包括团中央、教育部、财政部、人力资源和社会保障部等四部门从 2003 年起组织实施的“大学生志愿服务西部计划”；中组部、人力资源和社会保障部、教育部等八部门从 2006 年开始组织实施的“三支一扶”（支教、支农、支医和扶贫）计划；教育部、财政部、人力资源和社会保障部、中央编办等四部门从 2006 年开始组织实施的“农村义务教育阶段学校教师特设岗位计划”；中组部、教育部、财政部、人力资源和社会保障部等部门从 2008 年起组织实施的“选聘高校毕业生到村任职工作”。

人力资源和社会保障部门积极会同有关部门，按照统一征集岗位、统一发布公告、统一组织考试、统一服务管理的原则，统筹实施基层服务项目，做好各类项目之间的政策衔接，进一步落实对服务期满考核合格人员的就业政策措施。

32. 什么是农村义务教育阶段学校教师特设岗位计划？

2006 年，教育部、财政部、原人事部、中央编办下发《关于实施农村义务教育阶段学校教师特设岗位计划的通知》（教师〔2006〕2 号），联合启动实施“特岗计划”，公开招聘高校毕业生到“两基”攻坚县农村义务教育阶段学校任教。特岗教师聘期 3 年。

33. 农村教师特岗计划实施的地区范围包括哪些？

2006～2008 年“特岗计划”的实施范围以国家西部地区“两基”攻坚县为主（含新疆生产建设兵团的部分团场），包括纳入国家西部开发计划的部分中部省份的少数民族自治州，适当兼顾西部地区一些有特殊困难的边境县、少数民族自治县和少小民族县。2009 年，实施范围扩大到中西部地区国家扶贫开发工作重点县。

34. 农村教师特岗计划招聘对象和条件是什么？

（1）以高等师范院校和其他全日制普通高校应届本科毕业生为主，可招少量应届师范类专业专科毕业生。

（2）取得教师资格，具有一定教育教学实践经验，年龄在 30 岁以下的全日制普通高校往届本科毕业生。

（3）参加过“大学生志愿服务西部计划”、有从教经历的志愿者和参加过半年以上实习支教的师范院校毕业生同等条件下优先。

（4）报名者应同时符合教师资格条件要求和招聘岗位要求。

35. 农村教师特岗计划的招聘程序有哪些？

特岗教师实行公开招聘，合同管理。合同规定用人单位和应聘人员双方的权利和义务。

招聘工作由省级教育、人力资源社会保障、财政、编办等相关部门共同负责，遵循“公开、公平、自愿、择优”和“三定”（定县、定校、定岗）原则，按下列程序进行：①公布需求，②自愿报名，③资格审查，④考试考核，⑤集中培训，⑥资格认定，⑦签订合同，⑧上岗任教。

36. 什么是选聘高校毕业生到村任职？

2008 年，中组部、教育部、财政部、人力资源和社会保障部出台了《关于印发〈关于选聘高校毕业生到村任职工作的意见（试行）〉的通知》（组通字〔2008〕18 号），计划用五年时间选聘 10 万名高校毕业生到农村担任村党支部书记助理、村委会主任助理或团支部书记、副书记等职务。从 2010 年开始，扩大选聘规模，逐步实现“一村一名大学生村官”计划的目标。选聘的高校毕业生在村工作期限一般为 2～3 年。

37. 选聘到村任职的对象是什么？要满足哪些条件？

选聘对象为 30 岁以下应届和往届毕业的全日制普通高校专科以上学历的毕业生，重点是应届毕业和毕业 1～2 年的本科生、研究生，原则上为中共党员（含预备党员），非中共党员的优秀团干部、优秀学生干部也可以选聘。

基本条件是：①思想政治素质好，作风踏实，吃苦耐劳，组织纪律观念强；②学习成绩良好，具备一定的组织协调能力；③自愿到农村基层工作；④身体健康。此外，参加人力资源和社会保障部、团中央等部门组织的到农村基层服务的“三支一扶”、“志愿服务西部计划”等活动期满的高校毕业生，本人自愿且具备选聘条件的，经组织推荐可作为选聘对象。

38. 选聘到村任职的程序是什么？

选聘工作一般通过个人报名、资格审查、组织考察、体检、公示、决定聘用、培训上岗等程序进行。

39. 什么是“三支一扶”计划？

三支一扶是支教、支医、支农、扶贫的简称。2006 年，中组部、原人事部等八部门下发《关于组织开展高校毕业生到农村基层从事支教、支农、支医和扶贫工作的通知》（国人部发〔2006〕16 号），以公开招募、自愿报名、组织选拔、统一派遣的方式，从 2006 年开始连续 5 年，每年招募 2 万名高校毕业生，主要安排到乡镇从事支教、支农、支医和扶贫工作。服务期限一般为 2～3 年。招募对象主要为全国普通高校应届毕业生。

2011 年 4 月，人力资源和社会保障部下发《关于继续做好高校毕业生三支一扶计划实施工作的通知》（人社部发〔2011〕27 号），决定继续组织开展高校毕业生“三支一扶”

计划，从 2011 年起，每年选拔 2 万名，五年内选拔 10 万名高校毕业生到基层从事“三支一扶”服务。

40. 什么是大学生志愿服务西部计划？

大学生志愿服务西部计划由共青团中央牵头，教育部、财政部、人力资源和社会保障部共同组织实施。从 2003 年开始，每年招募 1.8 万名普通高等学校应届毕业生，到西部贫困县的乡镇从事为期 1～3 年的教育、卫生、农技、扶贫以及青年中心建设和管理等方面的志愿服务工作。

41. 参加中央部门组织实施的基层就业项目，服务期满后享受哪些优惠政策？

根据中组部、人力资源和社会保障部、教育部、财政部、共青团中央《关于统筹实施引导高校毕业生到农村基层服务项目工作的通知》（人社部发〔2009〕42 号）等政策规定，参加“选聘高校毕业生到村任职”、“三支一扶”、“大学生志愿服务西部计划”、“农村义务教育阶段学校教师特设岗位计划”项目、服务期满的毕业生，享受以下优惠政策：

（1）公务员招录优惠：每年拿出公务员考录计划的一定比例，专门用于定向招录服务期满且考核称职（合格）的服务基层项目人员。服务基层项目人员也可报考其他职位。

（2）事业单位招聘优惠：鼓励在项目结束后留在当地就业，参加各基层就业项目相对应的自然减员空岗，全部聘用服务期满的高校毕业生。从 2009 年起，到乡镇事业单位服务的高校毕业生服务满 1 年后，在现岗位空缺情况下，经考核合格，即可与所在单位签订不少于 3 年的聘用合同。同时，各省（区、市）县及县以上相关的事业单位公开招聘工作人员，应拿出不低于 40%的比例，聘用各专门项目服务期满考核合格的高校毕业生。

（3）考学升学优惠：服务期满后三年内报考硕士研究生初试总分加 10 分；同等条件下优先录取；高职（高专）学生可免试入读成人本科。

（4）国家补偿学费和代偿助学贷款政策：参加各基层就业项目的毕业生，符合规定条件的，可享受相应的学费补偿和助学贷款代偿政策。

（5）服务期满自主创业的，可享受税收优惠、行政事业性收费减免、小额贷款担保和贴息等有关政策。

（6）其他：各基层就业项目服务年限计算工龄。服务期满到企业就业的，按照规定转接社会保险关系。

42. 高校毕业生到艰苦边远地区或国家扶贫开发工作重点县就业有什么优惠政策？

根据《国务院关于进一步做好普通高等学校毕业生就业工作的通知》（国发〔2011〕16 号）规定，对到艰苦边远地区或国家扶贫开发工作重点县就业的高校毕业生，在机关工作的，试用期工资可直接按试用期满后工资确定，试用期满后级别工资高定 1～2 档；在事业单位工作的，可提前转正定级，转正定级时薪级工资高定 1～2 级。

三、鼓励高校毕业生应征入伍，报效祖国

43. 国家鼓励高校毕业生入伍，这里的“高校毕业生”如何界定？

指中央部门和地方所属全日制公办普通高等学校、民办普通高等学校和独立学院的全

日制普通本专科（含高职）、研究生、第二学士学位应届毕业生。不包括往届毕业生及成人高等教育、高等教育自学考试类学生、各类非学历教育的学生。

征集的高校应届毕业生以男性为主，女性应届毕业生征集根据军队需要确定。

高职（专科）毕业班学生完成专业理论课程学习并取得毕业所需学分，仅需再完成毕业实习即能毕业的，可在当年冬季报名应征入伍，享受高校应届毕业生入伍有关优惠政策。

44. 公民应征入伍需要满足哪些政治条件？

征兵政治审查的内容包括：应征公民的年龄、户籍、职业、政治面貌、宗教信仰、文化程度、现实表现以及家庭主要成员和主要社会关系成员的政治情况等。征集服现役的公民必须热爱中国共产党，热爱社会主义祖国，热爱人民军队，遵纪守法，品德优良，决心为抵抗侵略、保卫祖国、保卫人民的和平劳动而英勇奋斗，等等。

45. 公民应征入伍要满足哪些基本身体条件？

公民应征入伍要符合国防部颁布的《应征公民体格检查标准》和有关规定。其中，有几项基本条件。

身高：男性 162cm 以上，女性 160cm 以上。

体重：男性：不超过标准体重的+25%、−15%。

女性：不超过标准体重的±15%。

标准体重=（身高−110）kg。

视力：陆勤岗位视力标准，大学专科以上文化程度的青年入伍，右眼裸眼视力放宽至 4.6，左眼裸眼视力放宽至 4.5。

屈光不正，准分子激光手术后半年以上，无并发症，视力达到相应标准，合格。

内科：乙型肝炎表面抗原呈阴性等。

46. 应征入伍高校毕业生的年龄条件是多少？

高职（专科）毕业生当年为 18～23 周岁，本科以上学历的可以放宽到当年 24 周岁。

47. 高校毕业生应征入伍服义务兵役要经过哪些程序？

（1）参加网上预征报名：4 月～7 月，有应征意向的高校毕业生登录“大学生网上预征报名系统”报名预征（http://zbbm.chsi.com.cn 或 http://zbbm.chsi.cn），填写、打印《应届毕业生预征对象登记表》和《应征入伍高校毕业生补偿学费代偿国家助学贷款申请表》（以下分别称《登记表》、《申请表》），交所在学校预征工作管理部门。

（2）参加初审、初检，通过确认：5 月～7 月，按照兵役机关的统一安排，预征报名高校毕业生参加身体初检、政治初审，通过的毕业生被确定为预征对象。在毕业生离校前，高校协助兵役机关，将《登记表》和《申请表》审核盖章发给预征对象并完成网上信息确认。

（3）到户籍所在地报名应征：10 月底全国征兵工作开始后，预征对象携带《登记表》和《申请表》，到入学前户籍所在地县（市、区）征兵办公室报名应征（落实单位户档随迁的，在现户籍所在地应征）。通过体检政审的高校毕业生由县级兵役机关批准入伍。

48. 兵役工作由哪个部门负责？

兵役法规定，全国的兵役工作，在国务院、中央军委领导下，由国防部负责。各军区按照国防部赋予的任务，负责办理本区域的兵役工作。省军区（卫戍区、警备区）、军分区（警备区）和县、自治县、市、市辖区的人民武装部，兼各该级人民政府的兵役机关，在上级军事机关和同级人民政府领导下，负责办理本区域的兵役工作。县级以上地方各级人民政府组织兵役机关和有关部门组成征集工作机构，负责组织实施征集工作。

高校毕业生预征工作在学校由学生管理部门或武装部门牵头。有意向参军入伍的高校毕业生可向所在学校学工部（处）、就业中心、武装部咨询。

49. 高校毕业生应征入伍服义务兵役享受哪些优惠政策？

高校毕业生应征入伍服义务兵役，除享有优先报名应征、优先体检政审、优先审批定兵外，还享受优先选拔使用、考学升学优惠、补偿学费或代偿国家助学贷款、就业安置帮扶等优惠政策。

50. 如何理解高校毕业生应征“优先”政策？

征兵报名前，县级兵役机关通知预征对象报名时间、地点、注意事项等。高校毕业生本人持《登记表》到户籍所在地县级兵役机关报名应征。

高校毕业生预征对象体检由县级征兵办公室统一组织，同级卫生部门具体负责。征兵前，县级兵役机关要通知预征对象体检时间、地点、注意事项，安排其上站体检。

组织高校毕业生政审时，严格按照《征兵政治审查工作规定》进行。《应征公民政治审查表》中的“就读学校鉴定意见”栏的鉴定意见以《登记表》意见为准，不再填写鉴定意见。入伍前，《登记表》作为政审表的附件装入新兵档案。

县级兵役机关召开定兵会议审批定兵时，优先批准体检、政审合格的高校应届毕业生预征对象入伍。

同等条件下，高校毕业生士兵在选取士官、安排到技术岗位等方面优先；具有普通本科学历、取得相应学位的高校毕业生士兵，表现优秀、符合总部有关规定的可以直接选拔为军官。有关具体规定按照军队有关部门出台的文件执行。

51. 应征入伍服义务兵役给予学费补偿和助学贷款代偿的内容是什么？

从2009年起，国家对应征入伍服义务兵役的高校应届毕业生在校期间缴纳的学费实行补偿。在校期间获得国家助学贷款的，学费补偿款首先用于偿还助学贷款本金及其全部偿还之前产生的利息。

52. 高校毕业生应征入伍享受学费补偿和助学贷款代偿的标准是多少？

按照《财政部、教育部、总参谋部关于印发〈应征入伍服义务兵役高等学校毕业生学费补偿和国家助学贷款代偿暂行办法〉的通知》（财教〔2009〕35号）规定，国家对服义务兵役的高校毕业生每学年补偿学费或代偿国家助学贷款本息的金额，最高为6000元；毕业生在校期间每学年实际缴纳的学费或获得的国家助学贷款本息高于6000元的，按照每年6000元的金额实行补偿或者代偿；高校毕业生在校学习期间每年实际缴纳的学费或获得的国家助学贷款本息低于6000元的，按照学费和国家助学贷款本息两者就高的原则，实行补偿或代偿。

53．高校毕业生应征入伍都可以享受学费补偿或助学贷款代偿政策吗？

在校期间已享受免除全部学费政策的学生、定向生、委培生、国防生、按部队生长干部条件招收的大学毕业生，以及从高校毕业生中直招的士官等其他形式到部队参军的高校毕业生，均不享受学费补偿和助学贷款代偿政策。

54．高校毕业生应征入伍享受学费补偿和助学贷款代偿的年限如何计算？

对本科、专科（高职）、研究生和第二学士学位毕业生补偿学费或代偿国家助学贷款本息的年限，不论服役时间长短，分别按照国家规定的相应学制计算，在高校毕业生入伍时，实行一次性补偿或代偿。在校学习时间低于相应学制规定年限的，按照实际学习时间计算。在校学习时间高于相应学制规定年限的，按照学制规定年限计算。专升本、本硕连读、中职高职连读、第二学士学位毕业生补偿学费或代偿国家助学贷款本息的年限，分别按照完成本科、硕士、高职和第二学士学位阶段学习任务的实际时间计算（即按完成最终学历阶段学习任务的实际时间计算）。

55．高校毕业生应征入伍申请学费补偿或助学贷款代偿的程序是什么？

（1）填写有关表格：预征工作开始后，有应征意向的普通高校应届毕业生登录“大学生预征网上预征报名系统”（http://zbbm.chsi.com.cn 或 http://zbbm.chsi.cn），填写、打印并向就读高校递交《登记表》、《申请表》。在校学习期间获得国家助学贷款的，还需提供与经办银行签订的还款计划书复印件。其中，应注明已申请国家助学贷款代偿。

（2）高校初审盖章：离校前，高校对被确定为预征对象的毕业生补偿学费和代偿国家助学贷款本息的条件资格、具体金额及相关信息资料进行初审，确认无误后，在《申请表》上加盖公章，连同《登记表》一起交给学生本人。

（3）表格递交县征兵办：10 月 31 日前，高校毕业生到入学前户籍所在地报名应征时将《登记表》及《申请表》交县（市、区）人民政府征兵办公室。

（4）县征兵办审批入伍、复核材料并盖章：12 月 31 日前，县（市、区）人民政府征兵办公室批准高校毕业生应征入伍后，向其发放《应征入伍通知书》，并会同同级教育行政部门对应征入伍的高校毕业生申请补偿学费和代偿国家助学贷款本息等情况进行复核。确认无误后，分别在《申请表》上加盖公章。

（5）学生资助中心审核并确定最终名单：次年 1 月 15 日前，县（市、区）教育行政部门将户籍为本县（市、区）的入伍高校毕业生的《应征入伍通知书》复印件及《申请表》原件，寄送至应征入伍毕业生原就读高校学生资助管理机构。各高校按隶属关系，分别报各省（区、市）学生资助管理中心和全国学生资助管理中心审核。最终，汇总至全国学生资助管理中心复核、备案后，确定当年享受补偿学费和代偿国家助学贷款本息政策的最终名单及具体金额。

56．补偿、代偿的经费如何发放到符合条件的高校毕业生手中？

各中央部门所属高校和地方所属高校在收到补偿学费和代偿国家助学贷款本息资金的 15 个工作日内，向毕业生补偿学费；对于申请助学贷款代偿的毕业生，由学校代替毕业生按照还款协议，向银行偿还其在本校办理的国家助学贷款本息，并将银行开具的偿还国家助学贷款本息的凭据交寄毕业生本人或其家长，将剩余资金汇至高校毕业生指定的地址或账户。

入学前在户籍所在县（市、区）办理了生源地信用助学贷款的应征入伍毕业生，在收到代偿资金后 1 个月内，根据与银行签订的还款协议，由学生本人或家长（或其他法定监护人）一次性向银行偿还生源地信用助学贷款本息。

57. 因个人原因被部队退回，毕业生已获补偿、代偿的经费要被收回吗？

高校毕业生因本人思想原因、故意隐瞒病史或违法犯罪等被部队退回的，取消其补偿学费和代偿国家助学贷款的资格。已获补偿或代偿资金由毕业生户籍所在地县（市、区）教育行政部门会同同级征兵办公室收回，并逐级汇总上缴至全国学生资助管理中心。

58. 高校应届毕业生入伍服义务兵役年限是多少？

我国现行的义务兵役制度是两年。

59. 具有高等教育学历的士兵退役后，享受哪些升学考学优惠政策？

（1）参加政法院校为基层公检法定向岗位招生时，同等条件下优先录取，且专列一定比例招收退役毕业生报考者；

（2）退役后三年内参加全国硕士研究生招生统一入学考试，初试总分加 10 分；

（3）立二等功及以上的，退役后免试（指初试）攻读硕士研究生；

（4）具有高职（高专）学历的，退役后免试入读成人本科；或经过一定考核（计划单列、专升本考试、单独录取），30%比例入读普通本科。

60. 什么是政法院校为基层公检法定向岗位招生？

2008 年，政法院校开展招录培养体制改革试点工作，重点从军队退役士兵和普通高校毕业生中选拔人才，为西部和经济欠发达地区的基层公、检、法、司机关定向招录培养专科以上层次的各类人才。

61. 高校毕业生应征入伍服义务兵役，其户口档案存放在哪里，如何迁转？

高校毕业生在 4 月～7 月参加预征，身体初检和政治初审合格，填写《登记表》，将户口迁回入学前户籍所在地，档案可转到入学前户籍所在地公共就业和人才服务机构存放。批准入伍后，其学籍档案放入新兵档案。

62. 高校毕业生退役后就业及户档迁移有何优惠政策？

入伍高校毕业生退出现役后，可参照普通高等学校应届毕业生，凭用人单位录（聘）用手续，向原就读高校再次申请办理就业报到证（从退出现役当年的 12 月 1 日起至次年 12 月 31 日止），户档随迁（直辖市按照有关规定执行）。到各地公共就业和人才服务机构求职的，可按规定免费享受公共就业和人才服务。参加户籍所在地省级毕业生就业指导机构、原毕业高校就业招聘会，享受提供信息、重点推荐、就业指导等就业服务。

63. 什么是士官？与义务兵有什么区别？

我军现役士兵按兵役性质分为义务兵役制士兵和志愿兵役制士兵。义务兵役制士兵称为义务兵，志愿兵役制士兵称为士官。士官属于士兵军衔序列，但不同于义务兵役制士兵，是士兵中的骨干。义务兵实行供给制，发给津贴；士官实行工资制和定期增资制度。预征指的是义务兵。

64. 没有参加网上预征报名的高校毕业生是否还可以应征入伍并享受有关优惠政策？

离校前未报名的应届毕业生，可在冬季征兵前到入学前户籍所在地乡（镇、街道）武装部报名并进行兵役登记，合格者确定为预征对象，择优送站体检。体检、政审合格被批准入伍后，补办补偿代偿等手续，仍可享受国家鼓励高校毕业生应征入伍的各项优惠政策。

四、积极聘用高校毕业生参与国家和地方重大科研项目

65. 国家和地方重大科研项目包括哪些？

按照《科技部、教育部、财政部、人力资源和社会保障部、国家自然科学基金委员会关于鼓励科研项目单位吸纳和稳定高校毕业生就业的若干意见》（国科发财〔2009〕97 号）规定，由高校、科研机构和企业所承担的民口科技重大专项、973 计划、863 计划、科技支撑计划项目以及国家自然科学基金会的重大重点项目等，可以聘用高校毕业生作为研究助理或辅助人员参与研究工作。此外的其他项目，承担研究的单位也可聘用高校毕业生。

66. 哪些高校毕业生可以被吸纳为研究助理或辅助人员？

吸纳对象主要以优秀的应届毕业生为主，包括高校以及有学位授予权的科研机构培养的博士研究生、硕士研究生和本科生。

67. 科研项目吸纳的高校毕业生是否为在编职工？

不是项目承担单位的正式在编职工，被吸纳高校毕业生需与项目承担单位签订服务协议，明确双方的权利、责任和义务。

68. 科研项目承担单位与被吸纳高校毕业生签订的服务协议应包含哪些内容？

（1）项目承担单位的名称和地址；

（2）研究助理的姓名、居民身份证号码和住址；

（3）服务协议期限；

（4）工作内容；

（5）劳务性费用数额及支付方式；

（6）社会保险；

（7）双方协商约定的其他内容。

服务协议不得约定由毕业生承担违约金。

69. 服务协议的期限如何约定？

根据《人力资源和社会保障部办公厅关于重大科研项目单位吸纳高校毕业生参与研究工作签订服务协议有关问题的通知》（人社厅发〔2009〕47 号）等文件规定，服务协议期限最多可签订三年，三年以下的服务协议期限已满而项目执行期未满的，根据工作需要可以协商续签至三年。

70. 服务协议履行期间可以解除协议吗？

服务协议履行期间，毕业生可以提出解除服务协议，但应提前 15 天书面通知项目承

担单位。

项目承担单位提出解除服务协议的，应当提前 30 日书面通知毕业生本人。研究助理被解除服务协议或协议期满终止后，符合条件的毕业生可按规定享受失业保险待遇。

71. 被吸纳高校毕业生如何获取报酬？

由项目承担单位向高校毕业生支付劳务性费用，具体数额按照国家有关规定、参照相应岗位标准，由双方协商确定。

72. 项目承担单位是否给被吸纳的高校毕业生上保险？

项目承担单位应当为毕业生办理社会保险，具体包括基本养老保险、基本医疗保险、失业保险、工伤保险、生育保险，并按时足额缴费。参保、缴费、待遇支付等具体办法参照各项社会保险有关规定执行。

73. 被吸纳的高校毕业生户档如何迁转？

毕业生参与项目研究期间，根据当地情况，其户口、档案可存放在项目承担单位所在地或入学前家庭所在地公共就业和人才服务机构。项目承担单位所在地或入学前家庭所在地公共就业和人才服务机构应当免费为其提供户口、档案托管服务。

74. 服务协议期满后如何就业？

协议期满，如果项目承担单位无意续聘，则毕业生到其他岗位就业。同时，国家鼓励项目承担单位正式聘用（招用）人员时，优先聘用担任过研究助理的人员。项目承担单位或其他用人单位正式聘用（招用）担任过研究助理的人员，应当分别依据《劳动合同法》、《国务院办公厅转发人事部关于在事业单位试行人员聘用制度意见的通知》（国办发〔2002〕35 号）等规定执行。

75. 毕业生服务协议期满被用人单位正式录（聘）用后，如何办理落户手续？工龄如何接续？

担任过研究助理的人员被正式聘用（招用）后，按照有关规定，凭用人单位录（聘）用手续、劳动合同和《普通高等学校毕业证书》办理落户手续；工龄与参与项目研究期间的工作时间合并计算，社会保险缴费年限合并计算。

五、鼓励支持高校毕业生自主创业，稳定灵活就业

76. 高校毕业生自主创业，可以享受哪些优惠政策？

按照《国务院关于进一步做好普通高等学校毕业生就业工作的通知》（国发〔2011〕16 号）、《国务院办公厅转发人力资源和社会保障部等部门关于促进以创业带动就业工作指导意见的通知》（国办发〔2008〕111 号）等文件规定，高校毕业生自主创业优惠政策主要包括：

（1）税收优惠：持《就业失业登记证》（注明“自主创业税收政策”或附着《高校毕业生自主创业证》）的高校毕业生在毕业年度内（指毕业所在自然年，即 1 月 1 日至 12 月 31 日）从事个体经营的，3 年内按每户每年 8000 元为限额依次扣减其当年实际应缴纳的营业税、城市维护建设税、教育费附加和个人所得税。对高校毕业生创办的小型微利企业，按国家规定享受相关税收支持政策。

（2）小额担保贷款和贴息支持：对符合条件的高校毕业生自主创业的，可在创业地按规定申请小额担保贷款；从事微利项目的，可享受不超过 10 万元贷款额度的财政贴息扶持。对合伙经营和组织起来就业的，可根据实际需要适当提高贷款额度。

（3）免收有关行政事业性收费：毕业 2 年以内的普通高校毕业生从事个体经营（除国家限制的行业外）的，自其在工商部门首次注册登记之日起 3 年内，免收管理类、登记类和证照类等有关行政事业性收费。

（4）享受培训补贴：对高校毕业生在毕业年度内参加创业培训的，根据其获得创业培训合格证书或就业、创业情况，按规定给予培训补贴。

（5）免费创业服务：有创业意愿的高校毕业生，可免费获得公共就业和人才服务机构提供的创业指导服务，包括政策咨询、信息服务、项目开发、风险评估、开业指导、融资服务、跟踪扶持等“一条龙”创业服务。各地在充分发挥各类创业孵化基地作用的基础上，因地制宜建设一批大学生创业孵化基地，并给予相关政策扶持。对基地内大学生创业企业要提供培训和指导服务，落实扶持政策，努力提高创业成功率，延长企业存活期。

（6）各城市应取消高校毕业生落户限制，允许高校毕业生在创业地办理落户手续（直辖市按有关规定执行）。

77. 高校毕业生怎样提升自主创业的能力？

各高校要广泛开展创业教育，积极开发创新创业类课程，完善创业教育课程体系，将创业教育课程纳入学分管理。

各地人力资源和社会保障部门已形成一些成熟的创业培训模式，如“GYB”（产生你的企业想法）、“SYB”（创办你的企业）、“IYB”（改善你的企业）；高校毕业生可选择参加创业培训和实训，并可按规定享受培训补贴，以提高创业能力。

78. 什么是小额担保贷款？小额担保贷款的用途是什么？

小额担保贷款是指通过政府出资设立担保基金，委托担保机构提供贷款担保，由经办商业银行发放，以解决符合一定条件的待就业人员从事个体经营自筹资金不足的一项贷款业务。

小额担保贷款主要用做自谋职业、自主创业或合伙经营和组织起来创业的开办经费和流动资金。

79. 申请小额担保贷款额度是多少？贷款期限有多长？

国家规定对符合条件的高校毕业生自主创业的，可在创业地按规定申请小额担保贷款；从事微利项目的，可享受不超过 10 万元贷款额度的财政贴息扶持。各地区对申请小额担保贷款额度有不同规定。对合伙经营和组织起来就业的，可根据需要适当提高贷款额度。

小额担保贷款的期限一般不超过 2 年，可展期一年。

80. 怎样申请小额担保贷款？在哪些银行可以申请小额担保贷款？

小额担保贷款按照自愿申请、社区推荐、人力资源和社会保障部门审查、贷款担保机构审核并承诺担保、商业银行核贷的程序，办理贷款手续。

各国有商业银行、股份制商业银行、城市商业银行和城乡信用社都可以开办小额担保贷款业务，各地区根据实际情况确定具体经办银行。在指定的具体经办银行可以办理小额担保贷款。

81. 哪些项目属于微利项目？

微利项目由各省、自治区、直辖市人民政府结合当地实际情况确定，并报财政部、中国人民银行、人力资源和社会保障部备案。对于从事微利项目的，财政据实全额贴息，展期不贴息。

82. 针对高校毕业生灵活就业有什么政策措施？

根据《国务院关于进一步做好普通高等学校毕业生就业工作的通知》（国发〔2011〕16 号）、《财政部、人力资源和社会保障部关于进一步加强就业专项资金管理有关问题的通知》（财社〔2011〕64 号）等规定，鼓励支持高校毕业生通过多种形式灵活就业，并给予相关政策扶持。对符合就业困难人员条件的灵活就业高校毕业生，要按规定落实社会保险补贴政策。对申报灵活就业的高校毕业生，各级公共就业和人才服务机构按规定提供人事、劳动保障代理服务，做好社会保险关系接续工作。

对就业困难人员灵活就业后缴纳的社会保险费，给予一定数额的社会保险补贴，补贴数额原则上不超过其实际缴费的 2/3。灵活就业的就业困难人员按规定向当地人力资源和社会保障部门申请社会保险补贴。社会保险补贴申请材料应附：由灵活就业人员签字、人力资源和社会保障部门盖章确认的、注明具体从事灵活就业的岗位、地址等内容的相关证明材料，灵活就业人员身份证复印件、《就业失业登记证》复印件、社会保险征缴机构出具的社会保险费明细账（单）等凭证材料，经人力资源和社会保障部门审核后，财政部门将补贴资金支付给申请者本人。

六、支持高校毕业生参加就业见习和技能培训

83. 什么是就业见习？

就业见习是指由各级人力资源和社会保障部门根据离校未就业高校毕业生本人意愿，组织其到经政府认定的就业见习单位进行见习锻炼、积累工作经验、提升就业能力的一项就业促进措施。

从 2009 年起，人力资源和社会保障部会同教育部、工业和信息化部、国资委、工商总局、全国工商联和共青团中央联合下发《关于印发三年百万高校毕业生就业见习计划的通知》（人社部发〔2009〕38 号），决定自 2009 年～2011 年，拓展和规范一批用人单位作为高校毕业生见习基地，用 3 年时间组织 100 万离校未就业高校毕业生参加就业见习。

未就业高校毕业生如参加就业见习可向当地人力资源和社会保障部门及当地团组织咨询，当地人力资源和社会保障部门是就业见习的组织实施单位。

84. 离校后未就业高校毕业生如何参加就业见习？

人力资源和社会保障部门通过媒体、公共就业和人才服务机构以及电视、网络、报纸等多种渠道，发布就业见习信息，公布见习单位名单、岗位数量、期限、人员要求等有关内容，或者组织开展见习单位和高校毕业生的双向选择活动，帮助离校未就业高校毕业生

和见习单位对接。离校后未就业回到原籍的高校毕业生可与原籍所在地人力资源和社会保障部门及当地团组织联系，主动申请参加就业见习。

85. 就业见习期限有多长？

高校毕业生就业见习期限一般为3～12个月。

高校毕业生就业见习活动结束后，见习单位对高校毕业生进行考核鉴定，出具见习证明，作为用人单位招聘和选用见习高校毕业生的依据之一。在见习期间，见习单位正式录（聘）用的，在该单位的见习期可以作为工龄计算。

86. 就业见习单位给毕业生上保险吗？

见习期间所在见习单位为毕业生办理人身意外伤害保险。

87. 离校未就业高校毕业生参加就业见习享受哪些政策和服务？

（1）获得基本生活补助（基本生活补助费用由见习单位和地方政府分担，各地要根据当地经济发展和物价水平，合理确定和及时调整基本生活补助标准）；

（2）免费办理人事代理；

（3）办理人身意外伤害保险；

（4）见习期满未被录用可继续享受就业指导与服务。

88. 见习单位能享受什么优惠政策？

对企业（单位）吸纳离校未就业高校毕业生参加就业见习的，由见习企业（单位）先行垫付见习人员见习期间基本生活补助，再按规定向当地人力资源和社会保障部门申请就业见习补贴。

就业见习补贴申请材料应附：实际参加就业见习的人员名单、就业见习协议书、见习人员身份证、《就业登记证》复印件和大学毕业证复印件、企业（单位）发放基本生活补助明细账（单）、企业（单位）在银行开立的基本账户等凭证材料，经人力资源和社会保障部门审核后，财政部门将资金支付到企业（单位）在银行开立的基本账户。

见习单位支出的见习补贴相关费用，不计入社会保险缴费基数，但符合税收法律法规规定的，可以在计算企业所得税应纳税所得额时扣除。

89. 高校毕业生如何申请参加职业培训？

职业培训由各地人力资源和社会保障部门负责组织实施。高校毕业生可到当地人力资源和社会保障部门咨询了解职业培训开展情况，选择适宜的培训项目参加。

职业培训工作主要由政府认定的培训机构、技工院校或企业所属培训机构承担。

90. 高校毕业生能否享受职业培训补贴政策？如何申请职业培训补贴？

高校毕业生毕业年度内参加就业技能培训或创业培训，可按规定向当地人力资源和社会保障部门申请职业培训补贴。毕业后按规定进行了失业登记的高校毕业生参加就业技能培训或创业培训，也可向当地人力资源和社会保障部门申请职业培训补贴。

按照《财政部、人力资源和社会保障部关于进一步加强就业专项资金管理有关问题的通知》（财社〔2011〕64号）等文件规定，申请材料经人力资源和社会保障部门审核后，财政部门按规定将补贴资金直接拨付给申请者本人。职业培训补贴申请材料应附：培训人员身份证复印件、《就业失业登记证》复印件、职业资格证书（专项职业能力证书或培训合格证书）复印件、就业或创业证明材料、职业培训机构开具的行政事业性收费票据（或税务发票）等凭证材料。

高校毕业生参加就业技能培训或创业培训后，培训合格并通过职业技能鉴定取得初级以上职业资格证书（未颁布国家职业技能标准的职业应取得专项职业能力证书或创业培训合格证书），6 个月内实现就业的，按职业培训补贴标准的 100%给予补贴。6 个月内没有实现就业的，取得初级以上职业资格证书，按职业培训补贴标准的 80%给予补贴；取得专项职业能力证书或创业培训合格证书，按职业培训补贴标准的 60%给予补贴。

91. 高校毕业生如何获取职业资格证书？

高校毕业生个人可向职业技能鉴定所（站）自主申请职业技能鉴定。职业技能鉴定要参加理论知识考试和操作技能（专业能力）考核。经鉴定合格者，由人力资源和社会保障部门核发相应的职业资格证书。

92. 高校毕业生能否享受职业技能鉴定补贴政策，如何申请技能鉴定补贴？

按照《财政部、人力资源和社会保障部关于进一步加强就业专项资金管理有关问题的通知》（财社〔2011〕64 号）等文件规定，对高校毕业生在毕业年度内通过初次职业技能鉴定并取得职业资格证书或专项职业能力证书的，按规定给予一次性职业技能鉴定补贴。

通过初次职业技能鉴定并取得职业资格证书或专项职业能力证书的，可向职业技能鉴定所在地的人力资源和社会保障部门申请一次性职业技能鉴定补贴。职业技能鉴定补贴申请材料应附：申请人身份证复印件、《就业失业登记证》复印件、职业资格证书复印件、职业技能鉴定机构开具的行政事业性收费票据（或税务发票）等凭证材料，经人力资源和社会保障部门审核后，财政部门按规定将补贴资金支付给申请者本人。

七、为高校毕业生提供就业指导、就业服务和就业援助

93. 主要有哪些机构为高校毕业生提供就业服务？

（1）公共就业和人才服务机构

由各级人力资源和社会保障部门举办的公共就业和人才服务机构，为高校毕业生免费提供政策咨询、就业信息、职业指导、职业介绍、就业援助、就业与失业登记或求职登记等各项公共服务，按规定为登记失业高校毕业生免费提供人事档案管理等服务。此外，还定期开展面向高校毕业生的公共就业和人才服务专项活动，例如，每年 5 月“民营企业招聘周”、每年 9 月“高校毕业生就业服务月”、每年 11 月“高校毕业生就业服务周”等，为高校毕业生和用人单位搭建供需对接平台。

（2）高校毕业生就业指导机构

目前，各省教育部门、各高校普遍建立了高校毕业生就业指导机构，为毕业生提供就业咨询、用人单位招聘及实习实训信息、求职技巧、职业生涯辅导、毕业生推荐、实习实践能力提升和就业手续办理等多项就业指导和服务。

（3）职业中介机构

主要包括从事人力资源服务的经营性机构，政府鼓励各类职业中介机构为高校毕业生

提供就业服务，对为登记失业高校毕业生提供服务并符合条件的职业中介机构按规定给予职业介绍补贴。

94. 职业中介机构如何享受职业介绍补贴？

按照《财政部、人力资源和社会保障部关于进一步加强就业专项资金管理有关问题的通知》（财社〔2011〕64号）等文件规定，在工商行政部门登记注册的职业中介机构，可按经其就业服务后实际就业的登记失业人员人数向当地人力资源和社会保障部门申请职业介绍补贴。

职业介绍补贴申请材料应附：经职业中介机构就业服务后已实现就业的登记失业人员名单、接受就业服务的本人签名及居民身份证（以下简称身份证）复印件、《就业失业登记证》（以下简称《登记证》）复印件、劳动合同等就业证明材料复印件、职业中介机构在银行开立的基本账户等凭证材料。申请材料经人力资源和社会保障部门审核后，财政部门按规定将补贴资金支付到职业中介机构在银行开立的基本账户。

95. 高校毕业生获取就业信息的主要渠道有哪些？

（1）浏览各类就业信息网站，包括中央有关部门主办的全国性就业信息网站、地方有关部门主办的就业信息网站、各高校就业信息网站及校内bbs求职版面、其他专业性就业网站等；

（2）参加各类招聘和双向选择活动，包括国家有关部门、各地、学校、用人单位等相关机构组织的各类现场或网络招聘活动；

（3）参与校企合作实习，包括社会实践、毕业实习等活动；

（4）查阅媒体广告，如报纸、刊物、电台、电视台、视频媒体等；

（5）他人推荐，如导师、校友、亲友等；

（6）主动到单位求职自荐等。

96. 在校期间高校毕业生可以通过哪些途径提升就业能力？

在学好专业知识技能的同时，根据学校要求或安排，毕业生可以通过选修或必修就业指导课程、参与学校组织的就业实习、技巧辅导、模拟招聘等活动，学习和了解相关职业的资料和信息，充分借助社会实践平台，全面提升就业能力。

高校毕业生还可通过学校实施的毕业证书与职业资格证书“双证书”制度、组织到企业顶岗实习、参加人力资源和社会保障部门认定的定点机构开展的职业技能培训等，切实增强自身的岗位适应能力与就业竞争力，促进职业素养的养成。

97. 困难家庭高校毕业生包括哪些毕业生？享受哪些帮扶政策？

困难家庭高校毕业生是指：来自城镇低保家庭、低保边缘户家庭、农村贫困家庭和残疾人家庭的普通高校毕业生。

各级机关考录公务员、事业单位招聘工作人员时，免收困难家庭高校毕业生的报名费和体检费。

为帮助困难家庭的高校毕业生求职就业，高校一般都会安排经费作为困难家庭毕业生的求职补助，或对已成功就业的困难家庭毕业生给予奖励。困难家庭的毕业生可向所在院系书面申请。学校也应根据平时掌握的情况，对困难家庭的毕业生给予主动帮助。

98. 面对求职困难，高校毕业生该如何应对?

（1）主动了解国家促进就业的相关政策，努力争取各方支持；

（2）主动联系学校就业指导老师和专业教师，并保持经常沟通；

（3）积极参加校园招聘会和各类人才洽谈会；

（4）主动到各级人力资源和社会保障部门所属的公共就业和人才服务机构进行求职登记，获得免费的政策咨询、就业信息、职业指导、职业介绍、就业援助等服务；

（5）通过网络等各种渠道，广泛搜集社会需求信息；

（6）充分利用亲友、校友、学校社团等资源，积极获取就业信息；

（7）了解社会发展动态，树立正确的就业观，合理调整求职预期。

99. 高校毕业生如何办理就业登记和失业登记？离校后未就业如何获得相应的就业指导和服务?

各级公共就业和人才服务机构要按照就业促进法的规定，为已就业高校毕业生免费办理就业登记，并按规定提供人事、劳动保障代理服务。对未就业的高校毕业生可按规定办理失业登记，并纳入户籍所在地失业人员统一管理，落实相关就业扶持政策。各级人力资源和社会保障部门、教育部门和各高校将进一步完善以实名制为基础的高校毕业生就业统计制度，做好高校毕业生毕业前后的信息衔接和服务接续。

回到原户籍所在地报到的未就业高校毕业生，能够免费享受当地人力资源和社会保障部门提供的公共就业和人才服务。

100. 离校未就业高校毕业生登记失业后，可以享受哪些服务和政策？

登记失业高校毕业生可免费获得政策咨询、职业指导、职业介绍和人事档案托管等服务政策。有意愿参加就业见习的，可按规定提供基本生活补助并办理一次性人身意外伤害保险；参加职业培训和技能鉴定的，可以按规定申请培训补贴和鉴定补贴。有创业意愿的，可以享受有关税收优惠、小额担保贷款及贴息、行政事业性收费减免、创业服务等扶持政策。

各级公共就业和人才服务机构已将就业困难的高校毕业生纳入当地就业援助体系，建立专门台账，实施“一对一”职业指导和重点帮扶，并向用人单位重点推荐，或通过公益性岗位安置就业。符合就业困难条件的高校毕业生可按规定得到就业援助，并落实社会保险补贴或公益性岗位补贴等政策。

附录二　中华人民共和国劳动合同法

第一章　总　则

第一条　为了完善劳动合同制度，明确劳动合同双方当事人的权利和义务，保护劳动者的合法权益，构建和发展和谐稳定的劳动关系，制定本法。

第二条　中华人民共和国境内的企业、个体经济组织、民办非企业单位等组织（以下称“用人单位”）与劳动者建立劳动关系，订立、履行、变更、解除或者终止劳动合同，适用本法。

国家机关、事业单位、社会团体和与其建立劳动关系的劳动者，订立、履行、变更、解除或者终止劳动合同，依照本法执行。

第三条　订立劳动合同，应当遵循合法、公平、平等自愿、协商一致、诚实信用的原则。

依法订立的劳动合同具有约束力，用人单位与劳动者应当履行劳动合同约定的义务。

第四条　用人单位应当依法建立和完善劳动规章制度，保障劳动者享有劳动权利、履行劳动义务。

用人单位在制定、修改或者决定有关劳动报酬、工作时间、休息休假、劳动安全卫生、保险福利、职工培训、劳动纪律以及劳动定额管理等直接涉及劳动者切身利益的规章制度或者重大事项时，应当经职工代表大会或者全体职工讨论，提出方案和意见，与工会或者职工代表平等协商确定。

在规章制度和重大事项决定实施过程中，工会或者职工认为不适当的，有权向用人单位提出，通过协商予以修改完善。

用人单位应当将直接涉及劳动者切身利益的规章制度和重大事项决定公示，或者告知劳动者。

第五条　县级以上人民政府劳动行政部门会同工会和企业方面代表，建立健全协调劳动关系三方机制，共同研究解决有关劳动关系的重大问题。

第六条　工会应当帮助、指导劳动者与用人单位依法订立和履行劳动合同，并与用人单位建立集体协商机制，维护劳动者的合法权益。

第二章　劳动合同的订立

第七条　用人单位自用工之日起即与劳动者建立劳动关系。用人单位应当建立职工名册备查。

第八条　用人单位招用劳动者时，应当如实告知劳动者工作内容、工作条件、工作地点、职业危害、安全生产状况、劳动报酬，以及劳动者要求了解的其他情况；用人单位有权了解劳动者与劳动合同直接相关的基本情况，劳动者应当如实说明。

第九条　用人单位招用劳动者，不得扣押劳动者的居民身份证和其他证件，不得要求劳动者提供担保或者以其他名义向劳动者收取财物。

第十条　建立劳动关系，应当订立书面劳动合同。

已建立劳动关系，未同时订立书面劳动合同的，应当自用工之日起一个月内订立书面劳动合同。

用人单位与劳动者在用工前订立劳动合同的，劳动关系自用工之日起建立。

第十一条　用人单位未在用工的同时订立书面劳动合同，与劳动者约定的劳动报酬不明确的，新招用的劳动者的劳动报酬按照集体合同规定的标准执行；没有集体合同或者集体合同未规定的，实行同工同酬。

第十二条　劳动合同分为固定期限劳动合同、无固定期限劳动合同和以完成一定工作任务为期限的劳动合同。

第十三条　固定期限劳动合同，是指用人单位与劳动者约定合同终止时间的劳动合同。

用人单位与劳动者协商一致，可以订立固定期限劳动合同。

第十四条　无固定期限劳动合同，是指用人单位与劳动者约定无确定终止时间的劳动合同。

用人单位与劳动者协商一致，可以订立无固定期限劳动合同。有下列情形之一，劳动者提出或者同意续订、订立劳动合同的，除劳动者提出订立固定期限劳动合同外，应当订立无固定期限劳动合同：

（一）劳动者在该用人单位连续工作满十年的；

（二）用人单位初次实行劳动合同制度或者国有企业改制重新订立劳动合同时，劳动者在该用人单位连续工作满十年且距法定退休年龄不足十年的；

（三）连续订立二次固定期限劳动合同，且劳动者没有本法第三十九条和第四十条第一项、第二项规定的情形，续订劳动合同的。

用人单位自用工之日起满一年不与劳动者订立书面劳动合同的，视为用人单位与劳动者已订立无固定期限劳动合同。

第十五条　以完成一定工作任务为期限的劳动合同，是指用人单位与劳动者约定以某项工作的完成为合同期限的劳动合同。

用人单位与劳动者协商一致，可以订立以完成一定工作任务为期限的劳动合同。

第十六条 劳动合同由用人单位与劳动者协商一致，并经用人单位与劳动者在劳动合同文本上签字或者盖章生效。

劳动合同文本由用人单位和劳动者各执一份。

第十七条 劳动合同应当具备以下条款：

（一）用人单位的名称、住所和法定代表人或者主要负责人；

（二）劳动者的姓名、住址和居民身份证或者其他有效身份证件号码；

（三）劳动合同期限；

（四）工作内容和工作地点；

（五）工作时间和休息休假；

（六）劳动报酬；

（七）社会保险；

（八）劳动保护、劳动条件和职业危害防护；

（九）法律、法规规定应当纳入劳动合同的其他事项。

劳动合同除前款规定的必备条款外，用人单位与劳动者可以约定试用期、培训、保守秘密、补充保险和福利待遇等其他事项。

第十八条 劳动合同对劳动报酬和劳动条件等标准约定不明确，引发争议的，用人单位与劳动者可以重新协商；协商不成的，适用集体合同规定；没有集体合同或者集体合同未规定劳动报酬的，实行同工同酬；没有集体合同或者集体合同未规定劳动条件等标准的，适用国家有关规定。

第十九条 劳动合同期限三个月以上不满一年的，试用期不得超过一个月；劳动合同期限一年以上不满三年的，试用期不得超过两个月；三年以上固定期限和无固定期限的劳动合同，试用期不得超过六个月。

同一用人单位与同一劳动者只能约定一次试用期。

以完成一定工作任务为期限的劳动合同或者劳动合同期限不满三个月的，不得约定试用期。

试用期包含在劳动合同期限内。劳动合同仅约定试用期的，试用期不成立，该期限为劳动合同期限。

第二十条 劳动者在试用期的工资不得低于本单位相同岗位最低档工资或者劳动合同约定工资的百分之八十，并不得低于用人单位所在地的最低工资标准。

第二十一条 在试用期中，除劳动者有本法第三十九条和第四十条第一项、第二项规定的情形外，用人单位不得解除劳动合同。用人单位在试用期解除劳动合同的，应当向劳动者说明理由。

第二十二条 用人单位为劳动者提供专项培训费用，对其进行专业技术培训的，可以与该劳动者订立协议，约定服务期。

劳动者违反服务期约定的，应当按照约定向用人单位支付违约金。违约金的数额不得超过用人单位提供的培训费用。用人单位要求劳动者支付的违约金不得超过服务期尚未履行部分所应分摊的培训费用。

用人单位与劳动者约定服务期的，不影响按照正常的工资调整机制提高劳动者在服务期期间的劳动报酬。

第二十三条 用人单位与劳动者可以在劳动合同中约定保守用人单位的商业秘密和与知识产权相关的保密事项。

对负有保密义务的劳动者，用人单位可以在劳动合同或者保密协议中与劳动者约定竞业限制条款，并约定在解除或者终止劳动合同后，在竞业限制期限内按月给予劳动者经济补偿。劳动者违反竞业限制约定的，应当按照约定向用人单位支付违约金。

第二十四条 竞业限制的人员限于用人单位的高级管理人员、高级技术人员和其他负有保密义务的人员。竞业限制的范围、地域、期限由用人单位与劳动者约定，竞业限制的约定不得违反法律、法规的规定。

在解除或者终止劳动合同后，前款规定的人员到与本单位生产或者经营同类产品、从事同类业务的有竞争关系的其他用人单位，或者自己开业生产或者经营同类产品、从事同类业务的竞业限制期限，不得超过二年。

第二十五条 除本法第二十二条和第二十三条规定的情形外，用人单位不得与劳动者约定由劳动者承担违约金。

第二十六条 下列劳动合同无效或者部分无效：

（一）以欺诈、胁迫的手段或者乘人之危，使对方在违背真实意思的情况下订立或者变更劳动合同的；

（二）用人单位免除自己的法定责任、排除劳动者权利的；

（三）违反法律、行政法规强制性规定的。

对劳动合同的无效或者部分无效有争议的，由劳动争议仲裁机构或者人民法院确认。

第二十七条 劳动合同部分无效，不影响其他部分效力的，其他部分仍然有效。

第二十八条 劳动合同被确认无效，劳动者已付出劳动的，用人单位应当向劳动者支付劳动报酬。劳动报酬的数额，参照本单位相同或者相近岗位劳动者的劳动报酬确定。

第三章 劳动合同的履行和变更

第二十九条 用人单位与劳动者应当按照劳动合同的约定，全面履行各自的义务。

第三十条 用人单位应当按照劳动合同约定和国家规定，向劳动者及时足额支付劳动报酬。

用人单位拖欠或者未足额支付劳动报酬的，劳动者可以依法向当地人民法院申请支付令，人民法院应当依法发出支付令。

第三十一条 用人单位应当严格执行劳动定额标准，不得强迫或者变相强迫劳动者加班。用人单位安排加班的，应当按照国家有关规定向劳动者支付加班费。

第三十二条 劳动者拒绝用人单位管理人员违章指挥、强令冒险作业的，不视为违反劳动合同。

劳动者对危害生命安全和身体健康的劳动条件，有权对用人单位提出批评、检举和控告。

第三十三条 用人单位变更名称、法定代表人、主要负责人或者投资人等事项，不影响劳动合同的履行。

第三十四条 用人单位发生合并或者分立等情况，原劳动合同继续有效，劳动合同由承继其权利和义务的用人单位继续履行。

第三十五条 用人单位与劳动者协商一致，可以变更劳动合同约定的内容。变更劳动合同，应当采用书面形式。

变更后的劳动合同文本由用人单位和劳动者各执一份。

第四章　劳动合同的解除和终止

第三十六条 用人单位与劳动者协商一致，可以解除劳动合同。

第三十七条 劳动者提前三十日以书面形式通知用人单位，可以解除劳动合同。劳动者在试用期内提前三日通知用人单位，可以解除劳动合同。

第三十八条 用人单位有下列情形之一的，劳动者可以解除劳动合同：

（一）未按照劳动合同约定提供劳动保护或者劳动条件的；

（二）未及时足额支付劳动报酬的；

（三）未依法为劳动者缴纳社会保险费的；

（四）用人单位的规章制度违反法律、法规的规定，损害劳动者权益的；

（五）因本法第二十六条第一款规定的情形致使劳动合同无效的；

（六）法律、行政法规规定劳动者可以解除劳动合同的其他情形。

用人单位以暴力、威胁或者非法限制人身自由的手段强迫劳动者劳动的，或者用人单位违章指挥、强令冒险作业危及劳动者人身安全的，劳动者可以立即解除劳动合同，不需事先告知用人单位。

第三十九条 劳动者有下列情形之一的，用人单位可以解除劳动合同：

（一）在试用期间被证明不符合录用条件的；

（二）严重违反用人单位的规章制度的；

（三）严重失职，营私舞弊，给用人单位造成重大损害的；

（四）劳动者同时与其他用人单位建立劳动关系，对完成本单位的工作任务造成严重影响，或者经用人单位提出，拒不改正的；

（五）因本法第二十六条第一款第一项规定的情形致使劳动合同无效的；

（六）被依法追究刑事责任的。

第四十条 有下列情形之一的，用人单位提前三十日以书面形式通知劳动者本人或者额外支付劳动者一个月工资后，可以解除劳动合同：

（一）劳动者患病或者非因工负伤，在规定的医疗期满后不能从事原工作，也不能从事由用人单位另行安排的工作的；

（二）劳动者不能胜任工作，经过培训或者调整工作岗位，仍不能胜任工作的；

（三）劳动合同订立时所依据的客观情况发生重大变化，致使劳动合同无法履行，经用人单位与劳动者协商，未能就变更劳动合同内容达成协议的。

第四十一条 有下列情形之一，需要裁减人员二十人以上或者裁减不足二十人但占企业职工总数百分之十以上的，用人单位提前三十日向工会或者全体职工说明情况，听取工会或者职工的意见后，裁减人员方案经向劳动行政部门报告，可以裁减人员：

（一）依照企业破产法规定进行重整的；

（二）生产经营发生严重困难的；

（三）企业转产、重大技术革新或者经营方式调整，经变更劳动合同后，仍需裁减人员的；

（四）其他因劳动合同订立时所依据的客观经济情况发生重大变化，致使劳动合同无法履行的。

裁减人员时，应当优先留用下列人员：

（一）与本单位订立较长期限的固定期限劳动合同的；

（二）与本单位订立无固定期限劳动合同的；

（三）家庭无其他就业人员，有需要扶养的老人或者未成年人的。

用人单位依照本条第一款规定裁减人员，在六个月内重新招用人员的，应当通知被裁减的人员，并在同等条件下优先招用被裁减的人员。

第四十二条 劳动者有下列情形之一的，用人单位不得依照本法第四十条、第四十一条的规定解除劳动合同：

（一）从事接触职业病危害作业的劳动者未进行离岗前职业健康检查，或者疑似职业病病人在诊断或者医学观察期间的；

（二）在本单位患职业病或者因工负伤并被确认丧失或者部分丧失劳动能力的；

（三）患病或者非因工负伤，在规定的医疗期内的；

（四）女职工在孕期、产期、哺乳期的；

（五）在本单位连续工作满十五年，且距法定退休年龄不足五年的；

（六）法律、行政法规规定的其他情形。

第四十三条 用人单位单方解除劳动合同，应当事先将理由通知工会。用人单位违反法律、行政法规规定或者劳动合同约定的，工会有权要求用人单位纠正。用人单位应当研究工会的意见，并将处理结果书面通知工会。

第四十四条 有下列情形之一的，劳动合同终止：

（一）劳动合同期满的；

（二）劳动者开始依法享受基本养老保险待遇的；

（三）劳动者死亡，或者被人民法院宣告死亡或者宣告失踪的；

（四）用人单位被依法宣告破产的；

（五）用人单位被吊销营业执照、责令关闭、撤销或者用人单位决定提前解散的；

（六）法律、行政法规规定的其他情形。

第四十五条 劳动合同期满，有本法第四十二条规定情形之一的，劳动合同应当续延至相应的情形消失时终止。但是，本法第四十二条第二项规定丧失或者部分丧失劳动能力劳动者的劳动合同的终止，按照国家有关工伤保险的规定执行。

第四十六条 有下列情形之一的，用人单位应当向劳动者支付经济补偿：

（一）劳动者依照本法第三十八条规定解除劳动合同的；

（二）用人单位依照本法第三十六条规定向劳动者提出解除劳动合同并与劳动者协商一致解除劳动合同的；

（三）用人单位依照本法第四十条规定解除劳动合同的；

（四）用人单位依照本法第四十一条第一款规定解除劳动合同的；

（五）除用人单位维持或者提高劳动合同约定条件续订劳动合同，劳动者不同意续订的情形外，依照本法第四十四条第一项规定终止固定期限劳动合同的；

（六）依照本法第四十四条第四项、第五项规定终止劳动合同的；

（七）法律、行政法规规定的其他情形。

第四十七条 经济补偿按劳动者在本单位工作的年限，每满一年支付一个月工资的标准向劳动者支付。六个月以上不满一年的，按一年计算；不满六个月的，向劳动者支付半个月工资的经济补偿。

劳动者月工资高于用人单位所在直辖市、设区的市级人民政府公布的本地区上年度职工月平均工资三倍的，向其支付经济补偿的标准按职工月平均工资三倍的数额支付，向其支付经济补偿的年限最高不超过十二年。

本条所称月工资是指劳动者在劳动合同解除或者终止前十二个月的平均工资。

第四十八条 用人单位违反本法规定解除或者终止劳动合同，劳动者要求继续履行劳动合同的，用人单位应当继续履行；劳动者不要求继续履行劳动合同或者劳动合同已经不能继续履行的，用人单位应当依照本法第八十七条规定支付赔偿金。

第四十九条 国家采取措施，建立健全劳动者社会保险关系跨地区转移接续制度。

第五十条 用人单位应当在解除或者终止劳动合同时出具解除或者终止劳动合同的证明，并在十五日内为劳动者办理档案和社会保险关系转移手续。

劳动者应当按照双方约定，办理工作交接。用人单位依照本法有关规定应当向劳动者支付经济补偿的，在办结工作交接时支付。

用人单位对已经解除或者终止的劳动合同的文本，至少保存二年备查。

第五章　特别规定

第一节　集体合同

第五十一条 企业职工一方与用人单位通过平等协商，可以就劳动报酬、工作时间、休息休假、劳动安全卫生、保险福利等事项订立集体合同。集体合同草案应当提交职工代表大会或者全体职工讨论通过。

集体合同由工会代表企业职工一方与用人单位订立；尚未建立工会的用人单位，由上级工会指导劳动者推举的代表与用人单位订立。

第五十二条 企业职工一方与用人单位可以订立劳动安全卫生、女职工权益保护、工资调整机制等专项集体合同。

第五十三条 在县级以下区域内，建筑业、采矿业、餐饮服务业等行业可以由工会与企业方面代表订立行业性集体合同，或者订立区域性集体合同。

第五十四条 集体合同订立后，应当报送劳动行政部门；劳动行政部门自收到集体合同文本之日起十五日内未提出异议的，集体合同即行生效。

依法订立的集体合同对用人单位和劳动者具有约束力。行业性、区域性集体合同对当地本行业、本区域的用人单位和劳动者具有约束力。

第五十五条 集体合同中劳动报酬和劳动条件等标准不得低于当地人民政府规定的最低标准；用人单位与劳动者订立的劳动合同中劳动报酬和劳动条件等标准不得低于集体合同规定的标准。

第五十六条 用人单位违反集体合同，侵犯职工劳动权益的，工会可以依法要求用人单位承担责任；因履行集体合同发生争议，经协商解决不成的，工会可以依法申请仲裁、提起诉讼。

第二节 劳务派遣

第五十七条 劳务派遣单位应当依照公司法的有关规定设立，注册资本不得少于五十万元。

第五十八条 劳务派遣单位是本法所称用人单位，应当履行用人单位对劳动者的义务。劳务派遣单位与被派遣劳动者订立的劳动合同，除应当载明本法第十七条规定的事项外，还应当载明被派遣劳动者的用工单位以及派遣期限、工作岗位等情况。

劳务派遣单位应当与被派遣劳动者订立二年以上的固定期限劳动合同，按月支付劳动报酬；被派遣劳动者在无工作期间，劳务派遣单位应当按照所在地人民政府规定的最低工资标准，向其按月支付报酬。

第五十九条 劳务派遣单位派遣劳动者应当与接受以劳务派遣形式用工的单位（以下称“用工单位”）订立劳务派遣协议。劳务派遣协议应当约定派遣岗位和人员数量、派遣期限、劳动报酬和社会保险费的数额与支付方式以及违反协议的责任。

用工单位应当根据工作岗位的实际需要与劳务派遣单位确定派遣期限，不得将连续用工期限分割订立数个短期劳务派遣协议。

第六十条 劳务派遣单位应当将劳务派遣协议的内容告知被派遣劳动者。

劳务派遣单位不得克扣用工单位按照劳务派遣协议支付给被派遣劳动者的劳动报酬。

劳务派遣单位和用工单位不得向被派遣劳动者收取费用。

第六十一条 劳务派遣单位跨地区派遣劳动者的，被派遣劳动者享有的劳动报酬和劳动条件，按照用工单位所在地的标准执行。

第六十二条 用工单位应当履行下列义务：

（一）执行国家劳动标准，提供相应的劳动条件和劳动保护；

（二）告知被派遣劳动者的工作要求和劳动报酬；

（三）支付加班费、绩效奖金，提供与工作岗位相关的福利待遇；

（四）对在岗被派遣劳动者进行工作岗位所必需的培训；

（五）连续用工的，实行正常的工资调整机制。

用工单位不得将被派遣劳动者再派遣到其他用人单位。

第六十三条 被派遣劳动者享有与用工单位的劳动者同工同酬的权利。用工单位无同类岗位劳动者的，参照用工单位所在地相同或者相近岗位劳动者的劳动报酬确定。

第六十四条 被派遣劳动者有权在劳务派遣单位或者用工单位依法参加或者组织工会，维护自身的合法权益。

第六十五条 被派遣劳动者可以依照本法第三十六条、第三十八条的规定与劳务派遣单位解除劳动合同。

被派遣劳动者有本法第三十九条和第四十条第一项、第二项规定情形的，用工单位可以将劳动者退回劳务派遣单位，劳务派遣单位依照本法有关规定，可以与劳动者解除劳动合同。

第六十六条 劳务派遣一般在临时性、辅助性或者替代性的工作岗位上实施。

第六十七条 用人单位不得设立劳务派遣单位向本单位或者所属单位派遣劳动者。

第三节 非全日制用工

第六十八条 非全日制用工，是指以小时计酬为主，劳动者在同一用人单位一般平均每日工作时间不超过四小时，每周工作时间累计不超过二十四小时的用工形式。

第六十九条 非全日制用工双方当事人可以订立口头协议。

从事非全日制用工的劳动者可以与一个或者一个以上用人单位订立劳动合同；但是，后订立的劳动合同不得影响先订立的劳动合同的履行。

第七十条 非全日制用工双方当事人不得约定试用期。

第七十一条 非全日制用工双方当事人任何一方都可以随时通知对方终止用工。终止用工，用人单位不向劳动者支付经济补偿。

第七十二条 非全日制用工小时计酬标准不得低于用人单位所在地人民政府规定的最低小时工资标准。

非全日制用工劳动报酬结算支付周期最长不得超过十五日。

第六章 监督检查

第七十三条 国务院劳动行政部门负责全国劳动合同制度实施的监督管理。

县级以上地方人民政府劳动行政部门负责本行政区域内劳动合同制度实施的监督管理。

县级以上各级人民政府劳动行政部门在劳动合同制度实施的监督管理工作中，应当听取工会、企业方面代表以及有关行业主管部门的意见。

第七十四条 县级以上地方人民政府劳动行政部门依法对下列实施劳动合同制度的情况进行监督检查：

（一）用人单位制定直接涉及劳动者切身利益的规章制度及其执行的情况；

（二）用人单位与劳动者订立和解除劳动合同的情况；

（三）劳务派遣单位和用工单位遵守劳务派遣有关规定的情况；

（四）用人单位遵守国家关于劳动者工作时间和休息休假规定的情况；

（五）用人单位支付劳动合同约定的劳动报酬和执行最低工资标准的情况；

（六）用人单位参加各项社会保险和缴纳社会保险费的情况；

（七）法律、法规规定的其他劳动监察事项。

第七十五条 县级以上地方人民政府劳动行政部门实施监督检查时，有权查阅与劳动合同、集体合同有关的材料，有权对劳动场所进行实地检查，用人单位和劳动者都应当如实提供有关情况和材料。

劳动行政部门的工作人员进行监督检查，应当出示证件，依法行使职权，文明执法。

第七十六条 县级以上人民政府建设、卫生、安全生产监督管理等有关主管部门在各自职责范围内，对用人单位执行劳动合同制度的情况进行监督管理。

第七十七条 劳动者合法权益受到侵害的，有权要求有关部门依法处理，或者依法申请仲裁、提起诉讼。

第七十八条 工会依法维护劳动者的合法权益，对用人单位履行劳动合同、集体合同的情况进行监督。用人单位违反劳动法律、法规和劳动合同、集体合同的，工会有权提出意见或者要求纠正；劳动者申请仲裁、提起诉讼的，工会依法给予支持和帮助。

第七十九条 任何组织或者个人对违反本法的行为都有权举报，县级以上人民政府劳动行政部门应当及时核实、处理，并对举报有功人员给予奖励。

第七章 法律责任

第八十条 用人单位直接涉及劳动者切身利益的规章制度违反法律、法规规定的，由劳动行政部门责令改正，给予警告；给劳动者造成损害的，应当承担赔偿责任。

第八十一条 用人单位提供的劳动合同文本未载明本法规定的劳动合同必备条款或者用人单位未将劳动合同文本交付劳动者的，由劳动行政部门责令改正；给劳动者造成损害的，应当承担赔偿责任。

第八十二条 用人单位自用工之日起超过一个月不满一年未与劳动者订立书面劳动合同的，应当向劳动者每月支付二倍的工资。

用人单位违反本法规定不与劳动者订立无固定期限劳动合同的，自应当订立无固定期限劳动合同之日起向劳动者每月支付二倍的工资。

第八十三条 用人单位违反本法规定与劳动者约定试用期的，由劳动行政部门责令改正；违法约定的试用期已经履行的，由用人单位以劳动者试用期满月工资为标准，按已经履行的超过法定试用期的期间向劳动者支付赔偿金。

第八十四条 用人单位违反本法规定，扣押劳动者居民身份证等证件的，由劳动行政部门责令限期退还劳动者本人，并依照有关法律规定给予处罚。

用人单位违反本法规定，以担保或者其他名义向劳动者收取财物的，由劳动行政部门责令限期退还劳动者本人，并以每人五百元以上二千元以下的标准处以罚款；给劳动者造成损害的，应当承担赔偿责任。

劳动者依法解除或者终止劳动合同，用人单位扣押劳动者档案或者其他物品的，依照前款规定处罚。

第八十五条 用人单位有下列情形之一的，由劳动行政部门责令限期支付劳动报酬、加班费或者经济补偿；劳动报酬低于当地最低工资标准的，应当支付其差额部分；逾期不支付的，责令用人单位按应付金额百分之五十以上百分之一百以下的标准向劳动者加付赔偿金：

（一）未按照劳动合同的约定或者国家规定及时足额支付劳动者劳动报酬的；

（二）低于当地最低工资标准支付劳动者工资的；

（三）安排加班不支付加班费的；

（四）解除或者终止劳动合同，未依照本法规定向劳动者支付经济补偿的。

第八十六条 劳动合同依照本法第二十六条规定被确认无效，给对方造成损害的，有过错的一方应当承担赔偿责任。

第八十七条 用人单位违反本法规定解除或者终止劳动合同的，应当依照本法第四十七条规定的经济补偿标准的二倍向劳动者支付赔偿金。

第八十八条 用人单位有下列情形之一的，依法给予行政处罚；构成犯罪的，依法追究刑事责任；给劳动者造成损害的，应当承担赔偿责任：

（一）以暴力、威胁或者非法限制人身自由的手段强迫劳动的；

（二）违章指挥或者强令冒险作业危及劳动者人身安全的；

（三）侮辱、体罚、殴打、非法搜查或者拘禁劳动者的；

（四）劳动条件恶劣、环境污染严重，给劳动者身心健康造成严重损害的。

第八十九条 用人单位违反本法规定未向劳动者出具解除或者终止劳动合同的书面证明，由劳动行政部门责令改正；给劳动者造成损害的，应当承担赔偿责任。

第九十条 劳动者违反本法规定解除劳动合同，或者违反劳动合同中约定的保密义务或者竞业限制，给用人单位造成损失的，应当承担赔偿责任。

第九十一条 用人单位招用与其他用人单位尚未解除或者终止劳动合同的劳动者，给其他用人单位造成损失的，应当承担连带赔偿责任。

第九十二条 劳务派遣单位违反本法规定的，由劳动行政部门和其他有关主管部门责令改正；情节严重的，以每人一千元以上五千元以下的标准处以罚款，并由工商行政管理部门吊销营业执照；给被派遣劳动者造成损害的，劳务派遣单位与用工单位承担连带赔偿责任。

第九十三条 对不具备合法经营资格的用人单位的违法犯罪行为，依法追究法律责任；劳动者已经付出劳动的，该单位或者其出资人应当依照本法有关规定向劳动者支付劳动报酬、经济补偿、赔偿金；给劳动者造成损害的，应当承担赔偿责任。

第九十四条 个人承包经营违反本法规定招用劳动者，给劳动者造成损害的，发包的组织与个人承包经营者承担连带赔偿责任。

第九十五条 劳动行政部门和其他有关主管部门及其工作人员玩忽职守、不履行法定职责，或者违法行使职权，给劳动者或者用人单位造成损害的，应当承担赔偿责任；对直接负责的主管人员和其他直接责任人员，依法给予行政处分；构成犯罪的，依法追究刑事责任。

第八章　附　　则

第九十六条 事业单位与实行聘用制的工作人员订立、履行、变更、解除或者终止劳动合同，法律、行政法规或者国务院另有规定的，依照其规定；未作规定的，依照本法有关规定执行。

第九十七条 本法施行前已依法订立且在本法施行之日存续的劳动合同，继续履行；本法第十四条第二款第三项规定连续订立固定期限劳动合同的次数，自本法施行后续订固定期限劳动合同时开始计算。

本法施行前已建立劳动关系，尚未订立书面劳动合同的，应当自本法施行之日起一个月内订立。

本法施行之日存续的劳动合同在本法施行后解除或者终止，依照本法第四十六条规定应当支付经济补偿的，经济补偿年限自本法施行之日起计算；本法施行前按照当时有关规定，用人单位应当向劳动者支付经济补偿的，按照当时有关规定执行。

第九十八条 本法自2008年1月1日起施行。